U0498127

继续
教育

继续(网络)教育系列规划教材
荣获全国高校现代远程教育协作组评比"网络教育教材建设金奖"

固定收益证券

（第二版）

GUDING SHOUYI ZHENGQUAN

杨韧 主编

西南财经大学出版社
Southwestern University of Finance &
Economics Press

中国·成都

图书在版编目(CIP)数据

固定收益证券/杨韧主编 . —2 版.—成都:西南财经大学出版社,2017.7

ISBN 978 - 7 - 5504 - 3134 - 8

Ⅰ.①固… Ⅱ.①杨… Ⅲ.①证券投资 Ⅳ.①F830.91

中国版本图书馆 CIP 数据核字(2017)第 169935 号

固定收益证券(第二版)

杨韧 主编

责任编辑	王 利
封面设计	穆志坚 张姗姗
责任印制	封俊川
出版发行	西南财经大学出版社(四川省成都市光华村街55号)
网 址	http://www.bookcj.com
电子邮件	bookcj@ foxmail.com
邮政编码	610074
电 话	028 - 87353785 87352368
照 排	四川胜翔数码印务设计有限公司
印 刷	四川五洲彩印有限责任公司
成品尺寸	185mm×260mm
印 张	15.25
字 数	310 千字
版 次	2017 年 7 月第 2 版
印 次	2017 年 7 月第 1 次印刷
印 数	1— 3000 册
书 号	ISBN 978 - 7 - 5504 - 3134 - 8
定 价	29.80 元

1. 版权所有,翻印必究。

2. 如有印刷、装订等差错,可向本社营销部调换。

继续（网络）教育系列规划教材
编审委员会

主　任: 杨　丹

副主任（按姓氏笔画排序）:

  冯　建　　陈顺刚　　唐旭辉

委　员（按姓氏笔画排序）:

  冯　建　　吕先锴　　杨　丹　　李永强

  李良华　　陈顺刚　　赵静梅　　唐旭辉

总序

随着全民终身学习型社会的逐渐建立和完善，业余继续（网络）学历教育学生对教材的质量要求越来越高。为了进一步提高继续（网络）教育的人才培养质量，帮助学生更好地学习，依据西南财经大学继续（网络）教育人才培养目标、成人学习的特点及规律，西南财经大学继续（网络）教育学院和西南财经大学出版社共同规划，依托学校各专业学院的骨干教师资源，致力于开发适合继续（网络）学历教育学生的高质量优秀系列规划教材。

西南财经大学继续（网络）教育学院和西南财经大学出版社按照继续（网络）教育人才培养方案，编写了专科及专升本公共基础课、专业基础课、专业主干课和部分选修课教材，以完善继续（网络）教育教材体系。

本系列教材的读者主要是在职人员，他们具有一定的社会实践经验和理论知识，个性化学习诉求突出，学习针对性强，学习目的明确。因此，本系列教材的编写突出了基础性、职业性、实践性及综合性。教材体系和内容结构具有新颖、实用、简明、易懂等特点，对重点、难点问题的阐述深入浅出、形象直观，对定理和概念的论述简明扼要。

为了编好本套系列规划教材，在学校领导、出版社和各学院的大力支持下，成立了由学校副校长、博士生导师杨丹教授任主任，博士生导师冯建教授以及继续（网络）教育学院陈顺刚院长和唐旭辉研究员任副主任，其他部分学院领导参加的编审委员会。在编审委员会的协调、组织下，经过广泛深入的调查研究，制定了我校继续（网络）教育教材建设规划，明确了建设目标。

在编审委员会的协调下，组织各学院具有丰富继续（网络）教育教学经验并有教授或副教授职称的教师担任主编，由各书主编组织成立教材编写团队，确定教材编写大纲、实施计划及人员分工等，经编审委员会审核每门教材的编写大纲后再进行编写。自2009年启动以来，经几年的打造，现已出版了七十余种教材。该系列教材出版后，社会反响较好，获得了教育部网络教育教材建设评比金奖。

下一步根据教学需要，我们还将做两件事：一是结合转变教学与学习范式，按照理念先进、特色鲜明、立体化建设、模块新颖的要求，引进先进的教材编写模块来修订、完善已出版的教材；二是补充部分新教材。

希望经多方努力，力争将此系列教材打造成适应教学范式转变的高水平教材。在此，我们对各学院领导的大力支持、各位作者的辛勤劳动以及西南财经大学出版社的鼎力相助表示衷心的感谢！在今后教材的使用过程中，我们将听取各方面的意见，不断修订、完善教材，使之发挥更大的作用。

西南财经大学继续（网络）教育学院

第二版前言

　　金融的基本功能就是帮助资金从拥有闲置资金的人那里转移到资金短缺者手中，诸如债券市场和股票市场等金融市场，通过实现这种从没有生产用途者向有生产用途者的资金转移，极大地提高了整个社会的经济效率。根据国际清算银行近几年的统计数据，从全球金融市场的总体发展来看，债券市场的规模约为股票市场的两倍，约占金融市场总量的 65%。美国拥有全球最大的债券市场，且品种结构多元、流动性较好。截至 2014 年年底，美国债券市场存量规模为 39 万亿美元，是美国当年 GDP 的 2.2 倍，是美国当年股票市值的 1.5 倍。此外瑞银在 2017 年 6 月 22 日最新发布的一份报告中表示，未来 5 年中国债券市场的规模将从现在的 9 万亿美元扩大一倍，从而超过日本，成为仅次于美国的全球第二大债券市场。报告指出，越来越多的中国实体将在国内债券市场筹集资金，因为中国国内市场已经足够大，而且流动性充裕，足以吸引新投资者。

　　由此可见，债券市场始终保持快速增长发展的态势，是一个相对成熟且又充满创新与激情的投融资平台，是金融从业者和市场投资者必须关注和了解的领域。希望本书能充当这样一个普及债券市场基本知识和投资技能的管道，为国内债券市场的发展和金融专业教育尽绵薄之力。

　　距离本书第一版面世，不知不觉已经过去了 6 年的时间。经过几年的使用，第一版的弊病已经比较明显，如市场环境的改变导致书中的数据过时或缺漏，也存在文理上词不达意甚至错误的情况。自 2015 年下半年开始，笔者就在出版社同仁的帮助下着手修订。全书在框架上基本没有改动，主体内容也大致保留，删除了一些赘余的文字，新增了一些必要的背景资料，对图表进行了全面勘误，文理方面也尽可能修订，以方便读者更流畅更精准地掌握核心知识。

　　在此过程中，特别要感谢西南财经大学出版社的王利先生和他的同事，是他们的细心和辛劳使得拙作得以顺利出版，他们的工作是对我莫大的帮助和祝福！

杨韧

2017 年 6 月

前　言

作为证券类别中的一个大家族，固定收益证券（Fixed Income Securities）以其回报现金流相对稳定为主要特征。从传统意义上讲，这些证券以国债、公司债券为代表。自19世纪60年代末以来，特别是在近20年的时间里，随着经济的发展，市场环境的不断变化，投资者和筹资者对固定收益证券市场产品和交易提出了各种各样的要求，全球金融市场上新的固定收益证券品种不断应运而生。传统固定收益证券及其衍生品占据了当前全球金融市场半壁江山，是政府及商业性机构重要的融资渠道，也是备受机构和个人青睐的投资对象并发挥着日益重要的风险控制和管理职能。

本书内容涵盖多种具有代表性的固定收益证券（零息债券、息票债券、含权债券、指数化债券、抵押支持证券等）和相关衍生品（互换、各类期货、期权等），分析它们的风险和现金流特性、定价和市场应用；着重于债券组合管理和风险管理的各种分析工具（久期、凸性、期限结构理论等）和策略；对发展滞后的国内市场也有一定介绍。

本书的框架和内容以编者多年在本科及研究生课程——“固定收益证券”讲授中的经验为主，使用对象是金融及相关专业成人教育学生和本科及以上的全日制在校学生。考虑到适用层面，编者对固定收益产品涵盖领域和相关理论深度进行了取舍，着眼于基本面和实用性。此外，在课程讲授及教材的编写中参考了大量国内外前辈和同仁的资料和信息，本书没有一一罗列，在此一并致谢，并敬请指正。

本书的编写有西南财经大学金融学院几位研究生的贡献，他们是彭申琪（第一章）、王傲（第二章、第三章、第四章）、何昱锜（第五章、第六章、第七章、第八章）和赵博（第九章），他们完成了本书的基本文字工作。全书由杨韧总撰，并承担相关责任。

特别感谢西南财经大学成人（网络）教育学院和西南财经大学出版社的老师和工作人员，对他们在本书编写过程中提供的指导和帮助表示敬意。

编者

2011 年 8 月

1

目 录

第一章　固定收益证券简介

本章学习目标：

本章主要介绍固定收益证券的基本品种、特征、风险类别。通过本章的学习，学生应该对固定收益证券的概念、品种和市场交易有一个大致的了解和掌握。

第一节　固定收益证券市场概览

一、全球固定收益证券市场

固定收益证券是指承诺在未来按照设定的时间产生稳定货币收益的金融产品。传统的固定收益类产品是各种债券，也包括非借贷类的产品如优先股，而随着金融市场的发展，各种利率衍生品也被囊括其中。就交易规模和品种来看，固定收益证券市场远超股票市场，是国际金融市场最重要的组成部分。

目前的固定收益市场是全球性市场，绝大多数固定收益证券发行于欧、美、日等发达国家和地区。图1-1展示了按照流通在外的债券名义量递减的方式排序的发行人所在国家或地区。到目前为止，最大的固定收益证券市场是美国、欧元区、日本和英国。

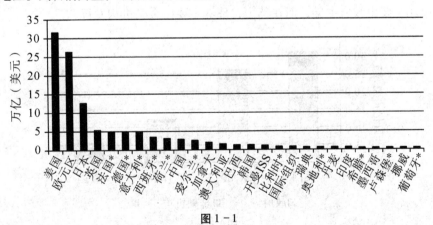

图1-1

加＊的为欧元区国家。

衍生证券的场外交易市场按照币种来统计各种不同的利率衍生品的名义数量，主要是以欧元、美元、日元、英镑为计价单位的合约（见图1-2）。至于交易所内的衍生产品，表1-1显示欧洲和北美几乎涵盖了所有的流通交易量。

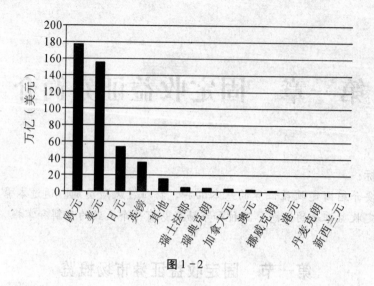

图 1-2

表 1-1　　　　　　　2010 年 3 月交易所交易的利率衍生产品　　　　单位：10 亿美元

地区	名义数量
欧洲	27 807
北美	22 604
亚太	10
其他	934

如果对欧美及日本的固定收益证券主要是债券市场进行一个大致分解的话，如图 1-3 所示，在美国和欧元区，由政府、金融机构和公司发行的债券比例差不太多，日本债券市场主要由政府主导，而在英国，债券主要由金融机构发行。

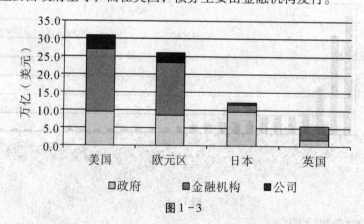

图 1-3

所以，无论是现实还是本书的理论学习中，固定收益证券市场都是以欧美、日本为主的，当然与全球市场有密切联系的国内债券市场虽然在规模、品种和制度完善等方面与发达市场仍存在明显差距，但是作为国内金融市场不可或缺的重要组成部分，仍值得我们加以关注。

二、国内固定收益证券市场发展概述

中国债券市场从 1981 年恢复发行国债至今，经历了曲折的探索。1996 年末建立债券中央托管机构后，中国债券市场进入快速发展阶段。目前，我国债券市场已形成了银行间市场、交易所市场和商业银行柜台市场三个子市场在内的统一分层的市场体系。中央国债登记结算有限公司（以下简称"中央结算公司"，英文简称"CCDC"）作为债券中央托管机构，对中国债券实行集中统一托管，根据参与主体层次的不同，又相应实行不同的托管结算安排。

在我国，银行间市场是债券市场的主体，其债券存量约占全国市场的 95%。这一市场参与者主要是各类机构投资者，属于大宗交易市场（批发市场），实行双边谈判成交，其典型的结算方式是逐笔结算。中央结算公司为银行间市场投资者开立证券账户，实行一级托管；中央结算公司还为这一市场的交易结算提供服务。

交易所市场是另一个重要部分，它由各类社会投资者参与，属于集中撮合交易的零售市场，其典型的结算方式是实行净额结算。交易所市场实行两级托管体制，其中，中央结算公司为一级托管人，负责为交易所开立代理总账户；中国证券登记结算公司（以下简称"中证登"，英文简称"SD&C"）为债券二级托管人，记录交易所投资者账户。中央结算公司与交易所投资者没有直接的权责关系，交易所交易结算由中证登负责。

商业银行柜台市场是银行间市场的延伸，也属于零售市场。柜台市场实行两级托管体制，其中，中央结算公司为一级托管人，负责为承办银行开立债券自营账户和代理总账户；承办银行为债券二级托管人，中央结算公司与柜台投资者没有直接的权责关系。与交易所市场不同的是，承办银行日终需将余额变动数据传给中央结算公司，同时中央结算公司为柜台投资人提供余额查询服务，成为保护投资者权益的重要途径。

交易品种分市场情况如下：

银行间债券市场的交易品种：现券交易、质押式回购、买断式回购、远期交易、债券借贷。

交易所债券市场的交易品种：现券交易、质押式回购、融资融券。

商业银行柜台市场的交易品种：现券交易。

我国债券市场的投资者主要分类如下：

（1）特殊结算成员：包括中国人民银行、财政部、政策性银行等机构。

（2）商业银行：包括四大国有及国有控股商业银行、股份制商业银行及其他商业银行。

（3）信用社：包括城市信用社和农村信用社。

（4）非银行金融机构：包括信托投资公司、财务公司、租赁公司和汽车金融公司等金融机构。

（5）证券公司。

（6）保险机构。

（7）基金。

（8）非金融机构。

（9）非法人机构投资者。

（10）个人投资者。

根据市场、债券类别和业务环节不同，国内债券市场的监管进行分别监管。

（一）不同市场的监管（见表1-2）

表1-2

市场类别	监管机构
银行间债券市场	中国人民银行
交易所债券市场	中国证监会

中央结算公司接受三方监管，在业务上受中央银行和财政部监管；在资产与财务管理上受财政部监管；在人事和组织机构上受银监会领导，并接受其定期审计。

（二）不同债券类别的监管（见表1-3）

表1-3

债券类别		监管机构
政府债券		中国人民银行、财政部、证监会
中央银行债		中国人民银行
金融债券	政策性银行债、特种金融债券	中国人民银行
	商业银行债券、非银行金融机构债券	银监会、中国人民银行
	证券公司债、证券公司短期融资券	中国人民银行、证监会
短期融资券、中期票据		交易商协会（自律管理）
资产支持证券		银监会、中国人民银行
企业债		国家发改委、中国人民银行、证监会
国际机构债券		中国人民银行、财政部、国家发改委、证监会
可转换债券		中国人民银行、证监会
上市公司债		证监会
中小企业私募债		交易所（自律管理）

第二节　固定收益证券的基本特征

固定收益证券，按字面的意思理解，就是持券人按照约定可以在特定的时间内取得固定的收益并预先知道取得收益的数量和时间。一般认为固定收益证券包括国债、公司债、优先股和结构化产品等，一些含权产品如可赎回债券、可转换债券甚至利率互换协议也都可以划归为这一类产品。固定收益类产品是资本市场重要的投融资工具，与政府、企业、金融机构、家庭等主体的经济活动息息相关。

固定收益证券包括如下的基本特征：

一、债务契约条款

债务工具应就发行人的承诺或义务及债券持有人的权利做出详细规定，这就是债务契约（Indenture）。尽管如此，很多投资者仍然难以准确把握契约的有关规定，更难有效地监督债券发行人是否信守契约。为了减少债贷双方信息不对称的影响，债务契约中常引入债务信托，在契约中常规定受托方作为投资者的代表，为投资者的利益工作。

为了保护债券投资者的利益，债券契约中通常含有正面条款（Affirmative Covenants）或负面条款（Negative Covenants）。前者是债务人承诺必须做的事，后者是关于禁止债务人某些行为的规定。正面条款主要包括：按期偿付本金和利息、维护相关财产安全或保值、支付有关税负或其他费用、定期向受托人提交信守契约报告。负面条款主要包括：如规定债务人的债务/权益比、流动比率、速动比率等不得高于或低于某个值的限制，甚至对债务人的业务领域或业务形式加以限制性规定。

二、到期条款

债券的到期条款（Term to Maturity），指对债权清偿日期、条件等加以规定的条款。多数条款有固定的到期日（Maturity Date），即债务人承诺偿还本息的日期。对同一债务人的债券，人们经常以其到期日的不同加以区别，如福特公司2010年9月20日到期的债券。

根据距到期日的时间长短，债券可以分为短期（1~3年）、中期（3~10年）及长期（10年以上）债券。典型的长期债券期限可达30年，但也有更长的，如迪士尼公司在1993年7月发行的债券到期日就为2093年7月15日，期限长达100年。也有债券没有到期日的，如英国的英格兰银行就有无到期日的永续债券，只无限期付利息，而不偿还本金。

债券的到期条款的主要功能是：一是给投资者就收回本息的时间以确切的预期；二是债券的收益率与债券的期限直接相关，债券的收益率曲线描述收益率与债券期限的关系；三是债券的价格在契约期限内会随着市场利率的变化而不同。债券价格的利率敏感性常与其期限长短成正比。

债券的到期条款通常是非常明确的，即对债券的到期日有着明确的界定。但这并不意味着所有的债券都一定是只有在到期日才会终结相应的债权债务关系。债券的其他一些条款，如赎回条款、回售条款、提前偿付条款等，都会影响债券的实际到期时间。

三、票面价及美国媒体上的债券报价

票面价（Par Value）是发行者承诺在债券到期时偿付给债券持有人的金额，有时也称为本金（Principal）、面值（Face Value）、赎回值（Redemption Value）或到期值

（Maturity Value）。

由于不同债券的面值可能很不一样，比如 100 元、500 元或 1 000 元、5 000 元等，为了报价或计价的方便，通常用面值的百分比来表示债券的价格。表 1-4 是 2004 年 9 月 2 日从 Yahoo Finance 中摘录的美国美林公司 2004 年 11 月 15 日到期、息票为 6% AA 级债券的报价。请仔细观察：到期收益率为什么是负的？

表 1-4　　　　　　Yahoo Finance 提供的美林公司债券报价

美林公司（MERRILL LYNCH & CO. INC）		2004 年 9 月 2 日
概览		报价信息
价格（美元）	101.19	数量（美元）	500
息票利率（%）	6.00	最低交易量（手）	1
到期日	2004 年 11 月 15 日	起息日	1998 年 11 月 24 日
到期收益率（%）	-0.394	交割日期	2004 年 9 月 8 日
当期收益率（%）	5.929		

美林公司（MERRILL LYNCH & CO. INC）	2004 年 9 月 2 日
评级	AA
利息支付周期	半年
首次付息日	1999 年 5 月 15 日
类型	企业债券
产业	金融

其中对债券的报价就是采用的百分比形式，即该债券按面值的 101.19% 要价，如果债券的面值为 1 000 美元，则该债券的要价是 1 011.90 美元；如果面值为 5 000 美元，则其要价是 5 059.50 美元。另外，债券的价格如果是用货币价值表示，对企业债券，小数位一般是以 1 美元的 1/8 表示。例如，某债券如果报价为 99-1/8th，则表示其价格为面值的 99.125%，假如债券的面值为 1 000 美元，则债券的实际报价为 991.25 美元。美国的政府债券，小数位一般用 1/32nds 表示，而市政债券的报价，既可直接以美元报价，也可以到期收益率报价。债券的价格高于其面值交易时，被称为溢价交易（Trading at Premium）；当其价格低于面值交易时，则称为折价交易（Trading at Discount）。

美国报纸等媒体上的债券报价如表 1-5 所示。

表 1-5　　　　　　美国报纸上的债券报价释义

1	2	3	4	5
Bonds（债券名称）	Cur Yld（%）（到期收益率）	Vol（手）（成交量）	Close（美元）（收盘价）	Net Change（净变动）
Chiquits 10 1/2 04	10.7	144	98 1/4	+3/8
K Mart 6.2s97	ev	50	91	+1/4
Disney zr05	…	414	45 3/4	+3/4

其各栏的含义分别是：

第一栏为债券名称、息票利率及到期日。如第二行表示的是由 K Mart 发行的，1997 年到期、息票利率为 6.2% 的债券，其中的 s 表示 1997 年债券到期时，其息票利息与本金是分离的。另外，这只债券的标价方式使用的小数点，即 1/10 而不是 1/8。其中，Disney 债券的 zr 表示债券不支付年息，即债券为零息债券。

第二栏表示债券的到期收益率，是以当日的债券价格为基础计算出来的、每年不变且一直持有债券到期时的内含收益率。如 Chiquits 债券的到期收益率为 10.7%，其含义是，按当日的价格，每 100 美元的投资，可以在以后各年每年获得 10.7% 的复利收益。K Mart 债券价格中的 ev 表示该债券为可转换债券。

第三栏表示当日各债券的交易量，如 Disney 债券当日的交易量为 414 000 份，这里的交易量表示的单位为 1 000 份。

第四栏表示的是债券当日的收盘价。

第五栏表示的是债券价格在收盘时的净变动额，如 K Mart 债券在当天上涨了 1/4 美元，即 0.25 美元。

我国的债券的面值一般为 100 元人民币，在报价时也相对简单，一般直接使用债券的实际价格报价。2016 年 6 月 23 日，由上海证券交易所提供的国债报价（节选）见表 1-6。

表 1-6   我国国债报价

证券代码	名称	收盘价（元）	收益率（%）	应计利息额（元）	全价（元）
019429	14 国债 29	105.52	3.03	0.06	105.58
019505	15 国债 05	105.32	2.95	0.76	106.08
019512	15 国债 12	100.27	2.58	0.1	100.37
019517	15 国债 17	109.01	3.45	1.6	110.61
019522	15 国债 22	101.09	2.41	2.18	103.27
010107	21 国债（7）	107.82	2.61	1.68	109.5
010213	02 国债（13）	100.18	2.44	0.68	100.86
010303	03 国债（3）	103.41	2.84	0.63	104.04
010504	05 国债（4）	108.66	2.99	0.45	109.11
010512	05 国债（12）	103.6	2.77	0.4	104

可以看到表 1-4 中不仅报出了国债的净价，即不含当期应计利息的价格，还提供了债券的收益率及含息的全价，这些信息对交易是非常有用的。

四、息票利率

息票利率（Coupon Rate）是债券的发行者承诺按期支付利息的利率。给债券持有人定期支付的利息额，被称为当期票面利息或息票（Coupon），金额大小取决于息票利率、债券面值和付息周期：

$$当期息票利息额 = 息票利率 \times 面值$$

如果债券的面值为 1 000 美元，年息票利率为 5%，则年息票额 = 5% × 1 000 = 50（美元）。

在美国，债券多为每半年付息一次。抵押担保债券和资产担保债券通常是按月支付一次利息。而在中国，债券常常是每年支付一次利息。

除了直接影响投资者对债券现金流的预期外，息票利率的高低还影响债券价格对市场利率变化的敏感性。在其他条件相同时，债券息票利率越高，一定市场利率波动产生的债券价格变动率就越小。

（一）零息债券

零息债券（Zero - Coupon Bonds）是指在持有期内不付息的债券。零息债券利息实现的方式通常是在到期时按债券面值支付，到期时的面值中既含有本金，也包含了利息。由于债券到期时的总支付额既定，所以在销售时零息债券是按面值折价的方式进行的。对于一些期限较长、利率较高的零息债券，其折扣幅度可能会非常高，比如达80% 甚至 90% 以上，称为深度折扣债券（Deep Discount Bonds）。

要注意将零息债券与另一种不付息的累息债券（Accrual Bonds）区分开来。累息债券本身在其合约中是有息票规定的，但在持有期内暂不付息，而是直到债券到期时连本带利即包括利息的利息一并付清。累息债券到期支付时，其支付总额是本金（面值）加累计的利息之和。例如，一个 3 年期、息票利率为 8%、面值为 1 000 美元的累息债券，到期时支付的总额为：

1 000 美元（本金）＋265.32 美元（利息）＝1 265.32 美元

（二）步高债券

步高债券（Step - up Bonds）的特点是息票利率随时间而增长，这类债券也因此而得名。有些步高债券的利率在整个寿命期内只升高一次，称为一次性步高债券（Single Step - up Note），如某债券在第 1 ~ 2 年内，其息票利率为 6%，以后升为 6.5% 直至到期就属于这类。也有些步高债券的利率在整个寿命期内会调高多次，如某 8 年期债券，第 1 ~ 3 年息票利率为 6.5%，第 4 ~ 5 年为 7%，第 6 ~ 7 年为 7.5%，第 8 年升为 8%，就属于多级步高债券（Multiple Step - up Note）。

（三）递延债券

递延债券（Deferred Coupon Bonds）是指在债券发行后的一定时间阶段内不支付利息，而是直到过了某一特定的时间，一次性支付前面累计的利息，然后再在剩下的时间里和典型的息票债券一样付息的债券。递延债券对某些特别需要资金作早期投入，且预计过了一定的早期投入时期后能产生较高收益的企业有重要的实践意义。

（四）浮动利率债券

浮动利率债券（Floating - rate Bonds）指息票利率定期以约定的基准利率进行调整的债券。由于息票利率是可变的，所以浮动利率债券也经常被称为可变利率债券（Variable - rate Bonds）。利率调整公式，最常见的如：

$$息票利率 = 基准利率 + 利差$$

上述公式是典型的指数浮动债券（Index Floaters）的利率计算方法，其中的利差（Quoted Margin）是债券发行人承诺支付的、高于基准利率的风险溢价部分。常用的基准利率是伦敦银行间同业拆借利率（London Interbank Borrowing Rate，LIBOR）及美国1年期国债利率。如某一债券的息票利率被规定为3个月 LIBOR + 50 个基点（基点是百分之一个百分点，即万分之一点）、每半年调整一次，如果到期利率调整时，3个月 LIBOR 为 4.75%，则新的息票利率为 4.75% + 0.5% = 5.25%。如果到下一次利率调整时 3 个月 LIBOR 变为了 5%，则新的息票利率为 5.5%。根据与基准利率的差异，利差可以为正，也可以为负。比如某信用级别很高的 5 年期企业债券，以 10 年期美国国债的利率为基准利率，其息票利率就可能被定义为：10 年期美国国债利率 − 80 个基点，当国债利率为 6.86% 时，则债券的息票利率为 6.06%。

除了直接加一定的利差之外，有些债券的息票利率还可以通过在基准利率前加上一个限制因子，以基准利率变动的一定比例界定债券的息票利率，如某债券的息票利率为：

$$息票利率 = \beta \times 基准利率 + 利差$$

如果其中的 β 是大于 0 而小于 1 的，由于这一因子降低了基准利率对息票利率的影响程度，有缩小基准利率杠杆的作用，这时的债券被称为降低杠杆浮动利率债券（Deleveraged Floating Rate Notes）。如 SHSZ 公司发行了浮动利率债券，其息票利率为 0.5 × LIBOR + 3.55%，当 LIBOR 为 8.8% 时，债券的利率为 7.95%。如果其中的 β 大于 1，基准利率对息票利率的影响会大于基准利率本身的变动，这时的债券被称为杠杆浮动利率债券（Leveraged Floating Rate Notes）。如某债券的息票利率公式为：1.5 × LIBOR + 50 个基点，因为 β 大于 1，这是一个杠杆浮动利率债券。降低杠杆和杠杆浮动债券为投资者提供了按收益率曲线变化调整未来收益的机会。

也有些债券同时以两种基准利率甚至汇率等指数之差来定义其息票利率，因此被称为双指数浮动利率债券（Dual - index Notes）。常用的基准利率包括：银行优惠利率、LIBOR、基金成本指数（Cost of Funds Index，COFI）及恒指国债（Constant Maturity Treasury，CMT）收益率等。这类债券的投资者常常以对收益率曲线的某种估计为决策基础，无论收益率曲线是趋陡还是趋缓，都可能给投资者带来机会。有些双指数浮动债券的息票利率趋于水平化。

在结构债券中，浮动利率债券息票利率的计算公式可能有较大差异，常见的如逆向浮动利率（Reverse Floaters）。与前面的利率计算公式中债券息票利率与基准利率呈正比不同，逆向浮动利率债券的息票利率与基准利率的变动方向相反，所以有时也将这类债券称为反向浮动利率债券（Inverse Floaters）。这类债券在抵押担保债券中应用较广。如某债券的息票利率公式为：

$$债券息票利率 = 25\% - 2.5 \times 3 个月 LIBOR$$

当 3 个月 LIBOR 为 5% 时，债券的息票利率为 12.5%；如果 LIBOR 变为 8%，则债券息票利率为 5%；如果 LIBOR 为 4% 时，债券息票为 15%。可以看到，当 LIBOR 从 4% 变为 5%、相差 1 个百分点时，债券的息票利率变动了 2.5 个百分点。由于这种形式下息票利率的变动幅度远大于市场利率变动幅度，为了不至于出现利率太高或太低甚至为负的情况（这里，当 LIBOR >10% 时，公式计算的利率就为负数），逆向浮动利率通常伴随着利率上、下限的规定，即同时可能是领子利率债券。

根据息票利率变化的具体规定不同，浮动利率债券的利率浮动出现了多种形式。

1. 区间债券（Range Notes）

区间债券，也称作增长债券（Accrual Notes）。这类债券通常规定了两个利率水平，较高的水平常是当基准利率处于规定的区间时使用，而较低的利率水平适用于基准利率超出规定的区间时。较低的利率，最低可以为零。大部分区间债券每天调整利率，也就是说这种债券完全可能前一天的利率为 6%，而只要超出了既定的区间，后一天可能就成了 3%。当然，调整时间也可以按周、月、季、年调整，无论以多长的时间间隔为基础，基准利率只在调整当日与债券有关。一旦购买了这类债券，投资者相当于卖给了发行人一系列的期权，即发行人有权选择在一定范围内调整债券利率。

2. 利率上限与利率下限

利率上限（Caps）规定了在利率调整时可能支付的最高利率上限。在这一规定下，即使基准利率出现了较大的上涨，息票利率也不可能超过所规定的最高利率，即利率上限。例如，SHSZ 公司发行了债券，息票利率规定为 LIBOR +2.5%，同时也规定了最高利率不得超过 10%。假定现在 LIBOR 为 8%，则按公式计算的利率应为 10.5%，但由于有利率上限的限制，则最高利率不得超过 10%，在这里也就是 10%。

因为基准利率也可能下跌，为了增强债券对投资者的吸引力，也有设定最低利率的。如某债券的利率计算公式为：5 年期美国国债的收益率 +50 个基点，且规定最低利率为 5.5%。当 5 年期美国国债的利率降为 4% 时，按公式计算的利率为 4.5%，但由于有最低利率规定，所以这时采用的利率应是 5.5%，而不是 4.5%，这里的最低利率就是利率下限（Floor）。也有些债券规定有多个上限或下限，即根据不同的时间，规定不同的利率上、下限。比如，某 5 年期债券规定其第 1、2 年的利率下限为 6.5%，第 3、4 年为 6%，第 5 年为 5.5%。这种规定的好处是在保护投资者的同时，也避免市场利率连续下跌时，发行人的利息负担过重。

也有债券同时设定利率上限和利率下限的，即既有高限也有低限，这被称之为领子利率（Collar）。还有些债券规定，当市场利率上涨或下跌到某一利率时，浮动利率债券转化为固定利率债券，即整个利率计算方式发生改变，这被称之为上涨锁定债券（Up - lock Bonds）或下跌锁定债券（Drop - lock Bonds）。锁定的利率可能是利率上限和利率下限，也可能是介于两者之间的某一个利率。锁定在高利率对投资者有利，锁定在低利率对发行人有利，锁定在二者之间的某个利率，就需根据情况判断。

3. 非市场浮动利率债券

非市场浮动利率债券（Non - Market Floating Rate Bonds），主要是指债券的利率虽然浮动，但浮动的时间、浮动的幅度与范围等不由市场决定，而是取决于非市场的其他因素，如政府利率调整或各主体间的定期协商等。如我国发行的一部分债券，其利率是通过同期限或不同期限的商业银行存款利率来确定的。例如，5 年期定期存款利

率 +1%，虽然看起来像浮动利率债券，但由于我国商业银行的存款利率主要是取决于中央银行的利率政策，而不是由商业银行自己确定的，所以，这类债券仍属于非市场浮动利率债券。

4. 棘轮债券

棘轮债券（Ratchet Bonds），这一品种最初是由美国田纳西河谷管理当局于 1998 年 6 月推出的 PARRs，当时发行额度是 5.75 亿美元，初始利率为 6.75%，30 年期，5 年后每年调整一次利率。利率调整方式是：高于 30 年期 CMT94 个基点，债券发行时 30 年期 CMT 的利率为 5.81%，则初始息票利率为 6.75%。第 5 年起，息票利率每年调整一次，如果公式计算的利率低于先前使用的利率，则以新的低利率替代原较高的利率，否则，维持先前的利率不变。即债券的息票利率将只降不升，好像单向的棘轮，只能向一个方向转动。

与可赎回债券相比，棘轮债券所形成的现金流相当于一系列可赎回债券的现金流。但由于棘轮债券不需要实际赎回债券，加之在会计处理上的不同，以及与特定基准利率间的固定利差能够得到保证，所以棘轮债券在融资上既能为发行人降低融资成本，也可以为投资者带来保证高于一定基准利率的收益。要注意的是，由于棘轮债券利率调整的单向性，市场利率波动的方向性即利率上涨与下跌的路径将会影响债券的价值。例如市场利率先涨后跌、跌了后再涨，与先跌后涨、涨了后再跌，即使每次涨跌的差额一样，对债券价值的影响也会非常不同。

另外，棘轮债券有时还会同时附有回售权。它与普通债券的回售权不同之处在于：普通债券的回售一般发生在利率上涨的时候，即当市场利率上涨高过一定程度影响到债券持有人收益时（因为债券息票利率固定），持有人将回售债券。而对于棘轮债券，其回售条款是规定当利率下降到一定程度时，持有人有权回售债券。这种设计，将有助于降低发行人在债券回售时承担的风险，从而降低违约的风险。

5. 利差浮动债券

利差浮动债券（Stepped Spread Floaters），这类债券的利率调整表现在于基准利率间的利差的调整上，具体的调整可以向上也可以向下调整。例如，某 5 年期债券的利率计算方法：第 1、2 年为 6 个月 LIBOR + 50 个基点，第 3、4 年为 6 个月 LIBOR + 75 个基点，第 5 年为 6 个月 LIBOR + 100 个基点。当然，根据调整的次数，也可分为一次性调整或多次调整。

6. 指数摊还债券

指数摊还债券（Index - Amortizing Notes，IAN），是指存量本金额按约定计划分期摊还的一种债券。分期摊还计划常与某一指数，如 LIBOR、CMT 等有关，其结果是债券未来的现金流、到期收益率及到期日等都不再确定。这类债券一开始有一个最长期限规定，而一旦所有本金和利息支付完成，其寿命也就终止了。投资者在获得高于市场的初始收益的同时，也卖给了发行人提前结束债券的选择权。发行人有权根据市场利率的变化调整本金偿还计划。如果债券的利率是浮动的，这类债券还同时可能含有利率上限和利率下限。典型的指数摊还债券设计是：一旦市场利率高于某一触发点，债券的寿命就延长，或一旦市场利率低于某一触发点，则债券的还本时间将显著缩短。债券本金的存量会按约定的摊还计划在每个偿还日进行调整。

7. 延期调整债券

延期调整债券（Extendible Reset Bonds），是指息票利率可以根据市场变化进行调整，使债券能按事先制定的价格出售的一种债券。其区别于典型的浮动利率债券之处在于，浮动利率债券的利率的调整通常是按既定的公式进行的，而延期调整债券的利率调整则是根据在调整日的市场情况，由发行人或多家投资银行等决定，利率的高低要能保证债券按面值交易。例如，某债券的利率决定公式是：3 年期国债利率 + 75 个基点，最初发行时市场利率为 5%，刚好等于 3 年期国债利率（4.25%）加上 75 个基点，所以发行时债券以面值交易。到了利率调整日，市场上 LIBOR 变成了 4.75%，而同级别债券的市场利率变成了 5.75%，则新的债券利率计算公式为：3 个月 LIBOR4.75% + 100 个基点，此时新的利率又等于市场利率了，债券仍然可以按面值交易。

8. 非利率指数浮动债券

虽然大多数浮动利率债券的参考指数都是某种利率指数，如 LIBOR 或 CMT 收益率，但也有些债券以汇率、商品价格指数或股票指数为基础，这些债券就叫做非利率指数浮动债券（Non - Interest Rate Indexes）。事实上，任何指数都有可能成为浮动利率债券的参照物。

五、应计利息 （Accrued Interest）

不同债券的付息频率可能不同，大部分美国的债券是每半年付息一次，抵押担保和资产担保债券常是每月付息一次，中国的债券常是一年付息一次。应付利息指在两次付息日之间出售债券时，本应付给买方的利息因为债权记录的改变而会付给卖方一部分利息。在美国，国债的报价一般不含应付利息，即债券价格指的仅是债券当时的市场价格，不包含累积的、应付给卖方的利息，这种价格有时被称为净价（Clean Price）。但在债券交易和支付时，买方必须同时支付应付利息，这种加上应付利息的价格称为全价（Full Price）或脏价（Dirty Price）。我国的可转债券，在企业赎回及投资者回售的过程中，其赎回价和回售价，通常是含息价，即将利息包括在内的价格，这一点与美国是很不相同的。但现在，我国国债报价已经全部改为净价报价了。如果债券带息票一起出售，买方必须支付应付利息，这种交易方式称为附息票（Cum - Coupon）。如果买方放弃下一次息票利息，这种交易称为除息票（Ex - Coupon）交易。美国的债券交易通常都是附息票交易。但也有例外，最常见的例外就是债券的发行人违约没有支付利息，这时的无应付利息债券交易称为贬价交易（Traded Flat）。

一般来说，以半年为付息周期，应计利息公式为：

$$\text{Accrued Interest} = \frac{\text{年息票支付}}{2} \times \frac{\text{距上次息票支付的天数}}{\text{两次息票支付间隔的天数}}$$

六、本金偿还条款

本金偿还方式可以是一次性全额偿还（Bullet Maturity），这是美国和欧洲最常见的形式。也可以分期或分批偿还，即一次性发行，但按不同的期限到期偿还。不同期限的债券利率可能不同。这类债券称为系列债券（Serial Bonds），企业常见的信托证（Equipment Trust Certificate）就属于这一类。有些债券，如担保债券和资产担保债券，常含有还款计划，并按计划分期摊还，称为分期摊还债券（Amortizing Bonds）。有的债券含有偿债基金条款（Sinking Fund Provision），这类条款是有关于设立专门用于清偿全部或部分债券本金的基金。

（一）赎回权与再融资条款

债券，特别是长期债券，发行后市场利率可能会下降，这时如果能提前结束债券，再以较低的市场利率融资，则对发行人有利。当然，对投资者来说，因为其收回的资金面临较低的市场回报，当然不利。所以，如果发行人要获得提前清偿的权利，就必须在发行债券时以较高的初始收益支付这一期权权利。提前赎回债券的条款就是赎回条款（Call Provision），债券赎回时的价格称为赎回价（Call Price），通常会高于面值。如 20 世纪 70 年代以前发行的长期债券大多具有这方面的条款，但 1990 年后这一条款用得较少了，仅一些资信条件不是太好的公司仍然在用。一些普通市政债券大多具有这一特征，但美国的国债几乎不具有这一特点。赎回时间和赎回价格的具体安排，就是赎回计划（Call Schedule）。债券的赎回价也不一定高于债券的面值，有时也可能等于面值。第一次按面值赎回债券的时间，也称为首次面值赎回日（First Par Call Date）。有些债券在发行后的一段时间里不允许赎回，或没有赎回权，这种赎回权被称为递延赎回权（Deferred Call）。递延赎回期结束后，第一个可赎回的日期称为首次赎回日（First Call Date）。

如 Levi Strauss & Co 发行的 2008 年到期的、息票利率为 11.625% 债券，其赎回计划提前 30 天通知，赎回方式是连续赎回，如表 1 - 7 所示。

表 1 - 7　　　　　　　　　Levi Strauss & Co. 公司可赎回债券赎回计划

	日期	价格（美元）	收益率（%）
到期日	01 - 15 - 2008	105.813	43.898
下次赎回日	01 - 15 - 2006	102.906	27.556
面值赎回日	01 - 15 - 2007	100.000	22.069

债券可以一次性全部赎回，也可能是分批部分赎回。在部分赎回时，可以分别用随机赎回或按比例赎回（Pra Rata）的方式。前者通常根据债券的序号，随机（如用计算机）选择相应的序列号赎回（如尾数为 5、7 或最后两位数为 25 等）；对后一种，一般不用在公开发行的债券中，而是用在私募或直接销售的债券中。

（二）不可赎回与不可再融资

如果可赎回债券在赎回细节上没有任何限制，表明该债券是随时可以赎回的，如果发行人需要，现在就可以赎回。但大部分债券，即使为当前即可赎回的债券，也对早期赎回有各种限制。最常见的限制是锁定一定期限不得通过再融资赎回。注意不可赎回（Noncallable）和不可再融资（Nonrefundable）赎回是两个不同的概念。不可赎回规定的是债券是否可以赎回，没有任何条件限制，除非有其他强制性的条款，如偿债基金等原因，对债券是否可以赎回的限制是绝对的，即无论在什么条件下，不可赎回债券都是不可再赎回的。而不可再融资赎回是赎回条件中的一种——通过其他债券再融资进行赎回的限制，但并不限制这种赎回方式之外的其他方式。例如，以发行人的营业收入赎回债券等。这一条款的目的是为了防止发行人在市场利率走低的时候，滥用赎回权而有损投资者的利益。

（三）提前偿还

资产担保债券如贷款担保债券等常设有提前偿还的权利，即发行人有权提前清偿全部或部分债务，这种在预定到期日之前清偿就称为提前偿还（Prepayment）。虽然提前偿还看起来与债券赎回相似，但也有不同，其最大的不同之处在于，提前偿还没有事先定好的赎回价格。提前偿还的债券，一般是按面值偿还。当然，也可能不是按面值偿还，而是按高于面值或低于面值偿还。其中，以高于面值的情况居多。因为，提前偿还的选择权一般是属于发行人的，发行人选择提前偿还，通常是在有利于发行人而不利于持有人的时候，按稍高于面值的价格提前偿还，可以在一定意义上对债券持有人进行补偿。按面值偿还的，通常都是在债券发行之初就明确了提前偿还的可能性，提前偿还选择权的价值在债券发行时或债券的息票利率中已经被充分考虑，所以即使债券被提前偿还，也只是按面值偿还。

（四）偿债基金

为了保护投资者免受信用风险的损失，有些债券要求发行人每年结束特定比例的债券，这称为偿债基金要求（Sinking Fund Requirement）。这种安排，可以用于一次性偿还所有债券，也可以只是部分偿还。后一种情况又称为气球到期（Balloon Maturity）。具体清偿办法，可以通过随机抽取的方式直接偿还，也可以将资金转移给某信托机构，由其管理偿债基金并办理有关清偿业务。至于每次清偿的比例，通常是每次比例一样，但也有些债券的偿还比例随时间而增加，这时又被称为加速偿债基金（Accelerated Sinking Fund）。

（五）转换权与交换权

转换债券（Convertible Bond）是发行人承诺到一定时间可以按约定的价格或比例将债券转换成发行人公司股票的一种债券形式。这相当于赋予了债券持有人利用公司股票升值机会的选择权。而与此相似但不同的另一种债券——可交换债券（Exchangeable Bond），则是允许债券持有人按一定的比例将债券转换成发行人之外的第三方公司的股票的一种债券。嵌有转换权的债券，称为可转换债券。

（六）回售权

回售权（Put Option）是在债券合约中含有允许债券持有人在一定时间按既定价格将债券卖回给发行人的一种权利，其中的价格被称为回售价（Put Price）。大部分息票债券都是以面值作为回售价，但零息债券的回售价一般都低于票面值。我国的可转换债券中设置的回售价，常常不是按面值回售，而是大部分高于面值，而且常常是回售时间越后延回售价越高，甚至对持有到期的可转债支付较高的补偿性利息。回售权的设定有利于债券持有人，特别是当市场利率上涨后，债券持有人可以通过行使这一权利提前收回资金，并将其投资到利润更高的资产中。但发行人，可能通过其他期权，如可转换债券的转股价修正权等，使投资者的回售权受到限制甚至落空。

七、嵌式期权

如前所述，很多债券都带有期权的功能，比如赎回的权利、回售的权利、转换或交换的权利等。为了将这类期权与典型的期权相区别，将其称为嵌式期权（Embedded Options）。有些债券可能同时含有多种嵌式期权，这要根据具体需要进行取舍了。按持权方的不同，债券的嵌式期权主要可以分为发行人嵌式期权和持有人嵌式期权两大类。

（一）发行人嵌式期权

发行人嵌式期权，是指选择权属于债券发行人的期权，即有关期权是否执行取决于债券发行人的期权。常见的有赎回权、利率上限、加速偿债基金条款、部分提前还款权等。这些期权赋予了债券的发行人在市场条件或公司财务状况发生变化时可以选择灵活处理债券的权利。由于这些权利属于发行人，而发行人总是只有当期权的执行对其有利时，才会执行期权，所以这些期权的嵌入，将会降低债券的实际价值。同等条件下，嵌有这些期权的债券，其价格也就必然低于没有这些期权的同等债券。

（二）持有人嵌式期权

与发行人期权不同，持有人嵌式期权的执行与否，将取决于债券的持有人。常见的如转换权、回售权、利率下限规定、交换权等。这些权利的设置，是为了在特定条件下保护债券持有人的利益或在将来给债券投资者某种可能的额外收入。

（三）嵌式期权对债券价值的影响

期权的嵌入，改变了债券现金流的大小及时间分布，同时还直接影响到债券的风险，因为有关期权会改变发行人及债券持有人的行为方式和决策变量。对嵌有期权的债券进行价值分析和风险分析，不仅会涉及债券的现金流及预期收益率的估算，同时还必须考虑期权的定价问题，包括在嵌入期权后风险因素的变化等。

八、质押借款债券投资

有些债券投资者可能因为资金不足、资金周转的需要或为了通过杠杆作用增加盈利，需要向证券公司或银行融资。最常见的一种安排是，限定资金的用途是用于购买债券，同时在融资合约中约定必须以所购买的债券作为质押，这就是债券质押融资，其最常见的两种形式是保证金购买和回购。

（一）保证金购买

保证金购买（Margin Buying）通常是由投资者和证券公司或经纪公司协商，经纪公司以较低的经纪人借款利率（Broker Loan Rate）或活期借款（即随时可能会要求借款人还款）利率（Call Money Rate）向投资者贷款，同时收取一定的服务费，并要求投资者以买进的债券做质押。

（二）回购协议

回购协议（Repurchase Agreement）是由债券的出售方承诺在约定的时间按既定的价格将所出售的债券再重新买回的一种协议。所约定的购回价格称为回购价格（Repurchase Price），所约定的购回时间称为回购日（Term Repo/Term RP）。有些回购的期限很短，只有一天，称为隔夜回购（Overnight Repo）。其中，回购方出售债券的价格与回购债券的价格间的价差即为回购业务所支付的利息。这些利息与回购期间的时间长度所隐含的利率，称为回购利率（Repurchase Rate），这一利率通常比银行融资利率要低，因为有债券做质押。上面指的回购，通常是由经纪商作为债券的卖出方向其他金融机构借入资金。另有一种逆回购（Reverse Repurchase Arrangement/Reverse Repo），是指非经纪人的投资者使用回购协议借入资金。金融市场上，并无统一的回购利率，因为回购期限的长短、质押资产的价值或市场供给状况等的不同，回购利率也会不同。有些质押资产在市场上供不应求，或正巧某些投资者需要某种资产填补其头寸，这类资产被称为特别质押（Special Collateral）或热门质押资产（Hot Collateral），这类资产的回购利率低于那些没有这些特征的普通质押资产（General Collateral）是不言而喻的。

按 2004 年 5 月 20 日起实施的《全国银行间债券市场债券买断式回购业务管理规定》的规定，我国银行间的买断式回购协议，指债券持有人（正回购方）将债券卖给债券购买方（逆回购方）的同时，交易双方约定在未来某一日期，正回购方再以约定价格从逆回购方买回相等数量同种债券的交易行为。根据这一规定，我国的银行在买断式回购期间，交易双方不得换券、现金交割和提前赎回。买断式回购的期限由交易双方确定，但最长不得超过 91 天。交易双方不得以任何方式延长回购期限。这一规定是为了防止银行将短期回购业务做成了长期融资。

第三节　固定收益证券的风险

一、风险的含义

"风险"是一个宽泛且常用的术语。随着经济形势的不断变化、金融体系的演变和金融市场的波动性显著增强，人们对风险的理解日益具体和深入。在本书中，风险被定义为未来结果出现收益或损失的不确定性。具体来说，如果某个事件的收益或损失的结果已经被事先确定下来，就不存在风险；若该事件的收益或损失存在变化的可能，且这种变化过程及结果事先无法确定，则存在风险。

风险具有以下基本特征：①风险是对事物发展未来状态的看法；②风险产生的根源在于事物发展未来状态所具有的不确定性；③风险和不确定性在很大程度上都受到经济主体对相关信息的掌握；④风险使得事物发展的未来状态必然包含不利状态的成分。形成风险的基本因素，主要包括时间、不确定性、信息的完全性以及潜在损失的可能性。

二、金融风险的含义

金融风险，是指经济主体在资金的融通和金融业务与活动中，由于各种事先无法预料的不确定因素而使资金经营者的实际收益与预期收益发生偏差的可能性。从广义上讲，它既包括居民家庭部门、非金融企业部门和金融企业部门从事金融活动所产生的风险，也包括以国家部门为主体所从事的金融活动产生的风险。从狭义上讲，金融风险一般指金融企业部门（金融机构）从事金融活动所产生的风险。

金融风险可以按不同的标准分为不同的类别。按风险的成因，可以分为利率风险、汇率风险、价格风险、价格波动风险、收益率曲线风险等；按不同的主体，可以分成国家风险、行业风险、企业风险等。

三、金融风险的特征

金融风险是以货币信用经营为特征的风险，它不同于普通意义上的风险，具有以下特征：

（一）客观性

由于金融业务总是与未来的经济活动相关，即在当前无法完全确定金融业务在将来的收益，而人们对未来的预知能力是有限的，加上信息不对称及信息的非完全性等，使金融活动总是与风险密切相关。甚至可以说，只要有金融业务活动存在，金融风险的存在总是不以人们的主观意志为转移，且不以人们的主观意志而消失。这就是金融风险的客观性。

（二）社会性

金融是经济运行的核心，在社会经济中占有非常重要的地位，有着经济神经中枢的作用。金融机构、金融行业在金融活动中的风险，常常并不局限于影响这些机构及本行业，而是可能通过信用链、资金链及货币的社会效应等波及整个社会。

（三）扩散性

金融风险的扩散性是指金融风险一旦发生，将不会局限于初始的范围或行业，而会通过如商业银行的信用创造等扩散到相关的其他领域和行业，在严重的时候，甚至可能导致全社会的信用和经济危机。

（四）隐蔽性

由于现代金融业务是建立在信用的基础上，通过信用创造等途径实现的，于是一些金融机构常常借信用创造，如发行债券、多吸收存款等方式，掩盖已经出现的风险，使本来已经发生的风险难以及时、充分地暴露并得到治理。金融风险的这种特征，对金融稳定在短时间内是有益的，但如果金融风险长期得不到有效的治理，就可能积少成多、积小成大，并最终通过更大的金融风险甚至金融危机爆发出来。

四、固定收益证券的风险

(一) 利率风险

债券所面临的最大风险之一就是利率风险 (Interest Risk)，即因为利率变动而影响债券价值的可能性。由于债券息票利率的相对固定性，如果市场利率上升，则债券价格会下降；反之，亦然。如果债券的息票利率等于市场利率，则债券将以其面值进行交易；如果债券息票利率大于市场利率，则债券将溢价销售；如果债券的息票利率小于市场利率，则债券将折价出售。虽然利率对所有的债券都可能产生影响，但因为债券的到期时间、息票利率、嵌入期权等的不同，相同的利率变动，对不同的债券产生不同的影响。

1. 债券期限与利率风险

假设所有其他因素相同，债券价格对利率的敏感性将与债券的期限成正比。例如，息票利率为5%的20年期的平价 (面值100元) 债券，如果市场利率上涨为6%，则其价格将下降为88.442 6，下降幅度为11.557 4%；如果债券的期限为10年，则价格下降至92.561 3，下降幅度为7.438 7%。

2. 息票利率与利率风险

债券价格对利率的敏感性不仅与期限有关，同等期限下还与债券的息票利率呈反比关系，即：息票利率越高，价格对利率的敏感性越小；息票利率越低，价格对利率的敏感性越大。假设当前市场利率为9%，息票率为9%的5年期国债价格为面值100元，息票率为6%的5年期国债价格为88.130 9元。如果现在利率下降1%，前者的价格上升幅度为4.06%，后者的价格上升幅度为4.26%；如果利率下降1%，前者的价格下降幅度为3.86%，后者的价格下降幅度为4.06%。由于零息债券的息票率为零，所以其价格对利率的敏感性要大于任何息票率非零的、其他条件相同的债券。

3. 嵌入期权与利率风险

债券中可能含有各式各样的期权，这些期权本身对发行人或债券持有人是有价值的。期权的价值也必须在债券的价格中得到体现。不同的期权对利率的敏感性不同，比如赎回权的价值随利率下降而升值、随利率上涨而贬值。正因为如此，相对于同条件的无期权债券，有赎回权的债券在利率下跌时，其涨价的幅度以及利率上涨时其跌价的幅度都要小一些。其他期权，如转换权或交换权，对利率的敏感性可能小于赎回权，但利率仍然会影响债券的价格。

4. 到期收益率与利率风险

比较息票率为9%的25年期的债券在表1-8中各种收益率水平下的交易情况。第一列给出了债券交易的初始收益率 (初始利率)，第二列给出了初始价格，第三列表明收益率每变动100个基点时所对应的债券新价格。第四列和第五列是价格变动的金额和百分比。这个表说明：对于既定的收益率变动，当初始市场收益率水平较低时，价格变动率较高；而当初始收益率水平较高时，价格的变动率则较低。

表 1-8 息票率 9% 的 25 年期债券在不同
初始利率水平时，利率每上升 1% 对价格的影响

初始利率 （%）	初始价格 （元）	波动后的 价格（元）	价格下降 金额（元）	价格下降 百分比 （%）
7	123.46	110.74	12.72	10.30
8	110.74	100.00	10.74	9.70
9	100.00	90.87	9.13	9.13
10	90.87	83.07	7.80	8.58
11	83.07	76.36	6.71	8.08
12	76.36	70.55	5.81	7.61
13	70.55	65.50	5.05	7.16
14	65.50	61.08	4.42	6.75

5. 浮动利率债券的利率风险

虽然浮动利率债券的息票利率会定期重订，但由于重订周期的长短不同、风险溢价变化及利率上、下限规定等，仍然会导致债券收益率与市场利率之间的差异，这种差异也必然导致债券价格的波动。正常情况下，债券息票利率的重订周期越长，其价格的波动性就越大。因为较长的周期导致债券的收益率与市场利率出现差异及出现较大差异的可能性都会增加。一些浮动利率债券的息票利率计算公式中，与基准利率的差值是固定的，但市场要求收益率与基准利率之差却可能会因为各种因素而改变。如果市场要求的利差大于利率公式中的利差，则债券会跌价；相反，则可能会涨价。同样，如果市场利率高于债券规定的帽子利率时，债券会跌价；而市场利率低于债券的保底利率时，债券会涨价。

6. 利率风险的度量

可以用单位利率变动带来的价格变动百分比（Approximate Percentage Price Change）来大致衡量利率风险的大小，即当市场收益率变动 100 个基点（1%）时，债券价格变动的百分点数，用公式表述如下：

$$价格变动百分比 = \frac{收益率下降后的价格 - 收益率上升后的价格}{2 \times 初始价格 \times 收益率变动百分点数}$$

其中：

收益率变动百分点数，指的是假定市场收益率上升或下降了多少个百分点；

分子上的收益率下降或上升后的价格，指债券市场收益率变动了分母中的百分点数的价格；

初始价格指市场收益率没有改变之前的价格。

（二）收益率曲线风险

收益率曲线是由某一时点上不同期限的同一类型金融资产（如无风险资产）的收益率形成的，其风险主要体现在：不同期限的收益率会随时间的变化而变化；同一债

券会因其到期日的临近，收益率发生改变；不同期限的收益率变化幅度不同等。

收益率曲线的移动主要有图1-1中的一些情形。其中A的平行移动，表示不同期限债券的收益率变动的幅度和方向一致，即不同期限债券收益率总是有着相同的变化值。例如，期限为1、5、10、30年期的所有美国国债，其收益率都上升或下降了80个基点就属于这一类。只有当市场认为债券收益率的上、下波动幅度一致，即与期限无关时，才可能出现这种曲线平移。

B是债券的收益率分别从上或下方接近原始收益率曲线的情形，其含义是在短期债券中，其收益率变动大，而对长期债券来说，收益率变动则较小。这反映了市场认为在短期内市场利率可能会有较大波动，而在未来则会趋于一致。

C则表示短期和长期债券的收益率有较大变化，而在中期波动较小，但整体上债券的收益率会提高。

D表示的是市场预期债券的收益率整体上将会下降，且长短期利率下降幅度较大，中期利率下降幅度较小。

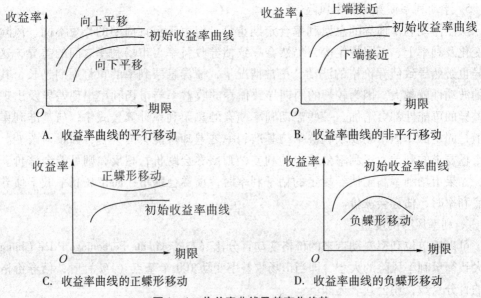

图1-4　收益率曲线及其变化趋势

（三）信用风险

信用风险（Credit Risk）是指债券的发行人违约、信用级别下降或其净资产数量下降等可能无法或不愿意按期支付本息的可能性。狭义的信用风险经常被称为违约风险，但应该讲，违约风险只是信用风险中的一部分，即债券发行人无法履约的可能性。因为各种原因而导致发行人资信级别下降，但不一定就导致违约，却会损害债券市场价值的风险应该也属于信用风险。

违约风险（Default Risk）是债券债务人无法按期足额还清本息的可能性，传统的信用风险就是这个含义。在债券违约时，根据清算的结果，可能还有一部分能够获得补偿，获得补偿的比例称为清偿比例（Recovery Rate）。违约可能给投资者带来的损失占全部投资额的比例则称为违约比例（Default Rate）。

信用降级风险（Downgrade Risk）是指债务人的信用评级因为各种原因而被调低或降级的风险。信用评级是由一些权威的中介机构，如标准普尔（Standard & Poor Corporation）、穆迪投资人服务公司（Moody Investors Service Inc.）等根据其自身的指标体系进行综合考核的基础上做出的关于相关机构信用可靠性级别的评定。

风险溢价（Risk Premium）是指发行人的债券相对于无风险收益工具，如国债或银行的存款等而必须多支付的成本部分，其中因为信用因素而必须多支付的部分，则进一步称为信用利差（Credit Spread）。如果债券的信用利差要求增高，即市场对某债券的要求收益升高，则原债券会贬值。这种因为信用利差升高而带来的风险，称为信用利差风险。

（四）流动性风险

流动性风险（Liquidity Risk）指投资者及时并有效地将债券变现的不确定性。衡量流动性风险的指标之一是市场上的要价（Ask Price）与出价（Bid Price）之间有价差（Price Spread），价差越大，表明债券的流动性风险越大；反之，越小。如表1-9所示。

表1-9　　　　　　　　　　美国债券市场上的流动性

市　　场	价差/价格（%）	
	典型时期	大额抛售时
国债		
短期国债	0.002	0.005
新近发行中长期国债	0.003	0.006
被替代中长期国债	0.006	0.009
企业债券		
A级金融债券	0.120	0.500
B级产业债券	0.500	5.000
抵押担保债券		
固定利率债券	0.006	0.250
市政债券		
Aa或Aaa级长期债券	0.250	0.750

上述流动性的概念是针对某种具体债券的，就市场而言，其流动性的大小包含两方面的含义：一是市场上要价与出价之间的价差是否足够小；二是市场是否明显受到大额交易的冲击。市场价差可以从个别经纪人的角度来看，也可以从整个市场来看。就整个市场而言，市场的价差等于最低要价减去最高出价，这就是市场价差（Market Bid-Ask Spread）。

1. 流动性与头寸盯市

有些投资者每天都需要按当日的市场价格调整自己的金融资产以计算其净资产价值（Net Asset Value，NAV），对流动性风险也就更敏感。即使有些投资者不需要如此频繁地盯着市场调整自己的资产价值，定期的财务报表等也会要求按市场价格做出调整。如果市场流动性不足，或市场价差太大，这些投资者所用的市场价格就需要重新估算。典型的做法包括请一些经纪商报价，并通过求这些报价的平均值等方法估算资产价格；或请一些专门的机构或分析研究人员，利用模型等方法估算资产价格。

2. 流动性风险的变化

市场价差会随时间及市场状况而变，这主要包括：市场利率变化，如市场利率升高，则债券的吸引力就会受到影响。有时，政策性因素等也可能影响债券的流动性，如政府突然增加对某些投资者如基金、经纪商的特别限制，包括对债券资信级别的规定、债券占投资比例的限制、债券投资期限的要求等，都可能极大地改变某些债券的流动性。

（五）通货膨胀或购买力风险

通货膨胀风险（Inflation Risk）或购买力风险（Purchasing Power Risk）是受物价普遍上涨导致回收资金的实际购买力下降的可能性。例如，债券的收益率为 6%，如果债券寿命期内的通货膨胀率为 5%，则债券的实际收益率仅为 1% 左右，远低于名义收益率的 6%。这是因为投资者收回债券本息时，同等数量货币的购买力已经低于投资之初的同等数量货币了。

（六）波动率风险

波动率风险（Volatility Risk）指债券价值因为其市场利率波动性的改变而改变的可能性。对嵌有衍生品的固定收益类产品而言，这是最常见的一类风险，一般无法通过在保险公司进行保险来规避风险。多数情况下，只有通过套期保值等金融措施，才能对风险加以规避。

（七）汇率与货币风险

汇率风险是指金融机构、企业和个人持有以外币发行或需要以外币偿还的债券，因外汇汇率变动而蒙受损失的可能性。由于融资常常不能在一个时点上完成，而汇率在一段时间内发生的变化，既可能对债券的发行人有利，也可能有利于投资者。汇率的变动，使融资的实际成本和投资的实际收益将不但与债券的利率有关，还与涉及的外币与投资者或融资方本币间的汇率直接相关。如一位中国投资者购买了 5 年期美国国债，5 年后投资者的收益将受美元和人民币间汇率的影响。如果人民币升值，则投资者的实际收益可能降低；如果人民币贬值，则其实际收益会更高。这种因货币汇率变动使投资者实际收益降低的可能性就是汇率风险（Exchange Rate Risk）或货币风险（Currency Risk）。

（八）特定事件风险

所谓特定事件风险（Event Risk）指的是一些包括自然灾害、不可预料的事故、制度变迁、政治因素及企业并购等原因导致债务人无法按期足额清偿本息的可能性。中国企业中，制度或政策因素及企业并购等的影响较为突出。作为新兴的金融市场，无论是市场主体还是制度方面都还存在很多不健全的问题，特别是对新兴债券品种在管理和认识上还有很多问题没有解决。在解决这些问题的过程中，新的规章制度出台时，极有可能会导致一些交易品种和市场主体受到限制并因此构成风险。

第四节　固定收益证券的种类

美国市场是全球最大的债券市场，大概可以分为六个部分：国债市场、政府机构市场、市政债券市场、公司债券市场、资产支持债券市场和抵押贷款支持债券市场。图 1－5 展示了 2013 年 3 月美国市场主要分类和结构的情况。

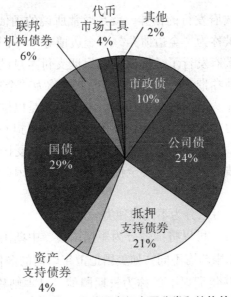

图 1－5　2013 年 3 月美国市场主要分类和结构的情况

资料来源：格上理财研究中心. http://www.zhixuan.com/toutiao/article/51396

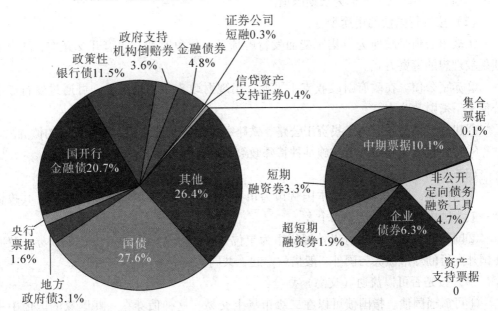

图 1－6　中国固定收益证券市场产品分类

中国国内的固定收益产品以政府信用为主,除了中央政府和地方政府直接发行的债券,各类金融债和公司债大多也有政府信用背景。图1-6显示了2014年6月末统计的国内债券市场的产品及存量规模。

现介绍国内外市场上主要的固定收益证券品种。

一、政府债券

(一)国债分类

政府债券是由中央政府发行的债券,就是通常所说的国债。在各种债券中,国债的安全性最高,因此又被称为"金边债券"。"金边债券"一词最早起源于英国。17世纪,经议会批准,英国政府发行了一种以税收保证支付本息的政府公债,由于该公债信誉度很高,而且纸质债券带有金黄色的边,因此被称为"金边债券"。此后"金边债券"便被用来泛指所有中央政府发行的债券。由于国债是以国家税收作为还本付息的保证,除非发生不可抗力等毁灭性灾难,投资者一般不用担心国家的偿还能力。为鼓励投资者购买国债,大多数国家都规定国债投资者可以享受国债利息收入方面的税收优惠或是免税。由于国债的风险低、安全性和流动性好,因此它的利率一般也低于其他类型债券。

国债按不同的标准,可以分为不同的种类。

(1)按偿还期限划分,可以将国债分为短期国债、中期国债和长期国债。各个国家确定短、中、长期的年限略有不同,如美国把1年以内的国债称为短期国债;2~10年期的称为中期国债,10年期以上的称为长期国债。日本则称2~5年期的为中期国债,5年以上称为长期国债。我国则将1年以内的国债称为短期国债;2~7年期的为中期国债,7年期以上的称为长期国债。

(2)按发行国债的用途划分:

①战争公债是政府为筹集军费而发行的债券。战争时期,政府开支骤增,战争公债是较理想的筹资方式。

②赤字公债。在政府财政收支不平衡,出现财政赤字的情况下,可通过发行赤字公债来平衡财政收支。

③建设公债是政府为了投资于公路、铁路、桥梁等基础设施建设而发行的债券。

④特种公债是政府为了实施某种特殊政策而发行的公债。

(3)按资金的来源划分:

①国内债,即一国政府以本国货币为币种在国内金融市场上发行的国债。其投资者一般为国内的机构、企业和个人。

②国外债,即一国政府以外国货币为单位,在国际金融市场上发行的债券。政府在国外发行的外币债券与国外一般借款一起,共同构成一个国家的外债。

(4)按是否可以流通(交易)划分:

①可流通国债。指国债可以在二级市场上交易。这种债券在一些国家的国债中占主要部分,如美国的可流通国债约占其国债总额的2/3。

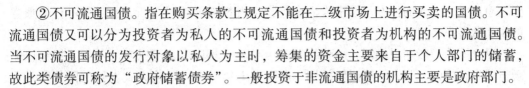

②不可流通国债。指在购买条款上规定不能在二级市场上进行买卖的国债。不可流通国债又可以分为投资者为私人的不可流通国债和投资者为机构的不可流通国债。当不可流通国债的发行对象以私人为主时，筹集的资金主要来自于个人部门的储蓄，故此类债券可称为"政府储蓄债券"。一般投资于非流通国债的机构主要是政府部门。

（5）按债券发行本位划分：

①货币国债。即以货币计值亦以货币偿付本息的国债。商品经济比较发达的国家，通常发行货币国债。我们以上所提的分类主要就是针对货币国债而言的。

②实物国债。即以货币计值，按事先商定的商品折价，用实物偿还本金的国债。这类债券通常在通货膨胀率很高，币值不稳定的情况下发行。

③折实国债，又称折实公债，该种债券的募集和还本付息均以实物作为折算标准。购买时，按照每一单位实物的折合金额用货币购买；还本付息时，仍按付款时每一单位实物的折合金额用货币支付，它实际上是把国债面值与物价指数相挂钩，以增加国债的吸引力。

（二）中国国债

新中国成立以后，中央政府曾在 1950 年发行过人民胜利折实公债，并于 1956 年 11 月 30 日全部还清本息。1954—1958 年，我国又发行了经济建设公债，于 1968 年底全部还清。这之后的 10 多年里，我国成为无债国。但是随着改革开放的深入发展，我国政府于 1981 年起又开始发行国债。现行国债的相关内容有：

1. 零息债券

零息债券指只有在到期日才能领取本金和利息的债券，也可称为到期付息债券。我国居民手中持有的绝大部分债券是零息债券。付息特定，其一是利息一次性支付，其二是国债到期时支付。要注意这里的零息国债概念与美国零息国债概念有所不同：美国的零息国债通常就是指期限在 1 年以下，以折扣方式发行的无息债券。而我国的零息国债则不仅包括美国零息国债的基本含义，而且包括期限在 1 年以上不附息票的债券。所以，美国的零息国债一般就是到期时按面值兑现的一种偿还形式，而我国的零息国债除了那种形式外，还包括到期时一次性支付利息和偿还本金的形式。

如果 n 年期零息债券的到期收益率为 y，现值 $PV = $ 面值（Par Value）$/ (1+y)^n$。

2. 附息债券

附息国债指债券面上附有息票，定期（一年或半年）按息票利率支付利息。我国自 1993 年第一次发行附息国债以来，已成为我国国债的一个重要品种。

附息国债也有规定的票面利率，每次的利息额（以按年取息为例）等于面值与票面利率的乘积。需要指出的是，附息国债票面利率与相同期限的零息国债相比要低些。

3. 贴现国债及其收益的计算

贴现国债，指国债券面上不附有息票，发行时按规定的折扣率，以低于债券面值的价格发行，到期按面值支付本息的国债。贴现国债的发行价格与其面值的差额即为债券的利息。比如说，你以 80 元的发行价格认购了面值为 100 元的 5 年期的贴息债券，那么，在 5 年到期后，你可兑付到 100 元的现金，其中 20 元的差价即为债券的利息。

要注意的是，上面的债券，通常人们说折扣率为 80%，或打 8 折，而这并不代表债券的真实收益率。

贴现国债一般期限较短。财政部 1997 年规定，期限在 1 年以内（不含 1 年）以贴现方式发行的国债归入贴现国债类别，期限在 1 年以上以贴现方式发行的国债归入零息国债的类别。

由于我国使用的是单利计息，贴现国债的收益率计算公式是：

利率 = [（面值 - 发行价）/（发行价 × 期限）] × 100%

如投资者以 80 元的发行价格认购了面值为 100 元的 5 年期国债，那么，在 5 年到期后，投资者可兑付到 100 元的现金，其中 20 元的差价即为国债的利息，即：[（100 - 80）/（80 × 5）] × 100% = 5%，年息平均为 5%。如果采用按年的复利计息方式，则实际的收益率为：$\sqrt[5]{100/80} - 1 = 4.564\%$。如果要把它算成可比的债券相当利率，即假定利息是每半年支付一次，复息的频率为半年一次，则实际的收益率应为：$(\sqrt[10]{100/80} - 1) \times 2 = 4.513\%$。

（三）美国国债

美国有全球最大的国债市场，美国国债（Treasury Securities of United States Department of the Treasury）是由美国财政部发行的，以美国政府的全部信用担保的债券。在目前，市场普遍认为美国国债不存在信用风险。其主要种类包括无息票短期国债和附息票的中、长期债券。美国的国债市场，包括一级拍卖市场和二级流通市场。美国国债在品种上，主要包括以时间划分的短期和中长期国债；按息票利率规定方式划分的无息票债券、附息票债券和通货膨胀保护债券等。

1. 无息票短期美国国债

无息票短期美国国债（Treasury Bills）没有息票，以折扣的方式发行，期限为 1 年或 1 年以下，到期时按票面值清偿。美国的短期国债按一定的时间顺序定期发行，如 91、182 和 364 天等。由于节假日的影响，上述期限可能有 1 天之差。通常将上述期限的国债称为 3 个月、半年和 1 年期国债。91 天和 182 天到期的债券，每周发行一次。1 年期的债券，每 4 周发行一次。这些债券由联邦储备银行及其分行以拍卖的形式出售。

由于这些债券没有息票利率，投资者的收益隐含在债券的折价金额中，其真实的收益率，需要根据折价金额进行推算。例如，投资者对一张 1 年期的债券出价 93.458，一旦这个出价被接收后，投资者只要付出 9 345.80 美元，就可以买到面值为 10 000 美元的债券。这样，1 年后，投资者能实现的货币收益额为 654.20 美元，可以很容易地计算出，该笔投资的年收益率为：

（10 000 - 9 345.80）/9 345.80 = 7%

美国的财政部有时也不定期地发行一些现金管理短期债券（Cash Management Bills），这些债券通常是在每个季度末，即 3、4、6 及 9 月末，当一些大额税收即将征收还未征收的时候发行，期限从几天至 6 个月不等。在美国，个人可以直接到联邦储备银行及其分行购买新发行的短期国库券，也可以通过银行或经纪人间接购买新发国债。个人还可以通过政府债券交易商，到二级市场买卖旧债券。

2. 中长期美国国债

中期国债（Treasury Notes）是指 1 年以上至 10 年内到期的债券，票面金额大多为 1 000 美元。这类国债附有息票，规定利息额，通常每半年付一次利息。期限超过 10 年的称为长期国债（Treasury Bonds），两者合称为财政附息证券（Treasury Coupon Securities）。中长期国债目前采用的是定期拍卖发行，中长期债券的期限分别为 2 年、5 年、10 年和 30 年不等，其中中期国债后附有 "n" 字母以区别于没有标注的长期国债。

3. 剥离债券

美国国债的剥离最早开始于 1985 年 1 月，STRIPS 这一单词虽有剥离的意思，但并不是这种债券形式的原意，只是登记债券利息与本金分别交易（Separate Trading of Registered Interest and Principal of Securities）的简称，即这一词在原意上，指的是一种特殊的交易方式，其特点是允许投资者将合法财政债券的本金和利息分别进行交易。如图 1-7 所示。

当固定利率或浮动利率债券被剥离后，债券每笔利息及本金都变成了一个零息债券，且每一部分都有其特定的编号，既可以持有投资也可以单独交易。例如，10 年期、息票利率为 5%、面值总额为 1 000 万美元的固定利率债券，有每半年一次共 20 期的利息现金流和到期时的本金回流，共 21 笔现金流。这 21 笔现金流可以分别作为一种零息债券进行交易。如图 1-7 所示。

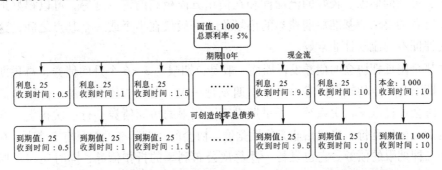

图 1-7　附息票国债的剥离过程（金融单位：万美元；时间单位：年）

以息票为基础设立的剥离债券，被称为息票剥离债券（Coupon Strips），而以本金为基础设立的债券被称为本金剥离债券（Principal Strips），每一被剥离的系列（Tranches）都将被赋予一个标准识别码，即统一证券识别程序委员会编码。

二、政府机构债券

除了美国联邦中央财政之外，美国政府的其他机构或由美国政府主办的机构也会发行债券。与联邦政府直接相关的，如政府全国抵押协会"基尼美"（Government National Mortgage Association，Ginnie Mae）、学生贷款营销机构"萨利美"（Student Loan Marketing，Sallie Mae）等，这些机构发行的债券最重要的共同点是，以美国政府的信用为担保，由美国政府作为最后的债务清偿人。另一些债券是由美国政府主办机构（Government Sponsored Enterprises，GSE）发行，这些机构可以是私有的，也可以是上市公司。这些机构是由国会批准设立的，其目标是降低某些经济领域有关机构的资本成本。如联邦农业信贷体系（Federal Farm Credit System）、联邦住房贷款银行系统（Federal House Loan Bank System，FHLB）、联邦全国抵押协会"房利美"（Federal National Mortgage Association，Fannie Mae）、联邦家庭贷款银行"房地美"（Federal Home Loan Bank Corporation，Freddie Mae）等。美国政府并不为这些机构提供全额担保，因此这类贷款还是有风险的。

（一）机构信用债券

机构信用债券（Agency Debenture）指由前述机构发行的无担保的债券，其清偿可能性完全取决于发行机构是否能产生足够的现金流以偿付债券。如 Fannie Mae 就发行了许多短期信用债券，也包括一些折扣债券、中长期债券、基准中长期债券和国际债券。其中的短期信用债券，有些是可赎回的，而有些则不能赎回。

1. 短期基准债券

美国联邦全国抵押协会成立于 1968 年，其宗旨是向中低收入家庭提供住房融资。自 1968 年到现在，该协会已经成功地帮助 5 800 万个家庭圆了住房梦。其成功不仅表现在这一结果上，同时其金融运作也对美国债券市场产生了深刻的影响。它所发行的短期基准债券（Fannie Mae Benchmark Bills）可以有效地帮助投资者将公司的短期债券转换为流动性更强、更容易组织和管理的货币市场工具。基准债券严格且程序化的发行方式、灵活的期限、较好的流动性和在信用方面极高的透明度等，可以很好地满足众多投资者的要求。基准短期债券的市场价差一般仅在半个或一个基点之间，这足以证明这种证券的流动性非常好。

联邦全国抵押协会的债券发行周期一般是：期限为 3 ~ 6 个月的债券，每星期发行一次；期限为 1 年的短期债券每两个星期发行一次。发行全部采用单一价格的荷兰式拍卖。协会通过电子拍卖系统，每星期对不同期限的短期债券举行一次拍卖，竞拍方式既包括竞争性竞价，也包括非竞争性竞价。协会的短期基准债券只有 3 个月、6 个月和 1 年三种期限的债券。它也发行一些每次公布利率的折扣债券，同时还在短期基准债券之外作一些特殊期限的融资，期限从隔夜到 360 天不等。在某些短期基准债券拍卖的同时，协会还设计有"锁定期"，即在拍卖该种债券的那一个星期，协会不会发行期限为该债券前一星期或后一星期的折扣债券。在以两星期为基础的拍卖中，除了新发行外，协会还可能重发或再次发行已经通过拍卖发行过的债券品种。联邦全国抵押协会的短期基准债券是通过联邦储备银行体系发行的无担保的普通债务，且均为无息票折扣债券。

联邦全国抵押协会每星期举行一次荷兰式一价拍卖，协会每个星期一公开宣布发行规模和到期时间。具体的宣布时间为华盛顿 D. C. 时间的午夜。星期三，协会在美国东部时间 9 ~ 10 点之间接受出价。最后，协会将公布拍卖结果。正因如此，所有 3 个月和 6 个月的短期基准债券的到期日都在星期三，即名义上的 3 个月、6 个月，实际是 13 星期和 26 星期的债券。拍卖结果的清算，可以是同一天用现金清算，或在星期四按常规清算法结算。除非有节假日打破了上述星期一、三、四的节奏，或市场情况不允许，协会总是按上述程序运作。如果这一程序有任何变动，协会都会至少提前一星期宣布，并向投资者提供现金结算或常规结算的选择。

任何经授权的经销商都可以参与竞拍，经销商既可以为自己竞拍，也可以代客户竞拍。竞价方式以折扣利率为基础，最低竞拍金额为 50 000 美元，在此金额基础上按最低 1 000 美元的额度增加。协会可以限定给任何一个经销商的最高额度不超过总拍卖额的 35%，这一限制的原因是为了保证债券在二级市场上具有充分的流动性。另外，协会分配给非竞争性竞拍者的最高份额不得超过 20%，非竞争性竞拍者之间则是按出价的先后次序分配。

联邦全国抵押协会规定 3 个月期限的短期基准债券的最低拍卖额为 40 亿美元，6 个月的为 15 亿美元，1 年期的则为 10 亿美元，具体数额在每个星期一的拍卖公告日宣布。

基准债券的最低面值为 1 000 美元，且按 1 000 美元递增，即债券的面值为 1 000 美元的整数倍。基准债券投资的一个重要的好处是，几乎所有的证券公司和清算机构都接受该债券作为保证金存款。且从 2003 年 1 月 1 日起，所有新发行的 3 个月和 6 个月及 1 年期的短期基准债券都已经列入基准回购贷款计划（Benchmark Repo Lending Facility），可以作为回购融资的工具。要注意的是，联邦全国抵押协会的债券以及其利息，并不直接由美国政府或协会之外的任何其他机构提供担保，唯一的债务人是联邦全国抵押协会本身。

2. 中长期基准债券

联邦全国抵押协会的中长期基准债券（Benchmark Notes & Bonds），其期限从 2 年至 10 年不等。这类债券具有非常好的流动性，其常规性的发行使其已经成了投资者进行套期保值和资产组合中常用的交易工具。中长期债券按事先宣布的日期发行，2 年、3 年、5 年及 10 年期的债券是按季发行。每次发行的最低额度为 40 亿美元，并可根据投资者及市场流动性的需要再次发行。这种大额度的发行极大地便利了隔夜和回购市场。

协会每个月会通过交易商或新闻机构宣布下一期的中长期基准债券发行信息，包括新发行或重新发行信息。债券的息票利率通常在宣布发行后几天确定，具体时间一般是早上，在价格宣布 10 分钟后即可以开始交易。中长期债券的付息日和到期日通常是每个月的第 15 天。与短期基准债券一样，中长期基准债券的最低票面值和最低增幅也是 1 000 美元。2000 年 4 月 1 日之前，新发行的中长期基准债券都是在卢森堡交易所上市的。其交易清算则通过联邦储备银行体系完成，其中包括间接通过欧洲清算系统（Euroclear）或称清算流系统（Clearstream）进行。该债券计算的时间标准为每年 360 天，每个月按 30 天计算，简记为 30/360。

可赎回中长期基准债券（Callable Benchmark Notes），是按发行日历每月发行一次，并根据市场反馈调整其到期时间和赎回锁定时间。这类债券为一次性赎回或称欧式赎回（European Call），主要的期限结构为 5 年期 2 年内不得赎回型和 10 年期 3 年内不得赎回型。中长期赎回基准债券的最低发行额度为 20 亿美元，最低重发规模为 5 亿美元。

3. 短期参照债券

短期参照债券（Reference Bills），是由联邦住宅贷款银行系统发行的。该机构成立于 1970 年，其目的是为住宅抵押贷款及住宅租赁机构服务。联邦住宅贷款银行系统通过购买住宅抵押贷款和抵押证券然后再在资本市场发行一次性偿付抵押证券的方式为住宅抵押贷款机构融资。

中长期参照债券（Reference Notes and Bonds），是由联邦住宅贷款银行系统发行的中长期债券。

4. 欧元中长期参照债券

欧元中长期参照债券（Euro Reference Notes Securities）是联邦住宅贷款银行系统2000年9月19日推出的，专门针对欧洲投资者的一种新工具。当时在欧洲融资的债券还很少，联邦住宅贷款银行系统及时抓住了机遇，扩大了其欧元融资。这样既能吸引非美元区投资者，又分散了其债务的货币或汇率风险。同时，这一债券也是第一只在欧元政府交易系统（Euro MTS）交易的非政府证券。这一系统最初是专门设计用于政府证券交易的。通过这一系统的交易，极大地增强了市场透明度，从而降低了市场价差，提高了债券的流动性。

5. 次级债券

2001—2003年，联邦住宅贷款银行系统每年发行两次次级债券（Subordinated Debt），并认为其发行有助于提高其资本充足性，增强自律和增加市场透明度。债券的发行额度为：核心资本＋贷款损失储备＋次级债券存量＞资产负债表中资产数额的4%＋表外业务中与抵押相关债券总额的0.45%。推出这一债券的主要目的之一是为了满足国际银行业对银行资本充足性的要求及对表外业务管理的需要。相对于美国债券市场上其他次级债券的较低评级，联邦住宅贷款银行系统推出的这一品种为次级债券市场增加了一个重要的高质量次级债券投资工具。联邦住宅贷款银行系统的次级债券的平均期限在5年左右，下一步可能会进一步推出一些短期和长期的品种，使期限范围变为2～30年。这种次级债券的一个重要特征是设有利息递延条款。这一条款规定，在债券付息日前5天，如果出现以下情况时将递延债券的利息：一是其核心资本低于"临界资本"（Critical Capital）的125%时。联邦住宅贷款银行系统的核心资本低于"最低资本"要求，美国财政部正在考虑是否根据联邦住宅贷款银行系统法案（Freddie Mac Act）第306（c）条款决定购买银行债务的问题。利息的递延可能会长达5年，但不会超过债券的到期日。如果出现利息递延，债券的应计利息仍然会继续计算并按半年一次计算复利。一旦不再受上述条件的约束，或已经付清了其他债务时，联邦住宅贷款银行系统将及时付清所递延的利息及利息本身的利息。在联邦住宅贷款银行系统递延次级债券利息的时候，不能向普通股和优先股发放股息，也不能赎回、买进普通股和优先股。由于这一特征，次级债券被认为是市场对联邦住宅贷款银行系统资本充足性与其风险性的综合反映，而不仅仅是反映了债务本身。相对于没有利息递延特征的次级债券，这种债券也更能综合反映出联邦住宅贷款银行系统的风险。

另外，对于这些次级债券，如果递延利息的标准一旦达到，债券支付将自动被暂停；联邦住宅贷款银行系统不能决定是否递延利息支付。利息递延及清偿上的次级特征，使这一债券的风险与普通债券或优先债券的风险具有明显差异。虽然联邦住宅贷款银行系统没有要求对其参照债券进行评级，但对于次级债券却作了评级。次级债券的风险与其优先级债券相比，存在明显的风险差异。

（二）联邦机构抵押担保债券

联邦机构抵押担保债券（Agency Mortgage - Backed Securities）是由联邦支持的机构发行的，以其所购买的贷款为担保的债券。由于这些债券都是以某种资产作为担保的，所以又被称为资产担保证券（Asset - Backed Securities）。其中以固定资产抵押借款担保的债券常被称为抵押担保证券，包括抵押—担保过手证券（Mortgage - Backed Passthrough Securities）、抵押债权质押证券（Collateralized Mortgage Obligations，CMOs）以及抵押担保证券的剥离等，后两种是以抵押传递证券为基础的衍生形式。

抵押过手证券（Mortgage Passthrough Securities）或称简单传递证券（Simply Passthrough Securities），其特点是以一笔或多笔抵押借款资产集合为基础发行的证券。集合中的抵押借款资产可以由少数几笔，也可以由成千上万笔借款资产组成。如图 1 - 8 所示。这些被用于作担保的抵押借款资产被称为证券化资产（Securities）。不是什么借款都能作为担保资产的，能够被用作担保资产的借款通常具有很高的信用级别，或很低的风险，必须符合有关的标准，即所谓的合格借款（Conforming Loans）才能作为担保资产。抵押过手证券区别于标准的息票债券之处在于：一是本金的偿还方式不同，标准息票债券在到期前并不偿还本金，只付利息，但过手证券在到期前会按期支付本金；二是付息和本金的时间不同，标准息票债券一般是每半年付款一次，过手证券则是每月付一次；三是标准的息票债券一般不会提前清偿，但过手证券有可能被提前赎回。当贷款被提前偿还时，债券发行人也可能会提前赎回债券，所以从这一点上看，过手证券相当于含有赎回期权。设有 1 000 笔借款，每笔贷款每月的本息款均为 1 000 元，则每月总的本息现金流总量为 100 万元。假定过手证券的月利率为 0.5%，则理论上可以发行的过手证券总额为：1/0.005 = 2（亿元）。当然实际的发行额可能会低于这一数字，因为要考虑到提前清偿的风险、贷款本身的风险、发行债券的费用等。见图 1 - 8。

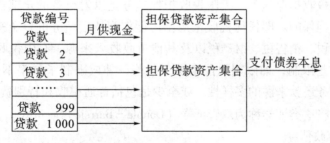

图 1 - 8　抵押过手证券的现金流

抵押贷款质押债券（Collateralized Mortgage Obligations，CMOs）是以一定抵押担保债券为担保发行的债券，有时也直接以抵押贷款为担保发行。通过将抵押贷款的现金流分成不同的部分，并使债券的期限尽可能地与现金流相吻合，前面过手证券所面临的提前清偿风险可以显著降低。所以，其利率通常比过手证券要低得多，但其流动性更好。分成不同期限的债券分别被称为不同的系列（Tranches），因为常用 A ~ Z 的字母来表示不同的系列，所以也常称为"A ~ Z 债券"。不同债券系列，利率不同且还款方式也可能会有差异，比如还本方式可以摊还，也可能是到期时一次性偿还；也可能是先还本，后付息。有些系列可能有最高的优先级，从而最先被清偿。常见的系列形式包括：仅含利息现金流、仅含本金现金流、浮动利率、逆向浮动利率、计划摊还、顺序偿还、目标摊还、零利息与累计利息等。担保资产相同的 CMO 在提前偿还方面可能非常不同，这是因为虽然这些债券有"既定的"到期时间，但如果贷款人出售其住宅、进行再贷款或再融资、违约或提前清偿其贷款等，都会使 CMO 被提前清偿。由联邦住宅贷款银行系统和联邦全国抵押协会等发行的这些债券，因为有美国财政的"道义支持"（Moral Obligation），加之其担保资产的质量较高，所以常被评为最高信用级别并具有很强的流动性。但必须注意，美国财政只是提供道义支持，并没有对这些债券进行直接担保。

三、市政债券

市政债券（Municipal Securities）是由美国州和地方政府及其设立的机构发行的债券。市政债券是以地方政府的税收或特定收入为基础发行的，由于税收和收入的不稳定性等原因，市政债券仍然可能有较大的信用风险。虽然市政债券被广泛认为是免税债券，但事实上也有许多市政债券是不免税的，而且有些免税债券也不是完全免税的。

市政债券主要分为三类，即税收担保债券、收入担保债券和混合债券。

（一）税收担保债券

税收担保债券（Tax - Backed Debt）是由州、县、特别行政区、市或镇、学区等以其税收收入为担保发行的债券。具体可以分为普通市政债券、拨款型债券以及由公共信用强化机构支持的债券等。

1. 普通市政债券

普通市政债券（General Obligation Debt）是使用最广的一种市政负债形式，又可以分为无限和有限税收担保债务。无限税收担保债务是以发行者的全部税收来源和发行人的全部信用作担保的。即任何税收来源都可能作为清偿债务的资金来源，没有任何限制，比如企业税、销售税、财产税以及其他市政收入来源。有限税收担保债务是指还款税源存在某些限制，如限制只能来源于某些税种或限制了税率不得高于多少等。由于普通市政债务还款来源的多样性，或至少是包括普通税收和特别费用等来源管道，所以人们也经常将这类证券称为双管证券（Double - Barreled Security）。

2. 拨款型市政债券

拨款型市政债券（Appropriation - Backed Obligations），是指以发行人的道义和法定拨款程序为担保的一类市政债务，这些债务不一定与政府的税收直接联系，但有关这些债务款项的使用和拨款必须是已经得到法定机构的认可和批准。例如当某款项的使用已经得到批准，但政府资金暂时短缺，一时无法支付这笔拨款时发行的债务。有关政府并不保证债务的清偿，但如果政府违约，政府只是承担信用损失，因此这类债券也被称为道义支持债券（Moral Obligation Bonds）。

3. 公共信用强化机构支持债券

公共信用强化机构支持债务（Debt Obligations Supported by Public Credit Enhancement Programs）。这类债券是以某些公共信用强化机构如州或联邦机构保证还款为条件发行的债务，这里的保证是法定可以强制执行的、硬性的保证。

（二）收入债券

收入债券（Revenue Bonds）是以某些特定项目的收入为保证发行的债券，这些项目可以是该笔债券资金资助的，也可能不是却被指定其收入将用于偿还债券持有人的。根据收入来源，收入债券常被划分为公共事业收入债券、高等教育收入债券、卫生保健收入债券、效能收入债券、港口收入债券、工业收入债券等。特别要注意的是，如果指定项目的收入不足以清偿债务时，这类债券将面临无法收回本息的可能，因而有较高的风险。

（三）混合市政债券

某些市政债券同时具有债券和一些其他金融工具的特征，常被称为混合型债券（Hybrid Bonds）或特殊结构债券（Special Structured Bonds），如保险债券和事先再融资债券等。

1. 保险债券

保险债券（Insured Bonds）是一类以商业保险公司保证到期时支付债权人未清偿部分的债券。债券一经保险公司保险，保险公司就必须承担可能的义务，不能要求发行人退保。这是将保险和债券相结合的一种混合型债券。其最大的特征就是债券的最后清偿以商业保险公司的理赔为保证。

2. 事先再融资债券

事先再融资债券（Prerefunded Bonds）先前是以普通市政债券或收入债券的形式发行，再转为以美国国债的现金流作为还款保证，同时去掉先前的税收或项目收入保证后形成的。

（四）市政债券的衍生证券

虽然市政债券的主要形式是固定利率的普通债券，但近年美国证券市场上涌现了许多以此为基础的衍生形式（Municipal Derivative Securities）。其中最引人注目的是剥离市政债券（Municipal Strip）。与美国国债的剥离一样，剥离市政债券是将市政债券的本金和利息等现金流分离成不同的系列销售。不同的系列在期限、利率等方面与基础市政债券完全不同，且也可以上市交易。

四、企业债务工具

企业债务工具（Corporate Debt Instruments）是在清偿次序上先于优先股和普通股的一种资金融通形式，包括中长期债券和商业票据，也包括由非联邦机构发行的抵押担保债券和资产担保债券。企业债券工具可以公开发行也可以私募方式发行。两者在美国的最大区别是私募债券在两年的持有期内不得公开上市交易。不过，证券与交易委员会的第 144 条 A 款已经放宽了这一限制，规定只要是在私募投资者之间进行交易，则没有上述两年持有期的限制，且不需要向证券与交易委员会注册。

（一）企业债券

企业债券可以分为有保护（Secured Debt）和无保护债券（Unsecured Debts）。前者是以债务人某些资产，如固定资产、房地产或者金融资产等作为还款保证，并赋予债权人在债务违约时可以通过处理抵押或质押财产而优先受偿的权利。虽然在实际生活中，像这样通过拍卖抵押品还债的情况并不多，但财产抵押却可以给投资者更多信心，并使他们在企业破产时能处于更有利的地位。其中，以金融资产作质押（Collateral）与用固定资产作抵押有些不同，那就是金融资产必须定期按市场价格进行调整，一旦其价值下降到低于债务本息时，债权人会要求在一定期限内补充新的质押资产，使其达到要求的数额，否则就可能卖掉质押物并要求赎回债券或收回贷款。

由于受某些贷款合约中对初级抵押借款数额的限制等原因，一些企业不得不增加次级抵押贷款甚至三级抵押贷款，其间的区别在于用抵押物拍卖后的款项偿债时的受偿次序，这些二级或三级抵押贷款被称为普通再融资抵押债券（General and Refunding Mortgage Bonds，G&R）。企业发行抵押债券、增加抵押债务的总量是有限的，这取决于其抵押物是否能达到保证清偿的标准，即通过发行测试（Issuance Tests）和盈利能力测试（Earnings Tests）。

企业除了有保护债务之外，也经常有无保护的债务，如信用债券（Debenture Bonds）。这些债券没有明确规定债权人在哪些财产上有优先受偿权，但除了次级信用债券在受偿权上次于普通（优先）债务外，都享有在尚未指定的财产上的优先受偿权。

由于企业可能违约，无法按期足额清偿债务，所以企业债券的价值取决于违约率和违约损失率与违约获赔率。债务违约率（Default Rate）有两种计算方法：一是按发行人违约比例，即违约发行人/总发行人（一般是以年初的数据计算），比如穆迪就是用这种方法，其背后的逻辑是投资者的信用决策与规模无关；二是按发行金额计算，即违约金额/发行金额。综合各方面研究的结果来看，企业的违约率，无论是发行人违约率还是发行金额违约率，都与其信用评级之间有很强的关系，即评级越差，违约的可能性越大。按穆迪的方法，以违约方的交易价格作为理赔额除以债务本金额为获赔率（Recovery Rate）。按其统计的结果，美国企业债券违约时的获赔率约为38%，当然这与债券的优先级和企业的信用水平等有关。

（二）中期债券

中期债券（Medium - Term Notes，MTN）虽然被称为中期债券，但事实上其期限可以从9个月、1年、1年半、2年等直到30年，甚至更长。发展至今，中期债券的最主要特征已经不是其期限，而是通过美国证券与交易委员会第415规则注册，并以上架注册（Shelf Registration）方式连续发行的债券。另外，中期债券在利率上，既可以是固定的也可以是浮动的；货币选择上，既可为美元，也可以为其他货币，甚至本金和利息分别是不同的货币等。

（三）中期结构债券

中期结构债券（Structured Medium - Termed Notes）的定义就是，债券的发行人在发行债券的同时，参与衍生金融工具市场的交易，通过互换等将债券变得更加符合某些投资者的要求，特别是满足那些被禁止从事衍生交易的投资者如养老金基金公司等的需要。

五、商业票据

商业票据（Commercial Papers）是由债务人发行的无保护的短期债务，一般不带息票。在美国，商业票据的期限一般在 50 天左右，最长一般不超过 270 天。1933 年证券法规定，如果商业票据期限超过 270 天，就必须向证券与交易委员会注册。由于这一限制，企业经常通过发行新的商业票据偿还到期的票据，这一过程即所谓"滚动负债"（Rolling Over）。这样做的企业，一旦新的票据发行不出去，就可能违约，这就是滚动负债风险。为了保护投资者不受滚动负债的影响，商业票据常常要求以授信额度等作为担保。

商业票据的二级市场交易很少，因为持有商业票据的公司常常将其持有到期。有的企业也用商业票据到银行贴现，而贴现银行可以转让商业票据或向中央银行申请再贴现。那些直接由签发人给投资者的商业票据又称直接商业票据（Direct Paper），利用中介或承销商等销售的商业票据则称为经销商商业票据（Dealer Paper）。前者主要是银行等金融机构签发的，而后者主要是大型公司为了扩大其销售能力而签发的。商业票据与债券一样，也需要评级，主要指标和方法与债券也相似。

六、资产担保债券

除了住房抵押贷款可以被证券化成为资产担保债券外，其他资产与贷款及应收账款等也可以作为资产担保债券的担保资产（见图 1-9）。

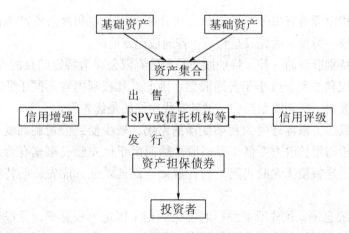

图 1-9 资产证券化与资产担保债券的形成

（一）特殊目的机构

特殊目的机构（Special Purpose Vehicles，SPV）或称特殊目的实体（Special Purpose Entity，SPE），是专门为了某些特殊目的而建立的法律实体，如经信托、股份及合伙制等途径建立的公司。它们通常作为公司管理资产或债务的渠道。在资产证券化过程中，其主要的功能是持有原资产所有人转移的、用于担保债券发行的资产，并与原资产持有人在信用评级时分开，使其避免因为部分资产出现质量问题而影响整个资产集合的信用评级，或因为原资产持有人的经营变化而影响所发债券的信用级别。SPV只能按相关法律文件规定的范围开展其活动，且必须是完全独立经营。比如，必须有其自身的董事会、自付成本，不能替资产出售公司支付成本，其资产也不能与原资产出售公司相混淆。一旦资产被转移给了SPV，这些资产就从法律上已经与原资产出售公司完全隔离开，完全不再属于原来的所有者，也不再归其经营管理。这些资产唯一的用途只能是用于清偿所发行的、由其担保的债券。由于SPV的经营范围非常有限，且被严格控制和监督，又与原资产出售公司完全隔离，所以一般认为其破产的可能性很小。正因为如此，才能达到强化证券信用的目的。

（二）信用强化机制

信用强化机制（Credit Enhancement Mechanisms）是指债券发行人通过内部和外部的不同方式，增强发行债券的信用级别的过程。从内部信用增强方式来看，主要包括设立储备基金、超额质押、设立优先与次级债券结构以及以次级债券向优先级债券提供信用支持等。从外部来看，主要是借助于第三方企业（也可能是资产出售企业），由这些第三方企业开出信用证、提供债务保险及提供担保等方式达到提升债券信用级别的目的。外部信用强化虽然常用，但有其固有的弱点，那就是对第三方信用强化机构的依赖。有时，即使资产担保债券本身运作良好，但由于第三方企业出现信用级别下降，债券的信用级别也会跟着下降。

七、优先股

优先股是指由股份有限公司发行的，在分配公司收益和剩余资产方面比普通股具有优先权的股票。可见，优先股是相对于普通股而言的。

优先股是特别股票的一种。特别股票是股份有限公司为特定的目的而发行的股票，它包含的股东权利要大于或小于普通股票。因此，凡权利内容不同于普通股票的，均可统称为特别股票。特别股票当中，最具有代表性的是优先股。

由于优先股的价格容易受到利率变动的影响，较少受到公司利润变动的影响，因此，优先股的价格增长潜力要低于普通股。然而由于优先股股东享有普通股股东不可比拟的优先权，这就使优先股仍能受到普遍而广泛的欢迎。优先股的特征表现在以下方面：

（1）约定股息率。优先股在发行时即已约定了固定的股息率，且股息率不受公司经营状况和盈利水平的影响。按照公司章程的规定，优先股股东可以优先于普通股股东向公司领取股息，所以，优先股的风险要小于普通股。不过，由于股息率固定，因此，即使公司经营状况良好，优先股股东也不能分享公司利润增长的利益。

（2）优先分派股息和清偿剩余资产。当公司利润不够支付全体股东的股息和红利时，优先股股东可以先于普通股股东分取股息；当公司因解散、破产等进行清算时，优先股股东又可以先于普通股股东分取公司的剩余资产。

（3）表决权受到一定限制。优先股股东一般不享有公司经营参与权，即优先股不包含表决权，优先股股东无权过问公司的经营管理。然而，在涉及优先股所保障的股东权益时，如公司连续若干年不支付或无力支付优先股的股息，或者，公司要将一般优先股改为可转换优先股时，优先股股东也享有相应的表决权。

（4）股票可由公司赎回。优先股股东不能要求退股，但可以依照优先股上所附的赎回条款，由公司予以赎回。大多数优先股都附有赎回条款。发行可赎回优先股的公司赎回股票时，要在优先股价格的基础上再加上适当的加价，使优先股的赎回价格高于发行价格，从而使优先股股东从中得到一定的利益。

设立和发行优先股，对于股票发行公司来说，其意义在于能便利公司增发新股票，也有利于公司在需要时将优先股转换成普通股或公司债券，以减少公司的股息负担。而且，由于优先股股东一般没有表决权，这又可以避免公司经营决策权被分散。

对投资者来说，优先股的意义在于投资收益有保障，而且投资的收益率要高于公司债券及其他债券的收益率。

优先股的种类：

（一）累积优先股和非累积优先股

累积优先股是一种常见的、发行范围非常广泛的优先股。它指的是可以将以往营业年度内未支付的股息累积起来，和以后营业年度的盈利一起支付的优先股。它具有股息率固定、股息可以累积计算的特点。如果股份有限公司当年经营状况不佳，没有盈利而不能分派股息，或盈利不够支付全部优先股股息，公司就应对未分派的股息累计计算。而在以后营业年度的利润增加时，累积优先股的股东有权要求公司补付累计股息。

非累积优先股指的是按当年盈利分派股息，对累积下来的未足额的股息不予补付的优先股。该种股票虽然股息固定，但只能在本营业年底盈利之内分派。公司本年度如有经营盈利，则优先股股东可以优先于普通股股东分取股息；如果本年度的盈利不够支付全部优先股股息，所欠部分也不累积计算，也不再从以后年度的营业盈利中予以补发。

对投资者来说，累积优先股比非累积优先股更有吸引力。因此，累积优先股发行量大、发行范围广，而非累积优先股发行量则相对较小。

（二）参加分配优先股和不参加分配优先股

参加分配优先股指的是那种不仅可以按规定分得当年的定额股息，而且还有权与普通股股东一起参加公司利润分配的优先股。也就是说，在股份有限公司的利润增加时，优先股股东除了按固定股息率取得股息之外，还可分得额外红利。根据优先股股东参与公司利润分配方式和比例的不同，参加分配的优先股，又可分为全部参加分配的优先股和部分参加分配的优先股。前者指的是在优先取得股息后，还有权与普通股股东共同等额分享本期剩余利润的优先股；后者指的是股东有权按规定额度与普通股股东共同参加本期利润分配的优先股。

不参加分配优先股指的是只按规定股息率分取股息，不参加公司利润分配的优先股。无论公司的剩余利润有多少、普通股股东分取多少红利，持有这类股票的股东，除了领取固定股息外，不能再参加分配。

优先股还可以根据需要组合成累积的参加分配优先股和累积的非参加分配优先股、非累积的参加分配优先股和非累积的非参加分配优先股。

（三）可转换优先股和不可转换优先股

可转换优先股，是指持股人可以在特定条件下把优先股转换成普通股或公司债券的优先股。这类股票与普通股或公司债券有密切的联系，其价格易受普通股及公司债券价格的影响。一般说来，对这类股票都规定了转换的条件和转换的比例。转换比例事先根据优先股和普通股或公司债券的现行价格确定。持有这类股票的股东可以根据公司的经营状况和股市行情自行决定是否将其转换成普通股或公司债券。通常情况下，在公司前景和股市行情看好，盈利增加时，股东愿按规定的条件和价格，将优先股换成普通股；在公司前景不明朗，盈利明显减少，支付股息有困难时，则会将优先股换成公司债券，这时，投资者就由公司股东变成了公司债权人。

不可转换优先股则是指不能变换成普通股或公司债券的优先股。

国际上目前较为流行的是可转换优先股，发行这种股票可以吸引更多的投资者。

（四）可赎回优先股和不可赎回优先股

可赎回优先股指的是股票发行公司可以按一定价格收回的优先股。大多数优先股是可赎回的。可赎回优先股的赎回价格在股票上的有关条款中即已规定，赎回价格一般略高于票面价值。虽然公司有权收回可赎回优先股，但是否赎回最终由公司决定。赎回股票的目的主要是为了减轻利息负担。所以，公司往往在能够以股息较低的股票取代已发行的优先股时予以赎回。

不可赎回优先股指的是股票发行公司无权从股票持有人手中赎回的优先股。

（五）股息可调优先股和股息不可调优先股

股息可调优先股指股息率可以调整的优先股。也就是说，这种股票的股息率不是固定的，而是可以变化的。不过，股息率的变化是随其他证券价格或存款利率的变化而进行调整的，与公司的经营状况无关。这种优先股是为适应近年来国际金融市场动荡不安，各种有价证券的价格和银行存款的利率经常波动的特点而产生的，其目的在于保护股东的权益，扩大公司的股票发行量。

股息不可调优先股，就是股息率不能调整的优先股。经济活动中常见的优先股一般都是股息不可调优先股。

八、金融债券

金融债券是由银行和非银行金融机构为筹措资金而发行的债务凭证。金融机构通过发行金融债券，有利于对资产和负债进行科学管理，实现资产和负债的最佳组合。

与其他工具相比，金融债券具有如下特征：

（1）金融债券与公司债券相比，具有较高的安全性。由于金融机构在经济中有较大的影响力和较特殊的地位，各国政府对于金融机构的运营都有严格的规定，并且制定了严格的金融稽核规定。因此，一般金融机构的信用要高于非金融机构类公司。

（2）与银行存款相比，金融债券的盈利性比较高。由于金融债券的流动性要低于银行存款，因此，一般来说，金融债券的利息率要高于同期银行存款，否则，人们便会去存款，而不是购买金融债券。

从不同的角度出发，金融债券可有不同的分类。

（一）按利息的支付方式分类

（1）附息金融债券，是指在金融债券上附有多张息票的债券。此种债券期限一般为 3 年或 5 年，其利息支付以及本金偿付办法同一般息票债券。

（2）贴现金融债券，是指期限为 1 年的短期金融债券，折价发行，对利息收入进行课税。贴现金融债券不能在证券交易所上市，经过批准，可以在金融中介机构进行柜台交易。

（二）按照发行条件分类

（1）普通金融债券是一种定期存单式的债券，期限有 1 年、2 年和 3 年三种，到期一次还本付息，平价发行，不计复利。普通金融债券在形式上类似于银行定期存款，但利息率要高些。

（2）累进利息金融债券是一种浮动期限式、利率与期限挂钩的金融债券。其期限最短为 1 年，最长为 5 年。债券持有者可以在最短和最长期限之间随时到发行银行兑付，其利率也按照债券的期限分为不同的等级，每一个时间段按相应利率计付利息，然后将几个分段的利息相加，便可得出该债券总的利息收入。

（3）贴现金融债券。它是指债券发行时按规定的折扣率，以低于票面价值的价格出售，到期按票面价值偿还本金的一种债券。

九、可转让定期存单

可转让定期存单（Negotiable Certificate of Deposite），简称定期存单（CD），指银行发行对持有人偿付具有可转让性质的定期存款凭证。凭证上载有发行的金额及利率，还有偿还日期和方法。如果存单期限超过 1 年，则可在期中支付利息。在纽约货币市场，通常以面值 100 万美元为定期存单的单位，有 30 天到 5 年或 7 年不等的期限，通常期限为 1～3 个月。一律于期满日付款。

从本质上看，存单仍然是银行的定期存款，但存单与存款也有不同：

（1）定期存款是记名的，是不能转让的，不能在金融市场上流通；而存单是不记名的，可以在金融市场上转让。

（2）定期存款的金额是不固定的，有大有小，有整有零；存单的金额则是固定的，而且是大额整数，至少为 10 万美元，在市场上交易单位为 100 万美元。

（3）定期存款虽然有固定期限，但在没到期之前可以提前支取，不过损失了应得的较高利息；存单则只能到期支取，不能提前支取。

（4）定期存款的期限多为长期的；定期存单的期限则多为短期的，从 14 天到 1 年不等，超过 1 年的比较少。

（5）定期存款的利率大多是固定的；存单的利率则有固定的也有浮动的，即使是固定的利率，在次级市场上转让时，还是要按当时的市场利率计算。

十、国际债券

国际债券是一国政府、金融机构、工商企业或国际组织为筹措中长期资金而在国外金融市场上发行的、以外国货币为面值的债券。国际债券的发行者与发行地点不在同一国家，因此它的发行者与投资者分属于不同的国家。国际债券是一种在国际上直接融通资金的金融工具。

国际债券分为外国债券和欧洲债券两大类。

外国债券是一种传统的国际债券。即由一国政府、公司企业、银行或非银行金融机构及国际性组织为借款人在另一国的债券市场上发行的债券。此种债券的票面金额和利息都以债券发行市场所在国家的货币表示。有的债券发行者属于一个国家，债券面值的货币和债券的发行地属于另一个国家。比如，美国的扬基债券、日本的武士债券都是外国债券。一般来说，外国债券偿还期限长，所筹资金可以自由运用，但是由于其发行会引起两国之间的资金流动，发行时一方面要受到本国外汇管理条例的制约，另一方面还要得到发行地所在国货币当局的批准，遵守当地有关债券的管理规定，因此手续比较繁琐，限制也比较多。外国债券的发行方式主要有两种：公募发行与私募发行。公募债券发行后可以上市流通；私募债券被特定有限的投资者购买后，不能上市流通，或在一定期限内不能转让。目前，大多数的外国债券都是公募债券。

欧洲债券是由一国政府、金融机构、工商企业及国际性金融组织在另一国金融市场发行的，不以发行地所在国货币，而以另一种可以自由兑换的货币为面值的债券。它的发行者属于一个国家，发行地则属于另一个国家，而面值货币又属于第三个国家。当然，欧洲债券的面值货币，除了用单独的货币发行外，还可以用综合性的货币单位发行，如用 SDR 等。

欧洲债券具有吸引力的原因来自以下六个方面：

（1）欧洲债券市场不属于任何一个国家，因此债券发行者不需要向任何监督机关登记注册，可以回避许多限制，因此增加了其债券种类创新的自由度与吸引力。

（2）欧洲债券市场是一个完全自由的市场，无利率管制，无发行额限制。由于筹措的是境外货币资金，所以不受面值货币所在国法律的约束，市场容量大而且自由灵活，能满足发行者的筹资要求。

（3）债券的发行常由几家大的跨国银行或国际银团组成的承销辛迪加负责办理，有时也可能组织一个庞大的认购集团，因此发行面广；同时，它的发行一般采用不经过官方批准的非正式发行方式，手续简便，费用较低。

（4）欧洲债券的利息收入通常免缴所得税，或不预先扣除借款国的税款。另外，欧洲债券以不记名的形式发行，并可以保存在国外，可以使投资者逃避国内所得税。

（5）欧洲债券市场是一个极富活力的二级市场。债券种类繁多，货币选择性强，可以使债券持有人比较容易地转让债券以取得现金，或者在不同种类的债券之间进行选择，规避汇率和利率风险，因此其流动性较强。

（6）欧洲债券的发行者主要是各国政府、国际组织或一些大公司，它们的信用等级很高，因此安全可靠，而且收益率也较高。

本章小结

● 证券是指各类记载并代表一定权利的法律凭证。它是用来证明证券票据持有人享有的某种特定权益，如股票、债券、本票、汇票、支票、保险单、存款单、借据、提货单等各种票据都是证券。按证券的性质不同，证券可以分为有价证券和凭证证券两大类。

● 广义的有价证券包括商品证券、货币证券和资本证券。有价证券的特征：产权性、收益性、流通性、风险性。有价证券具有筹资、投资、配置资本和风险管理等功能。

● 证券市场是证券投资品种的交易市场，是股票、债券、基金、金融衍生产品等有价证券的交易场所。证券市场的分类：一级市场（初级）、二级市场（次级）。

● 固定收益证券的持券人按照约定可以在特定的时间内取得固定的收益并预先知道取得收益的数量和时间。固定收益证券的基本特征包含债务契约条款、到期条款、票面价格、息票利率、应付利息、偿还条款、转换权与交换权、回售权、质押借款债券投资。

● 风险被定义为未来结果出现收益或损失的不确定性。金融风险，是指经济主体在资金的融通和金融业务与活动中，由于各种事先无法预料的不确定因素而使资金经营者的实际收益与预期收益发生偏差的可能性。金融风险不同于普通意义上的风险，具有客观性、社会性、扩散性、隐蔽性。

● 固定收益证券具有的风险有：利率风险、收益率曲线风险、信用风险、流动性风险、通货膨胀或购买力风险、价格波动风险、汇率与货币风险、特定事件风险。其中最显著的风险是利率风险。

● 按照我国现在已有的固定收益证券的品种，可以把它们分为四类：①信用风险可以忽略的债券，包括国债、中央银行票据、金融债和有担保的企业债；②无担保企业债，包括短期融资券和普通无担保企业债；③混合融资证券，包括可转化债券和分离型可转换债券；④结构化产品，包括信贷证券化、专项资产管理计划和不良贷款证券化。

● 以美国为代表的发达国家固定收益证券市场，主要的品种包括政府债券、政府机构债券、市政债券、企业债务工具、商业票据、资产担保债券、优先股、金融债券、可转让定期存单、国际债券等。

练习题

1. 某8年期债券，第1～3年息票利率为6.5%，第4～5年为7%，第6～7年为7.5%，第8年升为8%，该债券就属于（　　）。

　　A. 多级步高债券　　B. 递延债券　　　　C. 区间债券　　　　D. 棘轮债券

2. 风险具有的基本特征是（　　　）。

  A. 风险是对事物发展未来状态的看法

  B. 风险产生的根源在于事物发展未来状态所具有的不确定性

  C. 风险和不确定性在很大程度上都受到经济主体对相关信息的掌握

  D. 风险使得事物发展的未来状态必然包含不利状态的成分

3. 固定收益产品所面临的最大风险是（　　　）。

  A. 信用风险　　　　　　　　　　　B. 利率风险

  C. 收益率曲线风险　　　　　　　　D. 流动性风险

4. 如果债券的面值为 1 000 美元，年息票利率为 5%，则年息票额为（　　　）。

5. 固定收益市场上，有时也将（　　　）称为深度折扣债券。

  A. 零息债券　　　B. 步高债券　　　C. 递延债券　　　D. 浮动利率债券

6. 试结合产品分析金融风险的基本特征。

7. 分析欧洲债券比外国债券更受市场投资者欢迎的原因。

8. 金融债券按发行条件分为（　　　）。

  A. 普通金融债券　　　　　　　　　B. 累进利息金融债券

  C. 贴现金融债券　　　　　　　　　D 付息金融债券

9. 目前我国最安全和最具流动性的投资品种是（　　　）。

  A. 金融债　　　　　B. 国债　　　　　C. 企业债　　　　　D. 公司债

10. 请判断浮动利率债券是否具有利率风险，并说明理由。

第二章　债券的收益率

本章学习目标：

本章学习需要掌握债券收益的构成、收益率的分类以及相关计算；在此基础上了解即期利率和远期利率的定义、相互关系和相互换算；收益率曲线的定义、形状、特点，以及利差的定义、种类、计算。深刻理解四种主要利率的期限结构理论，包含每个理论的基本命题和对期限结构形状的解释等。本章的学习将为下一章学习债券定价打下基础。

第一节　收益率

一、收益率（Yield）的含义

投资者投资债券的目的是为了获得利息收入或资本增值或两者兼得。简单地说，投资债券的总收益等于利息收入加资本的收益或损失。为何收益率的计算如此重要？原因有以下两点：第一，收益率是测量投资者财富增长或下降的尺度。第二，它是衡量债券投资的收益是否符合投资人目标的标准。总收益率的计算公式如下：

$$收益率 = [（期末价值 - 期初价值）+ 利息收入] / 初始购买价格$$

交易手续费也应该被考虑在上述计算公式中。例如，如果年初债券总的购入价格是 850 美元，年末出售的价格为 950 美元，减掉手续费 25 美元，利息收入为 50 美元，则该债券的收益率为：

$$收益率 = [（925 - 850）+ 50] / 850 = 14.71\%$$

上式的答案并不是最精确的收益率，因为它忽略了货币的时间价值。更严谨的收益率计算方法是到期收益率，该收益率考虑了货币的时间价值。时间价值是一个概念，指的是现在的 1 美元比未来的 1 美元更值钱，因为（现在的）货币投入使用能（在将来）产生潜在的收益。比如，如果按 5% 的年利率投资 1 美元，则一年后该 1 美元的价值是 1.05 美元。同样，在年底得到的 1 美元，其价值要低于年初的 1 美元。

此外，上例中 14.71% 的平均收益率没有考虑债券利息的获利能力。也就是说，50 美元的利息收入还可以用来再投资并获得收益，这就会使得投资的实际收益率高于 14.71%。

那为什么还要介绍这种计算收益率的方法呢？主要是考虑到这种计算方法比较简单，一般投资者可以先用这种方法粗略地计算一下债券投资的收益情况。这种方法比较适合于投资量不大的中小投资者，因为投资的量小，这种方法计算出来的结果和用精确的方法计算出来的结果相差并不大。

债券投资的收益来源包括以下几个方面：

（1）利息，一般半年或一年支付一次，它是债券投资最重要的收益来源之一。

（2）资本利得或损失，是指投资者购买债券后，到期时债券的面值或到期前卖出的价格与原始的买进价格的差额。若差额大于 0，则为资本利得；若差额小于 0，则为损失。

（3）再投资收入，是指在到期日前，投资者将获得的期间现金流进行再投资所获得的收入。

二、到期收益率（Yield to Maturity）

（一）到期收益率的含义

到期收益率是指使得从债券上得到的所有回报的现值与债券当前价格相等的贴现率。用这种贴现率折现债券的各期所得收益到现在时刻，求这些各期收益现值的和，然后令这个和等于债券的当前价格，如此倒算出贴现率。它反映了投资者以当前的价格投资某个债券，得到未来各个时期的货币收入，如果利息按照此利率复利增值，此项投资的收益率是多少。到期收益率的计算需要对包括价格、利率和时间的复杂方程求解，其用途在于将一种债券的完全价值与另一种债券相比较。

（二）到期收益率的计算

1. 用金融计算器计算到期收益率

从上面的介绍中我们可以看出，债券的到期收益率是指通过数学计算出债券的利息及本金现金流的现值等与其价格的折现率，即债券的内部收益率。投资者可以用内置金融方程的金融计算器，轻而易举地计算出到期收益率。例如，一种 10 年期的债券，票面利率为 5%（每年支付 50 美元利息），购买价格为 770.36 美元，该种债券的到期收益率为 8.5%。

使用金融计算器的计算步骤为：

（1）购买价格 770.36 美元输入 PV（Present Value）键；

（2）利息收入 50 美元输入 PMV（Payment）键；

（3）到期价格（1 000 美元的面值）输入 FV（Future Value）键；

（4）距到期时间输入 n 键（每年支付利息次数乘以年数）；

（5）按 I（Interest/Yield to Maturity）键。

2. 用估算法估算到期收益率

如果你没有金融计算器，你可以使用下面的计算公式计算出到期收益率（YTM）的近似值：

$$到期收益率 = \frac{利息 + \dfrac{面值 - 购买价格}{剩余期限}}{\dfrac{面值 + 购买价格}{2}}$$

把上面的数字带入公式后可以得到估算出的到期收益率，结果为8.24%，低于金融计算器得到的实际到期收益率。

3. 用等式求解的方法求出到期收益率

到期收益率还可以通过使用纸、笔和金融运算表计算得出。投资者可以通过求解下面的等式得出到期收益率：

$$\text{债券的购买价格} = \sum \frac{\text{票面利息}}{(1 + \text{到期收益率})^{\text{付利时距离债券到期的时间}}} + \frac{\text{债券面值}}{(1 + \text{到期收益率})^{\text{距离债券到期的时间}}}$$

具体的计算结果需要查表，或者用试错法（首先选取一个到期收益率，然后用这个到期收益率带入等式进行计算。如果该值不正确，不能使等式的左右相等，则选择另外的数值进行试错，直到找到正确答案为止）求解。

（三）到期收益率的缺陷

到期收益率包含了债券收益的各个组成部分，但它离不开两个假设条件：

（1）投资者持有债券至到期日；

（2）投资者以相同的到期收益率将利息收入进行再投资。

如果债券没有到期，可以用出售价格代替到期价格来计算债券的内部收益率。同样，如果债券有赎回条款，投资者可在公式中利用赎回价格代替到期价格来计算赎回收益率。

在计算到期收益率的过程中，我们假设：投资者会将利息所得以相同的收益率进行再投资。如果情况不是这样的话，投资者的实际收益率会与到期收益率有所不同。例如，利息收入被用于消费而不是用于再投资，利息收入便不会产生任何的利息，那么投资者的实际收益率将低于到期收益率。同样，如果公式的到期收益率为8%，并且投资者将利息所得以更高的或更低的利率进行再投资，那么最后的实际收益率也不会是8%。

在实际的运行中，由于利率是不断变化的，所以很难使利息投资收益率与到期收益率相一致。通常情况下，利息收入会以不同的收益率进行再投资。

到期收益率并没有向投资者解释不同期限债券价格的波动情况。当投资者对不同期限的债券进行比较时，他们想知道：当利率上升时，哪些债券的价格跌幅比较大。

此外，计算到期收益率也忽略了债券发行人还本付息的信用风险。

三、票面收益率（Coupon Rate）

票面收益率也称债券票面利率或息票率，是指债券票面上所载明的债券发行人承诺支付给债券持有人的利息率，一般在债券到期以前的整个时期都按此利率计算和支付债息。在通货膨胀率不变的前提下，债券的票面利率越高，则债券持有人所获得的利息就越多，所以债券价格也就越高；反之，则越低。

债券持有人每年或者每半年都可以获得按照票面价值和息票率计算得到的收益。

如果年息票率是5%，意味着债券发行人承诺每年就每份债券付给债券持有人50美元的利息（5%×1 000美元）。许多债券每半年支付一次利息。如果债券发行人按年息 5%、每半年支付一次利息，债券持有人每 6 个月就能在其每张债券上得到 25 美元的利息收入。

一些老债券很细心地制作了可以按虚线撕下的息票，以兑换付息。不过，较为普遍的形式是每半年利息直接支付给登记的投资者，而不使用纸质的息票。

有些债券的利息率是根据某一特定的指数进行调整或浮动的，这说明利息支付将会随着某个基准指数的波动而发生变动。

四、当期收益率（Current Yield）

当期收益率是经债券价格调整过的息票率。如果投资者以 900 美元买入债券，息票率为 10%，同样每半年获得 50 美元的利息，但此次购买的当期收益率为 11%。

当期收益率＝未来 1 年内的利息／价格

严格地说，当期收益率是基于当前市场价格的，只有那些想进行买卖的投资者会对它感兴趣。

息票率、当期收益率、到期收益率和债券价格之间有如下的关系：

对价格为面值的债券而言，

$$息票率＝当期收益率＝到期收益率$$

对溢价债券而言，

$$息票率＞当期收益率＞到期收益率$$

对折价债券而言，

$$到期收益率＞当期收益率＞息票率$$

五、持有期收益率（Holding Period Return）

持有期收益率是指从购入到卖出这段特有期限里所能得到的收益率。一般地，持有期收益率的计算采用单利形式

$$HPR ＝［持有期利息＋（期末价格－期初价格）］／期初价格$$

例如，投资者买入有 10 年剩余期限的某债券，息票率为 8%（半年复利），当前到期收益率 YTM 为 8%，则其当前价格为面值 1 000 美元。如果 6 个月后市场利率下降到 7%，债券的期末价格通过未来现金流贴现得到 1 068.55 美元，那么在这 6 个月的持有期中，投资者的持有期（半年）收益率为：

$$HPR ＝［40＋（1 068.55－1 000）］／1 000 ＝10.85\%$$

六、赎回收益率（Yield to Call）

债券到期一般是以票面价值偿还给债券拥有者，但是债券也有可能被发行人提前赎回，即发行人在债券到期前归还债券的面值。发行人利用市场利率较低的时机，提前赎回其发行的高成本债券，赎回价一般等于或高于面值。老债券被赎回和偿还，新发债券的成本就会降低一些。这显然是对债券发行人有利的，因为新债券的低利率就会使债券发行人以较低的成本融到货币资金。然而对于债券持有人来讲，债券的提前

赎回或收兑就是一种损失，因为他们投入的货币资金只获得了较少的收益。

赎回收益率除了以赎回日期代替到期日之外，与到期收益率完全相同。赎回日期是指发行人被允许收兑债券并偿还本金的日期。当利率下降时，常会使用这种方式。发行人赎回高利率债券而发行低利率债券，类似于个人将其房产抵押贷款提前偿还，然后再融资。

七、回售收益率（Yield to Put）

当市场利率较高时，债券会出现折价交易。如果债券合约包含回售（Put）条款，这时候投资者就有可能选择将债券按面值回售给发行人。这种回售权显然是对债券持有人有利的，因为他们可以提前收回货币资金，投资到收益较高的其他产品上。然而对于债券发行人来讲，提前支付本金就是一种损失。

回售收益率的计算与到期收益率的计算相似，只是需要以回售日期代替到期日。回售日期是指债券持有人向发行人回售债券，提前收回本金的日期。

八、税后收益率（After-tax Yield）和应税等价收益率（the Tax-equivalent Yield）

应税证券的税后收益率计算公式为：

$$税后收益率 = 应税收益率 \times （1 - 边际税率）$$

例如某公司债券的收益率为10%，投资者的边际税率为40%，计算税后收益率。

$$税后收益率 = 10\% \times (1 - 40\%) = 6\%$$

免税证券（Tax-exempt Security）的应税等价收益率是指该将证券收益率作为税后收益率的等价税前收益率。其计算公式为：

$$应税等价收益率 = \frac{免税收益率}{1 - 边际税率}$$

如某市政债券的收益率为4.5%，假设某投资者考虑购买该市政债券，还是购买收益率为6.75%的应税财政债券。在投资者的边际税率是35%的条件下，应该购买哪种债券？

市政债券一般是免税的，并且其应税等价收益率为：

$$应税等价收益率 = \frac{4.5\%}{1 - 35\%} = 6.92\%$$

由于免税债券的应税等价收益率高于应税债券的税前收益率，所以应该选择市政债券。注意：此题也可以反过来计算财政债券的税后收益率，然后与免税债券的收益率相比较。

第二节　收益率、收益率曲线及利差

一、即期利率（Spot Rate）的定义以及计算

即期利率指无违约风险的零息债券的到期收益率。在美国，联邦政府发行的财政

证券通常被认为没有违约风险，因此，人们常常将各种期限的零息财政债券（包括期限为1年以及以下的国库券，以及期限超过1年的零息财政债券）的到期收益率看成即期利率，因此，即期利率常常也被称为国债即期利率（Treasury spot rate）。但是美国政府只发行1年期以下的零息债券，不发行1年期以上的零息债券。为了计算1年期以上的即期利率，需要利用附息国债的价格信息，这种人为计算的即期利率又被称为理论国债即期利率（Theoretical Treasury Spot Rate），或理论即期利率。理论即期利率应该被用来折现不存在违约风险的现金流。计算理论的即期利率采用的方法被称为步步为营法（Bootstrapping）。

流通中的证券的发行通常被用来决定理论上的即期利率。流通中的证券被认为具有公平的价格。实际上，流通中的证券通过票面利息调节定价，一般按面值发行。调节后的流通中的附息证券以面值发行，其票面利率等于到期收益率，这样的收益率曲线称为票面收益率曲线。6个月以及1年期的到期收益率也是即期利率，如表2-1所示。

表2-1 票面收益率曲线

时期	年份（年）	年到期收益率（%）	价格（美元）	即期利率（%）
1	0.5	6.00		6.00
2	1.0	6.20		6.20
3	1.5	6.40	100	6.408
4	2.0	6.80	100	6.828
5	2.5	7.30	100	7.358
6	3.0	7.70	100	7.796
7	3.5	7.90	100	8.010
8	4.0	8.00	100	8.168

得到国库券的理论即期利率时，需要从构成国库券的一系列的附息债券中，计算出一年半、两年以及更长期限的即期利率。下一个未知的即期利率的计算基于证券的调节价格、现金流入，以及到前一期为止的已知的和估算的即期利率。

比如期限为1年半的债券调节后的发行价格即面值为100美元，则该时期的到期收益率即息票率为6.4%，半年付息的现金流为$(0.064/2) \times 100 = 3.2$（美元）。为了得到期限为1年半的即期利率，我们可以列出下面的方程：

$$100 = 3.2/(1 + Z_1)^1 + 3.2/(1 + Z_2)^2 + 103.2/(1 + Z_3)^3$$

$$100 = 3.2/(1.03)^1 + 3.2/(1.031)^2 + 103.2/(1 + Z_3)^3$$

$$Z_3 = 0.032\,04 = 3.204\%$$

期限为1年半的即期利率为$3.204\% \times 2 = 6.408\%$。

如果继续求2年期的即期利率，计算如下：

利用2年期债券的到期收益率，得到现金流为$(0.068/2) \times 100 = 3.4$（美元）

$$100 = 3.4/(1 + Z_1)^1 + 3.4/(1 + Z_2)^2 + 3.4/(1 + Z_3)^3 + 103.4/(1 + Z_4)^4$$

$$100 = 3.4/(1.03)^1 + 3.4/(1.031)^2 + 3.4/(1.032\,4)^3 + 103.4/(1 + Z_4)^4$$

$$Z_4 = 0.034\,14 = 3.414\%$$

2 年期即期利率为 3.414% × 2 = 6.828%。

使用步步为营法，你可以计算出所有期限的即期利率。

一旦确定市场上的即期利率，则债券的价值就很容易确定了。即期利率用来折现单个时期的现金流，每一个特定的时期都会有特定的即期利率。

息票率为 6.8% 时，2 年期的计息债券价格计算如下：

$3.4/(1.03)^1 + 3.4/(1.031)^2 + 3.4/(1.0324)^3 + 103.4/(1.03414)^4$

$= 9.59265 + 90.40724$

$= 99.9999 = 100$（美元）

如果债券息率为 6%，则每半年利息为 3 美元，债券的价格为：

$3.0/(1.03)^1 + 3.0/(1.031)^2 + 3.0/(1.0324)^3 + 103.0/(1.03414)^4$

$= 8.4641 + 90.0575$

$= 98.52$（美元）

二、远期利率（Forward Rates）与即期利率

远期利率是指隐含在即期利率中的，并且在将来某个时刻开始起息的未来一定期限的利率，包含投资者对于将来利率预期的信息。它和即期利率是相对的概念，因为即期利率表示从现在开始的一定期限的利率。

一般用 $_m f_n$ 表示远期利率，其中 m 表示远期利率的期限，n 表示远期利率的起息时间。

$_1 f_2$ 表示两年后的 1 年期利率。

$_1 f_0$ 表示零年后的 1 年期利率，也就是 1 年期的即期利率。

从贷款的成本来讲，在即期贷一个 3 年期贷款与在 3 年中每年贷一个 1 年期贷款的成本应该是相同的。

用公式表示就是：

$(1 + y_3)^3 = (1 + {}_1 f_0)(1 + {}_1 f_1)(1 + {}_1 f_2)$

上面的等式也可以写成：

$y_3 = [(1 + {}_1 f_0)(1 + {}_1 f_1)(1 + {}_1 f_2)]^{\frac{1}{3}} - 1$

如果一年期即期利率为 2%，$_1 f_1$ 为 3%，$_1 f_2$ 为 4%，计算 3 年期的即期利率：

$y_3 = [(1 + {}_1 f_0)(1 + {}_1 f_1)(1 + {}_1 f_2)]^{\frac{1}{3}} - 1$

$= [(1 + 0.02)(1 + {}_1 0.03)(1 + 0.04)]^{\frac{1}{3}} - 1 = 2.997\%$

用图 2-1 表示就是：

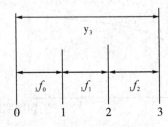

图 2-1　即期利率与远期利率的关系

有了上面的公式和图形，我们既可以从远期利率算出即期利率，也可以从即期利率算出远期利率。

要计算 m 年末至 n 年末的远期利率，记住下面的这个公式：

$$\frac{(1+y_n)^n}{(1+y_m)^m} - 1 = {}_{n-m}f_m$$

必须注意的是：应用此公式时要注意利率对应的期限（是半年支付还是一年支付）。

例如某 2 年期的即期利率为 8%，1 年期的即期利率为 4%。计算 1 年以后的 1 年期远期利率，即 ${}_1f_1$。

根据上面的公式得：

$${}_1f_1 = \frac{(1+0.08)^2}{(1+1.04)} - 1 = \frac{1.166\,4}{1.04} - 1 = 12.154\%$$

三、收益率曲线（Yield Curve）的含义

债券收益率曲线是描述在某一时点上（或某一天）一组可交易债券的收益率与其剩余到期期限之间数量关系的一条趋势曲线。即在直角坐标系中，以债券剩余到期期限为横坐标、债券收益率为纵坐标而绘制的曲线。一条合理的债券收益率曲线将反映出某一时点上（或某一天）不同期限债券的到期收益率水平。通常，我们从市场上可以获得零息债券的价格，据此计算出零息债券的到期收益率。

例如，一个 2 年期的零息债券的到期收益率，即 $y_2 = 0.089\,95$，可由下式得出：

$841.75 = 1\,000/(1+y_2)^2$

同理也可以得到 y_1、y_3、y_4，见表 2-2。

表 2-2　　　　　　　　　　零息债券的到期收益率

到期时间	价格（美元）	到期收益率（%）
1	925.93	8.000
2	841.75	8.995
3	758.33	9.660
4	683.18	9.993

如果把各期收益率连接起来，就可以得到收益率曲线，如图 2-2 所示。

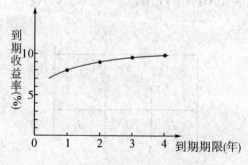

图 2-2　零息债券的收益率曲线

我们可以看出，收益率曲线就是债券的到期收益率曲线，而全部由即期利率组成的收益率曲线又叫纯收益率曲线。

收益率曲线描述的是，在风险相同的情况下债券的收益率与期限的关系，反映了不同期限的货币资金供求关系，揭示了市场利率的总体水平和变化方向，为投资者从事债券投资和政府有关部门加强债券管理提供了可参考的依据。

研究债券收益率曲线具有重要的意义：对于投资者而言，可以用来作为预测债券的发行投标利率、在二级市场上选择债券投资券种和预测债券价格的分析工具；对于发行人而言，可为其发行债券、进行资产负债管理提供参考。

尽管债券收益率曲线是债券市场投资与分析非常有用的指标，但是它和其他经济变量指标一样，只提供有限的信息，所以应该与其他指标以及包括经济新闻和债券市场动态在内的信息联合起来使用。

四、收益率曲线的形状

债券收益率曲线的形状可以反映出当时长短期利率水平之间的关系，它反映市场对当前经济状况的判断及对未来经济走势预期（包括经济增长、通货膨胀、资本回报率等）的结果。

债券收益率曲线可能是任意形状的，但有四种常见的形态：

(一) 正向收益率曲线 (Normal Yield Curve)

债券市场上不同期限债券的收益率与其期限是正相关的关系，表明在某一时点上债券的投资期限越长，收益率越高，也称正常型收益率曲线，如图 2-3a 所示。正常的收益率曲线被认为是健康稳定经济的信号，经济增长缓慢但非常稳固，股票和债券市场也同样趋于稳定。但应注意的是，收益率曲线只是一个指标，并非预言家。当收益率曲线看上去非常正常时，熊市也许会突然降临。

其实在正向的收益率曲线中还有一种特殊的形状，那就是陡峭向上的收益率曲线。有时，收益率曲线会变得非常突兀，从而暗示经济将发生波动。这样的曲线暗示了长期债券持有人认为经济在不远的将来会有所增长。陡峭的收益率曲线一般频繁地出现在经济衰退之后的稳定并开始复苏之时。短期投资者卖出自己现在持有的债券，而锁定长期债券的高收益率。

(二) 反向收益率曲线 (Inverted Yield Curve)

债券市场上不同期限债券的收益率与其期限是负相关的关系，表明在某一时点上债券的投资期限越长，收益率越低，也就意味着社会经济进入衰退期，也称逆向收益率曲线，如图 2-3b 所示。这是与扩张相反的信号，到了该收缩的时候了。由于经济处于生产过剩阶段，可能会引发衰退，这时就必须对迅速扩张的经济加以有效控制。利率被推高导致企业扩张所贷货币资金的成本更高。如果行动够快，可以减少衰退的影响甚至会防止其发生。

(三) 水平收益率曲线 (Flat Yield Curve)

债券市场上不同期限债券的收益率几乎是趋于水平的，表明收益率的高低与投资期限的长短无关，也就意味着社会经济出现了极不正常的情况，也称平坦型收益率曲线，如图2-3d所示。在向逆向形态转变的过程中，收益率曲线会变得平坦。尽管平坦形态被认为是发生逆向形态的早期警告，但收益率曲线有时会回归到正常状态而不会发生逆向。平坦曲线之后所跟随的一些经济衰退是不正常的。平坦的收益率曲线在其中部地带也会有小驼峰，但在短期和长期证券的收益率趋势中它是平坦的或是趋于平坦的。

（四）波动收益率曲线（Humped Yield Curve）

债券市场上不同期限债券的收益率随期限呈波浪式变动，也就意味着社会经济未来有可能出现波动，如图2-3c所示。

大多数情况下，在市场和经济中没有绝对"正常"的情形出现。每天、每星期、每个月都有其独特的性质。在一般情况下，债券收益率曲线通常是一个有一定角度的正向曲线，即长期利率应在相当程度上高于短期利率。这是由投资者的流动性偏好引起的：由于期限短的债券其流动性要好于期限长的债券，作为流动性较差的补偿，期限长的债券收益率也就要高于期限短的收益率。当然，当货币资金紧俏导致供需不平衡时，也可能出现短高长低的反向收益率曲线。

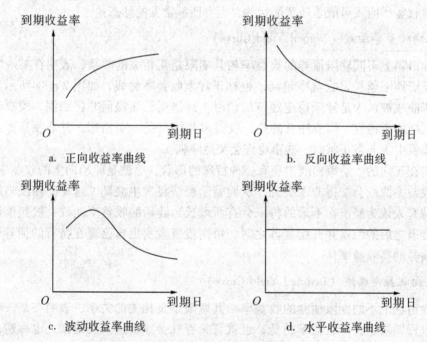

图2-3　收益率曲线的形状

五、货币政策对利率水平的影响

利率由经济运行中的各种条件决定，但中央银行经常采取一些措施来影响短期利率，以使经济更健康地运行。中央银行经常采用的影响利率的工具包括：

（1）存款准备金率（Bank Reserve Requirements）。存款准备金率是在国家法律所授予的权力范围内，通过规定和调整商业银行交存中央银行的存款准备金率，控制商业银行的信用创造能力，间接地调整社会货币供应量的活动。

（2）再贴现政策（Rediscount Policy）。再贴现政策指中央银行通过制定或调整再贴现率和条件来干预和影响市场利率及货币市场的供给和需求，从而调节市场货币供应量的一种金融手段。贴现窗口是商业银行等金融机构临时性货币资金需求的重要来源，再贴现政策的作用也在于影响信用成本，从而影响商业银行的准备金，以达到松紧银根的目的。

（3）公开市场业务（Open Market Operations）。它是指中央银行在公开市场上买进卖出有价证券（主要是政府债券）用以增加或减少货币供应量。

（4）道义劝告（Verbal Persuasion）。它是指中央银行利用其声望和地位，对商业银行和其他金融机构经常发出通告、指示或与各金融机构的负责人进行面谈，交流信息，解释政策意图，使商业银行和其他金融机构自动采取相应措施来贯彻中央银行的政策，从而影响企业和消费者的信贷供给。

六、收益率曲线的投资分析功能

（一）怎样利用投资收益率曲线做投资分析

债券收益率曲线反映出某一时点上，不同期限债券的到期收益率水平。利用收益率曲线可以为投资者的债券投资带来很大帮助。

个人投资者在进行债券投资时，可以利用某些专业机构提供的收益率曲线进行分析，作为自主投资的一个参考。如中央国债登记结算公司在中国债券信息网上提供的收益率曲线，该曲线是根据银行间债券市场所选取的一些基准债券的收益率而形成的。该网提供的每日以基准债券的市场价格绘制成的收益率曲线，可为投资者分析在银行柜台债券市场交易的债券的价格提供参考。投资者在其收益率曲线界面上，只要输入债券的剩余到期期限，就可得到相应的收益率水平。通过该收益率水平可计算出相应债券的价格，由此可作为投资者的交易参考。投资者还可以根据收益率曲线不同的预期变化趋势，采取相应的投资策略的管理方法。如果预期收益率曲线基本维持不变，且目前收益率曲线是向上倾斜的，则可以买入期限较长的债券；如果预期收益率曲线变陡，则可以买入短期债券，卖出长期债券；如果预期收益率曲线将变得较为平坦时，则可以买入长期债券，卖出短期债券。如果预期正确，上述投资策略可以为投资者降低风险，提高收益。

（二）注意事项

在利用债券收益率曲线进行分析时也应该注意一些问题，比如：

（1）注意看收益率曲线能否正确反映债券市场短期、中期、长期利率的基本变化趋势。反映债券市场短期、中期、长期利率的基本变化趋势，是收益率曲线最基本的功能。即使你不用收益率曲线作任何计算，你也可以通过看图，直观地感受收益率曲线所描绘的利率变化走势。比如说国债，现在市场上已经出现了 15 年期的国债，而且将来还会出现更长期限的国债。这样一来，短、中、长期利率的不同与变化趋势，就会表现得越来越明显。

我们在看图时，可以先观察各债券品种到期收益率的散点图所表现出的利率变化趋势，再与收益率曲线进行比较，检验它是否正确地反映了散点图的基本趋势：上升、下降、凸起、下凹，等等。

目前国际国内利率都比较低，因此收益率曲线一定会表现出比较低的短期利率。但是如果市场认为未来 15 年平均利率水平将高于现在，那么收益率曲线就一定会有一个上升的趋势。如果你认为市场对未来利率走势的看法是错误的，那你就有了一个"时间套利"的机会。

（2）看债券收益率曲线能否兼顾曲线的平滑性与债券定价的精确性。收益率曲线是市场总体利率水平的代表，它应该能够过滤市场价格的偶然波动起伏，反映出真实的利率水平。因此，曲线需要具有足够的平滑性，而不能呈现出过多的波浪式起伏，特别是不应该有突然的起伏与转折。否则就可能是模型没有做好。

收益率曲线是从整个市场所有债券品种（或者某一个具有代表性的品种群体）的价格数据中计算出来的。而有了收益率曲线，就可以反过来对各个债券品种进行定价。这个定价需要和市场实际价格尽可能地接近。如果完全不考虑平滑性，我们可以做到让所有的定价与市场价格相等。但是这样的曲线是没有任何意义的。

一个好的模型，应该能够很好地兼顾平滑性与定价精确性。就是说用它做出的模型定价一般很接近市场价格，同时在市场价格出现一些偶然性偏离，或者非市场因素引起的偏离时，模型应该能够反映出这个偏离，让使用者得到必要的提示，甚至捕捉到重要的套利机会。

而把握好平滑性与定价精确的关系，是衡量模型质量的关键。过分平滑，就不能反映短、中、长期利率变化的起伏趋势。过分精确定价，则会使曲线起伏太多，失去了反映总体的功能。

（3）看债券收益率曲线模型的稳定性如何。稳定性是衡量模型是否成熟的一个试金石。许多经验不足的研究者，简单地套用教科书上的公式建立模型，结果用实际数据一算，就出现了各种意想不到的问题，结果时好时坏。数据发生一个较小的变动，曲线就可能出现一个无法解释的大跳跃、大倾斜等。但是好像又找不出什么原因。实际上，问题出在建立模型的某些技术环节上。因为教科书主要论述原则问题，一般不会过多涉及太深入的技术环节。但要实现模型的稳定性，需要很多对实际数据进行分析处理的经验与技巧。一个模型出来以后，需要经过大量的数据检验，包括用一些大大偏离正常范围的数据进行检验，保证模型的稳定性。即使市场出现一些大幅波动，模型仍然能够给出比较合理的结果。

（4）看债券收益率曲线模型是否具有处理不完整数据的能力。成熟的金融市场，债券品种繁多、交易活跃、流动性好，因此市场数据丰富，性能良好，收益率曲线比较容易建构。中国市场上的交易品种相对较少，很多品种交易又不活跃，另外还有一些非市场因素常常导致数据点异常。从做模型的角度来看，会造成计算上的特殊困难。在中国市场现有的数据条件下，能否克服这些困难，做出性能良好且具有实用价值的收益率曲线，是对建模者技术水平的一个考验。

针对 α－债券分析系统（一种债券分析系统），您可以特意选择一些交易数据残缺的时间段进行试验，以检验系统处理不完整数据的能力。

（5）注意即期利率的曲线与散点图的关系。由于收益率曲线描绘的是即期利率的走势，它应该不同于到期收益率走势。在利率呈上升趋势的情况下，即期利率有高于到期收益率的趋势。因此我们将看到收益率曲线有高于散点图的趋势，而不完全与散点图吻合。越靠近期限长的一端，这个差异就越明显。这并不是模型不精确，而是模型正确的一个标志。

用户在某些国外产品终端上，看到一些收益率曲线图体现不出上述差异。造成这个现象的原因是系统采用了以"到期收益率"代替"即期利率"等近似方法。美国债券市场目前有大量的 STRIP 产品，相当于期限很长的零息券。而对于零息券，到期收益率＝即期利率，因此这个方法是可行的。

但是对于中国市场来说，长期产品都是附息券，"到期收益率"与"即期利率"是明显不同的。当然，用"到期收益率"做的曲线作为一种直观的图解，也有参考价值。但是需要注意的是，这样的曲线不能用于定价分析或其他精确计算。国外专业化的收益率曲线模型，一般都不再采用这种近似的方式。

七、利差（Spread）

利差是指具有相同期限的两种债务工具的收益率之间的差异，可以在不同的债券中间进行收益率大小的衡量和比较。

（一）通常衡量利差的三种方法

（1）绝对利差（Absolute Yield Spread）指直接用期限相同的两种债务工具收益率进行比较的结果，公式为：

绝对利差 ＝ 债券 A 的到期收益率 － 债券 B 的到期收益率

（2）相对利差（Relative Yield Spread）是用绝对利差除以低收益债券的收益率所得到的指标，公式为：

$$相对利差 = \frac{债券\ A\ 的到期收益率 - 债券\ B\ 的到期收益率}{债券\ B\ 的到期收益率}$$

（3）收益率比率（Yield Ratio）指期限相同的两种债券到期收益率的比值，其计算公式为：

$$收益率比率 = \frac{债券\ A\ 的到期收益率}{债券\ B\ 的到期收益率} = 1 + 相对利差$$

有时候投资者更偏好于使用相对利差，而不是绝对利差，这是因为绝对利差具有以下特点：

（1）即使利率上升或下降，绝对利差也可能保持不变。

（2）绝对利差只能表示变化的大小，不能表示相对于基数变化的比例。

（二）名义利差（Nominal Spread）

名义利差指一般债券的到期收益率与期限相等、特征相似的国债到期收益率之间的差。

名义利差的局限性在于：

（1）与到期收益率相似，它只使用单一贴现率对未来现金流进行贴现，而没有考虑即期利率的期限结构，即不同期限的现金流的贴现率是不同的，并不是单一的到期收益率。

（2）对于可赎回债券、可回售债券这样的含权债券，它们的利息收益有一定的不确定性，所以会影响到现金流，这就决定了名义利差不适合于含权债券。

（三）零波动利差（Zero - Volatility Spread）

零波动利差简称 Z 利差，指假设持有债券至到期日，在整个债券即期收益率曲线上所实现的利差，也被称为静态利差（Static Spread）。Z 利差与名义利差相比，是一种更好的衡量方法，因为名义利差只是国债收益率曲线上的一个单点，且不考虑即期利率的期限结构。

在确定零波动利差时要使用试错法，即使用不同的利差来对债券未来现金流按各期的即期利率加上 Z 利差进行贴现，并最终取贴现值与债券价格相等的利差作为 Z 利差。然后在国债即期利率曲线的基础上加上这一利差即得到非国债债券的即期利率曲线。

其他证券的即期利率曲线也可以像国债一样用来作为债券的 Z 利差的基准，这些基准对于使用者来说是特殊的。如果以国债即期利率曲线作为基准，则非国债的 Z 利差包含了信用风险、流动性风险以及期权风险等。

（四）期权调整利差（Option - Adjusted Spread，OAS）

期权调整利差指零波动利差和期权成本的差额。它被用来表示含权债券的收益溢价。它将嵌入期权所带来的价值得以反映出来，是含权债券和非含权债券之间的价格差转化成二者之间的收益率差。利率波动性越大，期权调整利差就越低。

零波动利差解决了名义利差的第一个缺陷，但它并没有考虑到未来利率的波动性所带来的现金流的波动性。对于含权债券而言，零波动性利差无法反映期权特征，它无法区分债券溢价是信用风险等因素导致的，还是期权因素导致的。

可赎回债券和大多数担保抵押债券的期权成本往往是正的，这就表示投资者向债务人出售了期权，发行者必须提供更高的收益溢价，因此 OAS < Z 利差。有利于投资者的可回售债券，对发行人来说回售期权成本为负，只需提供较低的收益溢价，因此 OAS > Z 利差。即：

$$Z \text{ 利差} - OAS = \text{期权价值}$$

（五）信用利差（Credit Spread）

信用利差指除了信用等级不同，其他所有方面都相同的两种债券之间的利差，它代表了仅仅用于补偿信用风险而增加的收益率。

一般认为，公司债券和财政债券之间的信用利差会因对经济前景的预期不同而不同，信用利差是总体经济状况的一个函数。信用利差在经济扩张期会下降，而在经济收缩期会增加。这是因为在经济收缩期，投资者信心不足，更愿意投资高信用等级债券以回避风险。而公司收入下降，现金流减少，为了吸引投资者购买公司债券，发行人必须提供较高的利率，因此产生较高的信用利差。经济扩张期则正好相反。

（六）嵌入期权（Embedded Option）对利差的影响

债券合约中所规定的嵌入期权条款将影响到投资者对债券价值的评价，进而影响债券收益利差。

如果债券的嵌入期权有利于发行者，如可赎回债券中的赎回期权、可提前偿还债券中的提前偿还期权，那么，投资者将要求得到更高的收益率，以补偿其所承担的更高风险，此时利差比同样的无期权债券要高。

如果债券的嵌入期权有利于投资者，如可回售债券中的回售期权、可转换债券中的转换期权，那么，投资者所要求的收益率将相对较低，因为投资者在期权上已经得到了一定的补偿，此时利差比同样的无期权债券要低。

如果债券的流动性高，其交易成本就较低，出售时发生损失的风险低，因此相对于无风险证券的利差就比较小。

对于其他方面特征都相同的证券，其利差变动情况要看两者在流动性上谁高谁低。若该债券相对于其他债券流动性强，那么该债券流动性提高时，相对于其他债券的利差就会扩大；若该债券相对于其他债券流动性低，那么该债券流动性提高时，二者的利差就会缩小。

一般而言，证券发行规模越大，二级市场上流动性越好，因为有更多的证券可以买卖，可以吸引更多的投资者参与。即发行规模越大，流动性越好，收益率越低，利差也越小。

第三节　利率的期限结构理论

一、预期假说理论（Pure Expectation Theory）

（一）预期收益理论的基本命题

预期假说理论或纯预期理论提出了一个常识性的命题：长期债券的到期收益率等于长期债券到期之前人们对短期利率预期的平均值，即远期利率是未来短期利率的无偏估计。例如，如果人们预期在未来 5 年里，短期利率的平均值为 10%，那么 5 年期限的债券的到期收益率为 10%。如果 5 年后，短期利率预期上升，从而未来 20 年内短期利率的平均值为 11%，则 20 年期限的债券的到期收益率就将等于 11%，从而高于 5 年期限债券的到期收益率。预期假说理论对不同期限债券到期收益率不同的原因解释在于对未来短期利率不同的预期值。

（二）预期假说理论的前提假设

预期假说中隐含着这样几个前提假定：

（1）投资者对债券的期限没有偏好，其行为取决于预期收益的变动。如果一种债券的预期收益低于另一种债券，那么投资者将会选择购买后者。

（2）所有市场参与者都有相同的预期。

（3）在投资者的投资组合中，期限不同的债券是完全可以替代的。

（4）金融市场是完全竞争的。

（5）完全替代的债券具有相等的预期收益率。

（三）预期假说理论对收益率曲线形状的解释

预期假说理论解释了收益率随着时间的不同而变化的原因。

收益率曲线向上倾斜时，是因为短期利率预期在未来呈上升趋势。此时未来短期利率的平均值预计会高于现行短期利率，因此长期利率水平在短期利率水平之上。

收益率曲线向下倾斜时，是因为短期利率预期在未来呈下降趋势。此时未来短期利率预期的平均值会低于现行短期利率，因而长期利率水平在短期利率水平之下。

当收益率曲线呈现水平状况时，是因为短期利率预期在未来保持不变。即未来短期利率预期的平均值等于现行短期利率，长期利率水平与短期利率水平相等。

（四）预期假说理论对长短期利率一起变动的解释

预期假说理论解释了长期利率与短期利率一起变动的原因。一般而言，短期利率有这样一个特征，即短期利率水平如果今天上升，那么往往在未来会更高。因此，短期利率水平的提高会提高人们对未来短期利率的预期。由于长期利率相当于短期利率的平均数，因此短期利率水平的上升也会使长期利率上升，从而导致短期利率与长期利率同方向变动。

预期假说理论可以解释金融市场上，如果投资者持有固定收益组合的话，其投资组合的内容会随着它们对市场利率变动的预测进行调整。如果预期利率水平上升，由于长期债券的价格比短期债券的价格对利率更加敏感，下降幅度更大，所以投资人会在其投资组合中，减少长期债券的数量，增加短期债券的数量，从而导致短期债券价格上升，长期债券价格下跌；反之，如果预期利率下降，投资人会在其投资组合中，增加长期债券的数量，减少短期债券的持有数量，从而导致短期债券价格下降，长期债券价格上升。

二、市场分割假说理论 （Market Segmentation Theory）

（一）市场分割假说理论的基本命题

市场分割假说理论将不同期限的债券市场视为完全独立和分割开来的市场。因此，各种期限债券的预期收益率由该种债券的供给与需求来决定，如图 2－5 所示，并不受到其他期限债券预期收益率的影响。

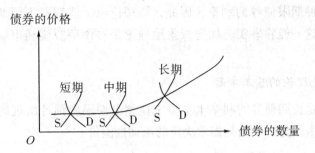

图 2-5　市场分割理论

（二）市场分割假说理论的前提假设

不同投资者对于不同期限的债券具有自己独特的偏好，因此他们只关心自己所偏好的那种期限债券的预期收益率。

在期限相同的债券之间，投资者将根据预期收益水平的高低决定取舍，即投资者是理性的。

理性投资者对其投资组合的调整有一定的局限性，许多客观因素使得这种调整滞后于预期收益水平的变动。

期限不同的债券是不能替代的，这正好与预期假说的假定截然相反。

（三）市场分割假说理论对收益率曲线形状的解释

根据市场分割假说的解释，收益率曲线的形状之所以会不同，是由于对不同期限债券的供给和需求不同。

收益率曲线向上倾斜表明人们对短期债券的需求相对多于对长期债券的需求，结果是短期债券具有较高的价格和较低的利率水平，长期债券利率高于短期债券利率。

收益率曲线向下倾斜表明人们对短期债券的需求相对少于对长期债券的需求，结果是短期债券具有较低的价格和较高的利率水平，长期债券利率低于短期债券利率。

综合来看，大多数人通常宁愿持有短期债券而非长期债券，因而收益率曲线通常向上倾斜。

因此，在这种理论解释下，收益率曲线的不同形状是由与不同期限债券不相联系的供求差异所造成的。一般来说，如果投资者偏好期限较短、利率风险较小的债券（这看起来相当合情合理），则市场分割理论可以解释为什么长期收益率高于短期收益率，从而导致收益率曲线通常向上倾斜。

三、优先聚集地理论（Preferred Habitat Theory）

优先聚集地理论是对预期假说理论和市场分割假说理论的进一步发展。按照预期假说的解释，收益率曲线通常向上倾斜意味着短期利率在未来预计会上升，而实际上利率既有可能上升也有可能下降。这样，短期利率变动的市场预期就与其实际变动不一致。因此，预期假说理论不能很好地解释收益率曲线通常向上倾斜的事实。市场分割假说理论由于把不同期限债券的市场看成是完全独立的，一种期限债券利率的变动并不影响另外一种期限债券的利率。因此，该理论也不能解释不同期限债券的利率往往是共同变动的这一经验事实。优先聚集地理论是对预期假说和市场分割假说的进一步完善。

（一）优先聚集地理论的基本命题

该基本命题是长期债券的利率水平等于在整个期限内预计出现的所有短期利率的平均值，再加上由债券的供给与需求决定的流动性溢价。

（二）优先聚集地理论的前提假设

优先聚集地理论的前提假设是：期限不同的债券之间是可以互相替代的，一种债券的预期收益率确实可以影响其他不同期限债券的利率水平。

投资者对不同的债券期限具有各自的偏好。如果某个投资者对某种债券期限具有特殊偏好，那么，该投资者会首先选择停留在该期限的市场上，表明他优先聚集在这种期限的债券上。

投资者的决策依据是债券的预期收益率，而不是他偏好的某种债券的期限。

不同期限债券的预期收益率的差距并不太大，这样，在大多数情况下，投资人存在喜短厌长的倾向。

投资人只有能获得一个正的流动性溢价时，才愿意转而持有长期债券。

（三）优先聚集地理论理论对收益率曲线形状的解释

由于投资者对于持有短期债券存在较强偏好，只有加上一个正的流动性溢价作为补偿时，投资人才会愿意持有长期债券。因此，流动性溢价大于零。即使短期利率在未来的平均水平保持不变，长期利率仍然会高于短期债券利率，这就是收益率曲线通常向上倾斜的原因。

在流动性溢价水平一定的情况下，短期利率的上升意味着，综合来看，短期利率水平将来会更高，从而长期利率也会随之上升，这解释了不同期限债券的利率总是共同变动的原因。

流动性溢价水平大于零与收益率曲线有时向下倾斜的事实并不矛盾。因为在短期利率预期将来会大幅度下降的情况下，预期的短期利率的平均数即使再加上一个正的流动性溢价，其长期利率仍然低于现行的短期利率水平。

当短期利率水平较低时，投资者总是预期利率水平将来会上升到某个正常水平，未来预期短期利率的平均数会相对高于现行的短期利率水平，再加上一个正的流动性溢价，使长期利率大大高于现行短期利率，收益率曲线往往比较陡峭地向上倾斜；相反，当短期利率水平较高时，投资者总是预期利率水平将来会回落到某个正常水平，未来预期短期利率的平均数会相对低于现行的短期利率水平，在这种情况下，尽管流动性溢价是正的，长期利率也有可能降到短期水平以下，从而使收益率曲线向下倾斜。

四、流动性偏好理论（Liquidity Preference Theory）

该理论认为投资者总是倾向于持有短期金融资产，如货币、短期债券等，因为这些金融资产的流动性较好，变现能力较强；相反，那些期限较长的金融资产，如长期贷款、长期债券等，其流动性较弱，变现能力较差，从而风险较大。因此，为了补偿长期金融资产持有者的流动性损失及其承担的较高风险，长期金融资产的收益率应该高于短期金融资产的收益率，这就导致了正的流动性溢价的存在。如图2-6所示。

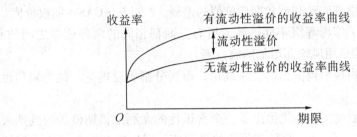

图2-6　流动性偏好理论

本章小结

● 总收益率的计算公式如下：

$$收益率 = [(期末值 - 期初值) + 利息收入]/全部购买价格$$

● 债券投资的收益来源包括利息、再投资收入、资本利得或损失。

● 到期收益率是指从债券上得到的所有回报的现值与债券当前价格相等的一种贴现率。

● 债券票面利率，是指债券票面上所载明的债券发行人承诺支付给债券持有人的利息率，一般在债券到期以前的整个时期都按此利率计算和支付债息。

● 当期收益率是经债券支付价格调整过的息票率。

● 持有期收益率是指从购入到卖出这段特有期限里所能得到的收益率。持有期收益率和到期收益率的差别在于本金回收价值的不同，并且所有利息收入只计单利。

● 回购收益率是指在回购交易中所使用的一种利率。

● 即期利率指无违约风险的零息债券的到期收益率。

● 远期利率是指在将来某个时刻开始起息的一定期限的利率，包含投资者对于将来利率预期的信息。它和即期利率是相对的概念，因为即期利率表示从现在开始的一定期限的利率。

● 债券收益率曲线是描述在某一时点上（或某一天）一组可交易债券的收益率与其剩余到期期限之间数量关系的一条趋势曲线。

● 收益率曲线就是债券的到期收益率曲线，而全部由即期利率组成的收益率曲线又叫纯收益率曲线。

● 中央银行的货币政策工具包括再贴现率、公开市场操作、存款准备金率、道义劝告，它们在不同程度地影响市场利率等。

● 利差是指具有相同期限的两种债务工具的收益率之间的差值。通常衡量利差的方法有绝对利差、相对利差和收益率比率三种方法。

● 名义利差指一般债券的到期收益率与期限相等、特征相似的国债到期收益率之间的差额。

● 零波动利差简称 Z 利差，指假设持有债券至到期日，在整个债券即期收益率曲线上所实现的利差，也被称为静态利差。

● 期权调整利差指零波动利差和期权价值的差额，Z 利差 - OAS = 期权价值。

● 信用利差指除了信用等级不同，其他所有方面都相同的两种债券之间的利差，它代表了仅仅用于补偿信用风险而增加的收益率。

● 利率的期限结构理论包括预期假说理论、市场分割假说理论、优先聚集地理论和流动性偏好理论。

● 预期假说理论或纯预期理论提出了一个常识性的命题：长期债券的到期收益率等于长期债券到期之前人们对短期利率预期的平均值，即远期利率是对未来短期利率的无偏估计。

● 市场分割假说理论将不同期限的债券市场视为完全独立和分割开来的市场。因此，各种期限债券的预期收益率由该种债券的供给与需求来决定，并不受到其他期限债券预期收益率的影响。

● 优先聚集地理论认为长期债券的利率水平等于在整个期限内预计出现的所有短期利率的平均值，再加上由债券的供给与需求决定的流动性溢价。

● 流动性偏好理论认为投资者总是倾向于持有短期金融资产，而为了补偿长期金融资产持有者的流动性损失及其承担的较高风险，长期金融资产的收益率应该高于短期金融资产的收益率，这就导致了正的流动性溢价的存在。

练习题

1. 债券到期收益率计算的原理是（　　）。
   A. 到期收益率是购买债券后一直持有到期的内含报酬率
   B. 到期收益率是能使债券每年利息收入的现值等于债券买入价格的折现率
   C. 到期收益率是债券利息收益率与资本利得收益率之和
   D. 到期收益率的计算要以债券每年末计算并支付利息、到期一次还本为前提

2. 下列哪种情况下，零波动利差为零？（　　）。
   A. 收益率曲线平坦
   B. 对零息债券来说
   C. 对正在流通的财政债券来说
   D. 对任何债券来说

3. 在纯预期理论的条件下，下凸的收益率曲线表示（　　）。
   A. 对长期限债券的需求下降
   B. 短期利率在未来被认为可能下降
   C. 投资者对流动性的需求很小
   D. 投资者有特殊的偏好

4. 债券的收益来源包括（ 　　）。

    A. 利息
                B. 再投资收入

    C. 资本利得
           D. 资本损失。

5. 如果债券嵌入了可赎回期权，那么债券的利差将如何变化？（ 　　）。

    A. 变大
               B. 变小

    C. 先变大后变小
      D. 不变

6. 中央银行的货币政策包括（ 　　）。

    A. 再贴现率
          B. 公开市场操作

    C. 存款准备金率
     D. 道义劝告

7. 假设有两种债券，债券 A 的到期收益率为 0.05，B 的到期收益率为 0.03，求两债券的相对利差。

8. 某市政债券的收益率为 2.5%，如果某投资者同时在考虑购买该市政债券和收益率为 5.7% 的应税财政债券。在该投资者的边际税率是 40% 的条件下，应该购买哪种债券？

9. 投资者以 950 元的价格购买 A 债券，并持有到期，债券本金为 1 000 元，投资者获得的利息收入为 10 元，求该债券的总收益率。

10. 简述预期假说理论的基本命题、前提假设以及对收益率曲线形状的解释。

11. 分析息票率、当期收益率和到期收益率三种指标间的关系和各自的优缺点。

12. 考虑下列债券：

息票利率 = 11%，到期期限 = 18 年，票面价值 = 1 000 元

13 年后首次按面值提前赎回，

5 年内可以被回售，且按面值回售，

假设债券的市场价格为 1 169 元。

a. 证明该债券的到期收益率为 9.077%；

b. 证明首次按面值提前赎回的收益率为 8.793%；

c. 证明回售收益率为 6.942%；

d. 假设该债券的赎回日程表如下：

可在 8 年后按 1 055 元赎回；

可在 13 年后按 1 000 元赎回；

同时假设该债券只能在 5 年内被回售，那么该债券的最低收益率是多少？

第三章　债券的估值

本章学习目标：

　　本章分为两节，包括货币的时间价值和债券的估值。第一节主要掌握货币的时间价值的基本概念，以及现金流现值、终值的计算，各种年金现值和终值的计算，为下节债券的估值打下基础。第二节重点掌握债券的两种估值方法，即现金流贴现法和无套利定价方法，以使大家了解债券定价的基本思路，更复杂的固定收益产品的定价留到以后的学习中。

第一节　货币的时间价值

　　货币的时间价值是金融理论中的一个重要概念，在企业筹资、投资、利润分配中都要考虑货币的时间价值。企业的筹资、投资和利润分配等一系列财务活动，都是在特定的时间进行的，因而货币资金时间价值是一个影响财务活动的基本因素。如果财务管理人员不了解时间价值，就无法正确衡量、计算不同时期的财务收入与支出，也无法准确地评价企业是处于盈利状态还是亏损状态。货币时间价值原理正确地揭示了不同时点上一定数量的货币资金之间的换算关系，它是进行投资、筹资决策的基础依据。

　　如果我们将货币资金锁在柜子里，无论如何也不会增值。在货币资金使用权和所有权分离的今天，货币资金的时间价值仍是剩余价值的转化形式。一方面，它是货币资金所有者让渡货币资金使用权而获得的一部分报酬；另一方面，它是货币资金使用者因获得使用权而支付给货币资金所有者的成本。货币资金的时间价值是客观存在的经济范畴，越来越多的企业在生产经营决策中将其作为一个重要的因素来考虑。在企业的长期投资决策中，由于企业所发生的收支在不同的时点上发生，且时间较长，如果不考虑货币资金的时间价值，就无法对决策的收支、盈亏做出正确、恰当的分析和评价。

一、货币时间价值（Time Value）的概念

　　货币时间价值，是指在不考虑通货膨胀和风险性因素的情况下，货币资金在其周转使用过程中随着时间因素的变化而变化的价值，其实质是货币资金周转使用后带来的利润或实现的增值。所以，货币资金在不同的时点上，其价值是不同的，如今天的100元和一年后的100元是不等值的。今天将100元存入银行，在银行利息率10%的情况下，一年以后会得到110元，多出的10元利息就是100元经过一年时间的投资所增

加了的价值，即货币的时间价值。显然，今天的100元与一年后的110元相等。由于不同时间的货币资金价值不同，所以，在进行价值大小对比时，必须将不同时间的货币资金折算为同一时间的价值后才能进行大小的比较。

在公司的生产经营中，公司投入生产活动的货币资金，经过一定时间的运转，其数额会随着时间的持续而不断增长。公司将筹集的货币资金用于购买劳动资料和劳动对象，劳动者借以进行生产经营活动，从而实现价值转移和价值创造，带来货币的增值。货币资金的这种循环与周转以及因此而实现的货币增值，需要一定的时间。随着时间的推移，货币资金不断周转使用，时间价值不断增加。衡量货币资金时间价值大小的通常是利息，其实质内容是社会货币资金的平均利润率。但是，我们在日常生活中所接触到的利息，比如银行存、贷款利息，除了包含时间价值因素之外，还包括通货膨胀等因素。所以，我们分析时间价值时，一般以社会平均的货币资金利润率为基础，而不考虑通货膨胀和风险因素。货币资金的时间价值有两种表现形式，即相对数和绝对数。相对数即时间价值率，是指没有风险和通货膨胀的平均货币资金利润率或平均报酬率；绝对数即时间价值额，是指货币资金在运用过程中所增加的价值数额，即一定数额的货币资金与时间价值率的乘积。国库券利率，银行存、贷款利率，各种债券利率，都可以看成投资报酬率。然而它们并非时间价值率，只有在没有风险和通货膨胀的情况下，这些报酬才与时间价值率相同。由于国债的信誉度最高、风险最小，所以如果通货膨胀率很低，就可以将国债利率视同时间价值率。为了便于说明问题，在研究、分析时间价值时，一般以没有风险和通货膨胀的利息率作为货币资金的时间价值，货币的时间价值是公司货币资金利润率的最低限度，有时候也会同时考虑风险因素和通货膨胀因素。

二、货币的时间价值的计算

由于货币资金具有时间价值，因此同一笔货币资金，在不同的时间，其价值是不同的。计算货币资金的时间价值，其实质就是不同时点上货币资金价值的换算。它具体包括两方面的内容：一方面，是计算现在拥有一定数额的货币资金，在未来某个时点将是多少数额，这是计算终值问题；另一方面，是计算未来时点上一定数额的货币资金，相当于现在多少数额的货币资金，这是计算现值问题。货币资金时间价值的计算有两种方法：一是只就本金计算利息的单利法；二是不仅本金要计算利息，利息也能生利，即俗称"利上加利"的复利法。相比较而言，复利法更能确切地反映本金及其增值部分的时间价值。计算货币时间价值量，首先引入"现值"和"终值"两个概念表示不同时期的货币时间价值。

现值（Present Value），又称本金，是指货币资金现在的价值。

终值（Future Value），又称本利和，是指货币资金经过若干时期后包括本金和时间价值在内的未来价值。通常有单利终值与现值、复利终值与现值、年金终值与现值。

三、单利终值与现值

单利（Simple Interest）是指只对借贷的原始金额或本金支付（收取）的利息。我国银行一般是按照单利计算利息的。

在单利计算中，设定以下符号：

P——本金（现值）；i——利率；I——利息；F——本利和（终值）；t——时间。

（一）单利终值

单利终值是本金与未来利息之和。其计算公式为：

$$F = P + I = P + P \times i \times t = P(1 + i \times t)$$

【例】将 100 元存入银行，利率假设为 10%，一年后、两年后、三年后的终值是多少？（单利计算）

一年后：$100 \times (1 + 10\%) = 110$（元）

两年后：$100 \times (1 + 10\% \times 2) = 120$（元）

三年后：$100 \times (1 + 10\% \times 3) = 130$（元）

（二）单利现值

单利现值是货币资金现在的价值。单利现值的计算就是确定未来终值的现在价值。例如公司商业票据的贴现。商业票据贴现时，银行按一定利率从票据的到期值中扣除自借款日至票据到期日的应计利息，将余款支付给持票人。贴现时使用的利率称为贴现率，计算出的利息称为贴现息，扣除贴现息后的余额称为贴现值即现值。

单利现值的计算公式为：

$$P = F - I = F - F \times i \times t = F \times (1 - i \times t)$$

【例】假设银行存款利率为 10%，为三年后获得 20 000 元现金，某人现在应存入银行多少钱？

$P = 20\ 000 \times (1 - 10\% \times 3) = 14\ 000$（元）

四、复利终值与现值

复利（Compound Interest），就是不仅本金要计算利息，本金所产生的利息在下期也要加入本金一起计算利息，即通常所说的"利滚利"。

在复利的计算中，设定以下符号：

F——复利终值；i——利率；P——复利现值；n——期数。

（一）复利终值

复利终值是指一定数量的本金在一定的利率下按照复利的方法计算出的若干时期以后的本金和利息。例如公司将一笔货币资金 P 存入银行，年利率为 i，如果每年计息一次，则 n 年后的本利和就是复利终值。如图 3-1 所示。

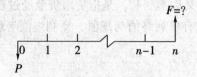

图 3-1 复利终值示意图

如图 3-1 所示，一年后的终值为：

$$F_1 = P + P \times i = P \times (1 + i)$$

两年后的终值为：

$$F_2 = F_1 + F_1 \times i = F_1 \times (1 + i) = P \times (1 + i)(1 + i) = P \times (1 + i)^2$$

由此可以推出 n 年后复利终值的计算公式为：

$$F = P \times (1 + i)^n$$

【例】将 100 元存入银行，利率假设为 10%，一年后、两年后、三年后的终值是多少？（复利计算）

一年后：$100 \times (1 + 10\%) = 110$（元）

两年后：$100 \times (1 + 10\%)^2 = 121$（元）

三年后：$100 \times (1 + 10\%)^3 = 133.1$（元）

复利终值公式中，$(1 + i)^n$ 称为复利终值系数，用符号 $(F/P, i, n)$ 表示。例如 $(F/P, 8\%, 5)$，表示利率为 8%、5 期的复利终值系数。

复利终值系数可以通过查复利终值系数表（见教材附表）获得。通过复利系数表，还可以在已知 F、i 的情况下查出 n；或在已知 F、n 的情况下查出 i。

（二）复利现值

复利现值是指未来一定时间的特定货币资金按复利计算的现在价值。即为取得未来一定本利和，现在所需要的本金。例如，将 n 年后的一笔货币资金 F，按年利率 i 折算为现在的价值，这就是复利现值。如图 3-2 所示。

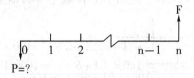

图 3-2 复利现值示意图

由终值求现值，称为折现，折算时使用的利率称为折现率。复利现值的计算公式为：

$$P = \frac{F}{(1 + i)^n} = F \cdot (1 + i)^{-n}$$

【例】A 钢铁公司计划 4 年后进行技术改造，需要货币资金 120 万元，当银行利率为 5% 时，公司现在应存入银行的货币资金为：

$P = F \times (1 + i)^{-n} = 1\ 200\ 000 \times (1 + 5\%)^{-4} = 1\ 200\ 000 \times 0.822\ 7$

$= 987\ 240$（元）

公式中 $(1 + i)^{-n}$ 称为复利现值系数，用符号 $(P/F, i, n)$ 表示。例如 $(P/F, 5\%, 4)$，表示利率为 5%、4 期的复利现值系数。

与复利终值系数表相似，通过现值系数表在已知 i、n 的情况下查出 P；或在已知 P、i 的情况下查出 n；或在已知 P、n 的情况下查出 i。

五、年金终值与现值

年金（Annuity）是指一定时期内一系列相等金额的收付款项。如分期付款赊购、分期偿还贷款、发放养老金、支付租金、提取折旧等都属于年金收付形式。按照收付的次数和支付的时间划分，年金可以分为普通年金、先付年金、递延年金和永续年金。

在年金的计算中，设定以下符号：

A——每年收付的金额；i——利率；F——年金终值；P——年金现值；n——期数。

（一）普通年金（Ordinary Annuity）

普通年金是指每期期末有等额的收付款项的年金，又称后付年金。如图 3－3 所示。

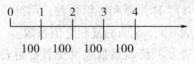

图 3－3　普通年金示意图

图 3－3 中，横轴代表时间，用数字标出各期的顺序号，竖线的位置表示支付的时刻，竖线下端数字表示支付的金额。图 3－3 表示 4 期内每年 100 元的普通年金。

1. 普通年金的终值

普通年金终值是指一定时期内每期期末等额收付款项的复利终值之和。例如，按图 3－3 的数据，假如 i＝6％，第 4 期期末的普通年金终值的计算见图 3－4。

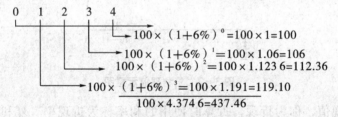

图 3－4　普通年金终值计算示意图

从图 3－4 可知，第一期期末的 100 元，有 3 个计息期，其复利终值为 119.1 元；第二期期末的 100 元，有 2 个计息期，其复利终值为 112.36 元；第三期期末的 100 元，有 1 个计息期，其复利终值为 106 元；而第四期期末的 100 元，没有利息，其终值仍为 100 元。将以上四项加总得 437.46 元，即为整个的年金终值。

从以上的计算可以看出，通过复利终值计算年金终值比较复杂，但存在一定的规律性，由此可以推导出普通年金终值的计算公式。

根据复利终值的方法计算年金终值 F 的公式为：

$$F = A + A \cdot (1+i) + A \cdot (1+i)^2 + \cdots + A \cdot (1+i)^{n-1} \qquad (3.1)$$

等式两边同乘 $(1+i)$，则有：

$$F \cdot (1+i) = A \cdot (1+i) + A \cdot (1+i)^2 + A \cdot (1+i)^3 + \cdots + A \cdot (1+i)^n \qquad (3.2)$$

公式 (3.2) -公式 (3.1)：

$$F \cdot (1+i) - F = A \cdot (1+i)^n - A$$

$$F \cdot i = A \cdot [(1+i)^n - 1]$$

$$F = A \cdot \frac{(1+i)^n - 1}{i}$$

公式中，通常将 $\frac{(1+i)^n - 1}{i}$ 称为年金终值系数，用符号 $(F/A, i, n)$ 表示。

年金终值系数可以通过查年金终值系数表获得。该表的第一行是利率 i，第一列是计息期数 n。相应的年金系数在其纵横交叉之处。例如，可以通过查表获得 $(F/A, 6\%, 4)$ 的年金终值系数为 4.374 6，即每年年末收付 1 元，按年利率为 6% 计算，到第 4 年年末，其年金终值为 4.374 6 元。

【例】某公司每年在银行存入 4 000 元，计划在 10 年后更新设备，银行存款利率 5%，到第 10 年末公司能筹集的货币资金总额是多少？

$$F = A \times \frac{(1+i)^n - 1}{i} = 4\,000 \times \frac{(1+5\%)^{10} - 1}{5\%} = 4\,000 \times 12.578 = 50\,312 \text{（元）}$$

在年金终值的一般公式中有四个变量 F、A、i、n，已知其中的任意三个变量，可以计算出第四个变量。

【例】某公司计划在 8 年后改造厂房，预计需要 400 万元，假设银行存款利率为 4%，该公司在这 8 年中每年年末要存入多少万元才能满足改造厂房的货币资金需要？

根据公式 $F = A \times \frac{(1+i)^n - 1}{i}$ 得：

$$400 = A \times \frac{(1+4\%)^8 - 1}{4\%} = A \times 9.214$$

$$A = 43.41 \text{（万元）}$$

该公司在银行存款利率为 4% 时，每年年末存入 43.41 万元，8 年后可以获得 400 万元用于改造厂房。

2. 普通年金的现值

普通年金现值是指一定时期内每期期末收付款项的复利现值之和。例如，按图 3-3 的数据，假如 $i = 6\%$，其普通年金现值的计算如图 3-5 所示。

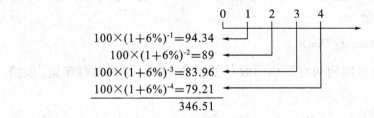

图 3-5 普通年金现值计算示意图

从图 3-5 可知，第一期期末的 100 元到第一期初，经历了 1 个计息期，其复利现值为 94.34 元；第二期期末的 100 元到第一期初，经历了 2 个计息期，其复利现值为

89 元；第三期期末的 100 元到第一期初，经历了 3 个计息期，其复利现值为 83.96 元；第四期期末的 100 元到第一期初，经历了 4 个计息期，其复利现值为 79.21 元。将以上四项加总得 346.51 元，即为四期的年金现值。

从以上计算可以看出，通过复利现值计算年金现值比较复杂，但存在一定的规律性，由此可以推导出普通年金终值的计算公式。

根据复利现值的方法计算年金现值 P 的计算公式为：

$$P = A \cdot \frac{1}{(1+i)} + A \cdot \frac{1}{(1+i)^2} + \cdots + A \cdot \frac{1}{(1+i)^{n-1}} + A \cdot \frac{1}{(1+i)^n} \tag{3.3}$$

等式两边同乘 $(1 + i)$，则有：

$$P \cdot (1+i) = A + A \cdot \frac{1}{(1+i)} + A \cdot \frac{1}{(1+i)^2} + \cdots + A \cdot \frac{1}{(1+i)^{n-2}} + A \cdot \frac{1}{(1+i)^{n-1}} \tag{3.4}$$

公式 (3.4) − 公式 (3.3)：

$$P \cdot (1+i) - p = A - A \cdot \frac{1}{(1+i)^n}$$

$$P \cdot i = A \cdot \left[1 - \frac{1}{(1+i)^n} \right]$$

$$P = A \cdot \frac{1 - (1+i)^{-n}}{i}$$

公式中，通常将 $\dfrac{1 - (1+i)^{-n}}{i}$ 称为年金现值系数，用符号 $(P/A, i, n)$ 表示。年金现值系数可以通过查年金现值系数表获得。该表的第一行是利率 i，第一列是计息期数 n。相应的年金现值系数在其纵横交叉之处。例如，可以通过查表获得 $(P/A, 6\%, 4)$ 的年金现值系数为 3.465 1，即每年末收付 1 元，按年利率为 6% 计算，其年金现值为 3.465 1 元。

【例】某公司预计在 8 年中，从一名顾客处收取 6 000 元的汽车贷款还款，贷款利率为 6%，请问该顾客借了多少货币资金，即这笔贷款的现值是多少？

$$P = A \cdot \frac{1 - (1+i)^{-n}}{i} = 6\,000 \times \frac{1 - (1+6\%)^{-8}}{6\%} = 6\,000 \times 6.209\,8 = 37\,258.8 \ (元)$$

在年金现值的一般公式中有四个变量 P、A、i、n，已知其中的任意三个变量，可以计算出第四个变量。

（二）先付年金（Annuity Due）

先付年金是指每期期初有等额的收付款项的年金，又称预付年金。如图 3-6 所示。

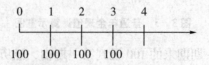

图 3-6　先付年金示意图

图 3 - 6 中，横轴代表时间，用数字标出各期的顺序号，竖线的位置表示支付的时刻，竖线下端数字表示支付的金额。图 3 - 6 表示 4 期内每年 100 元的先付年金。

1. 先付年金的终值

先付年金终值是指一定时期内每期期初等额收付款项的复利终值之和。例如，按图 3 - 6 的数据，假如 $i = 6\%$，第 4 期期末的年金终值的计算见图 3 - 7。

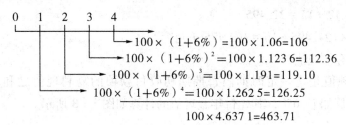

$$100 \times 4.637\ 1 = 463.71$$

图 3 - 7　先付年金终值计算示意图

从图 3 - 7 可知，第一期期初的 100 元，有 4 个计息期，其复利终值为 126.25 元；第二期期初的 100 元，有 3 个计息期，其复利终值为 119.1 元；第三期期初的 100 元，有 2 个计息期，其复利终值为 112.36 元；而第四期期初的 100 元，有 1 个计息期，其复利终值为 106 元。将以上四项加总得 463.71 元，即为整个的先付年金终值。

从以上的计算可以看出，先付年金与普通年金的付款期数相同，但由于其付款时间不同，先付年金终值比普通年金终值多计算一期利息。因此，可在普通年金终值的基础上乘上 $(1 + i)$ 就是先付年金的终值。

先付年金的终值 F 的计算公式为：

$$F = A \cdot \frac{(1 + i)^n - 1}{i} \cdot (1 + i)$$

$$= A \cdot \frac{(1 + i)^{n+1} - (1 + i)}{i}$$

$$= A \cdot \left[\frac{(1 + i)^{n+1} - 1}{i} - 1 \right]$$

公式中 $\frac{(1 + i)^{n+1} - 1}{i} - 1$ 被称为先付年金终值系数，它是在普通年金终值系数的基础上，期数加 1、系数减 1 求得的，可表示为 $[(F/A, i, n+1) - 1]$，可通过查普通年金终值系数表，得 $(n+1)$ 期的值，然后减去 1 可得对应的先付年金终值系数的值。例如 $[(F/A, 6\%, 4+1) - 1]$，$(F/A, 6\%, 4+1)$ 的值为 5.637 1，再减去 1，得先付年金终值系数为 4.637 1。

【例】某公司租赁写字楼，每年年初支付租金 5 000 元，年利率为 8%，该公司计划租赁 12 年，需支付的租金为多少？

$$F = A \cdot \left[\frac{(1 + i)^{n+1} - 1}{i} - 1 \right]$$

$$= 5\ 000 \times \left[\frac{(1 + 8\%)^{12+1} - 1}{8\%} - 1 \right]$$

$= 5\,000 \times 20.495$

$= 102\,475$（元）

或：

$F = A \times [(F/A, i, n+1) - 1] = 5\,000 \times [(F/A, 8\%, 12+1) - 1]$

查年金终值系数表得：

$(F/A, 8\%, 12+1) = 21.495$

$F = 5\,000 \times (21.495 - 1) = 102\,475$（元）

2. 先付年金的现值

先付年金现值是指一定时期内每期期初收付款项的复利现值之和。例如，按图 3-6 的数据，假如 $i = 6\%$，其先付年金现值的计算如图 3-8 所示。

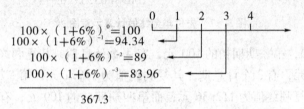

图 3-8　先付年金现值计算示意图

从图 3-8 可知，第一期期初的 100 元，没有计息期，其复利现值仍然为 100 元；第二期期初的 100 元到第一期初，经历了 1 个计息期，其复利现值为 94.34 元；第三期期初的 100 元到第一期初，经历了 2 个计息期，其复利现值为 89 元；第四期期初的 100 元到第一期初，经历了 3 个计息期，其复利现值为 83.96 元。将以上四项加总得 367.3 元，即为四期的先付年金现值。

从以上的计算可以看出，先付年金与普通年金的付款期数相同，但由于其付款时间的不同，先付年金现值比普通年金现值少折算一期利息。因此，可在普通年金现值的基础上乘上 $(1+i)$ 就是先付年金的现值。

先付年金现值 P 的计算公式为：

$$P = A \cdot \frac{1 - (1+i)^{-n}}{i} \cdot (1+i)$$

$$= A \cdot \left[\frac{(1+i) - (1+i)^{-(n-1)}}{i} \right]$$

$$= A \cdot \left[\frac{1 - (1+i)^{-(n-1)}}{i} + 1 \right]$$

上式中，通常称 $\left[\dfrac{1 - (1+i)^{-(n-1)}}{i} + 1 \right]$ 为先付年金现值系数，先付年金现值系数是在普通年金现值系数的基础上，期数减 1、系数加 1 求得的，可表示为 $[(P/A, i, n-1) + 1]$，可通过查年金现值系数表，得 $(n-1)$ 期的值，然后加上 1 可得对应的先付年金现值系数的值。例如 $[(P/A, 6\%, 4-1) + 1]$，$(P/A, 6\%, 4-1)$ 的值为 2.673，再加上 1，得先付年金现值系数为 3.673。

【例】某人分期付款购买住宅，每年年初支付6 000元，20年还款期，假设银行借款利率为5%，该项分期付款如果现在一次性支付，需支付的现金是多少？

$$P = A \cdot \left[\frac{1 - (1 + i)^{-(n-1)}}{i} + 1 \right]$$

$$= 6\,000 \times \left[\frac{1 - (1 + 5\%)^{-(20-1)}}{5\%} + 1 \right]$$

$$= 6\,000 \times 13.085\,3$$

$$= 78\,511.8 \ （元）$$

或：

$$P = A \times \left[(P/A, i, n-1) + 1 \right] = 6\,000 \times \left[(P/A, 5\%, 20-1) + 1 \right]$$

查年金现值系数表得：

$$(P/A, 5\%, 20-1) = 12.085\,3$$

$$P = 6\,000 \times (12.085\,3 + 1) = 78\,511.8 \ （元）$$

（三）递延年金（Deferred Annuity）

递延年金是指第一次收付款发生时间是在第二期或者第二期以后的年金。递延年金的收付形式如图3-9所示。

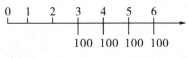

图3-9 递延年金示意图

从图3-9可以看出，递延年金是普通年金的特殊形式，第一期和第二期没有发生收付款项，一般用m表示递延期数，$m = 2$。从第三期开始连续4期发生等额的收付款项，$n = 4$。

1. 递延年金终值

递延年金终值的计算方法与普通年金终值的计算方法相似，其终值的大小与递延期限无关。

2. 递延年金现值

递延年金现值是自若干时期后开始每期款项的现值之和。其现值计算方法有两种：

方法一：第一步，把递延年金看成n期普通年金，计算出递延期末的现值；第二步，将已计算出的现值折现到第一期期初。

【例】如图3-9所示数据，假设银行利率为6%，其递延年金现值为多少？

第一步，计算4期的普通年金现值。

$$P_2 = A \cdot \frac{1 - (1 + i)^{-n}}{i}$$

$$= 100 \times \frac{1 - (1 + 6\%)^4}{6\%}$$

$$= 100 \times 3.465\,1$$

$$= 346.51 \ （元）$$

第二步,将已计算的普通年金现值折现到第一期期初。

$$P_0 = P_2 \times \frac{1}{(1+i)^m}$$

$$= 346.51 \times \frac{1}{(1+6\%)^2}$$

$$= 346.51 \times 0.89$$

$$= 308.39 \text{（元）}$$

计算过程如图 3 - 10 所示。

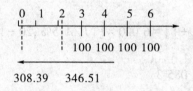

图 3 - 10 递延年金现值计算方法一

方法二:第一步,计算出 $(m+n)$ 期的年金现值;第二步,计算 m 期年金现值;第三步,将计算出的 $(m+n)$ 期扣除递延期 m 的年金现值,得出 n 期年金现值。计算步骤为:

$$P_{(m+n)} = 100 \times \frac{1 - (1+6\%)^{2+4}}{6\%}$$

$$= 100 \times 4.917\,3$$

$$= 491.73 \text{（元）}$$

$$P_{(m)} = 100 \times \frac{1 - (1+6\%)^2}{6\%}$$

$$= 100 \times 1.833\,4$$

$$= 183.34 \text{（元）}$$

$$P_{(n)} = P_{(m+n)} - P_{(m)}$$

$$= 491.73 - 183.34$$

$$= 308.39 \text{（元）}$$

计算过程如图 3 - 11 所示。

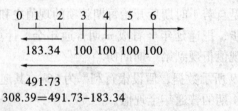

图 3 - 11 递延年金现值计算方法二

（四）永续年金（Perpetuity）

永续年金是指无限期支付的年金,如优先股股利。由于永续年金持续期无限,没有终止时间,因此没有终值,只有现值。永续年金可视为普通年金的特殊形式,即期限趋于无穷的普通年金。其现值的计算公式可由普通年金现值公式推出。

永续年金现值 P 计算公式为：

$$P = A \times \frac{1-(1+i)^{-n}}{i} = A \times \frac{1-\frac{1}{(1+i)^{n}}}{i}$$

当 $i \to \infty$ 时，$\frac{1}{(1+i)^{n}} \to 0$，

故：

$$P = \frac{A}{i}$$

在企业价值评估和企业并购中确定目标企业价值，以及对一些特殊债券估价时，会用到永续年金的计算。

六、其他现金流的现值和终值

（一）不等额系列现金流量（Uneven Cash Flow）

0　1　2　3　4
100　200　150　300

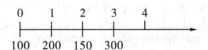

图 3－12　不等额系列现金流量示意图

从图 3－12 中看出，每期的收入或付出是不等额的。不等额现金流量的终值为各期终值之和；其现值也是各期现值之和。

1. 不等额现金流量终值的计算

如图 3－13 所示。

0　1　2　3　4
300×（1+5%）=300×1.05=315
150×（1+5%）²=150×1.102 5=165.38
200×（1+5%）³=200×1.157 6=231.52
100×（1+5%）⁴=100×1.215 5=121.55
833.45（万元）

图 3－13　不等额系列现金流量终值计算示意图

2. 不等额现金流量现值的计算

如图 3－14 所示。

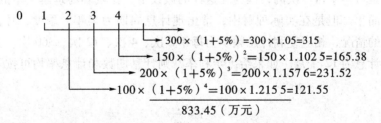

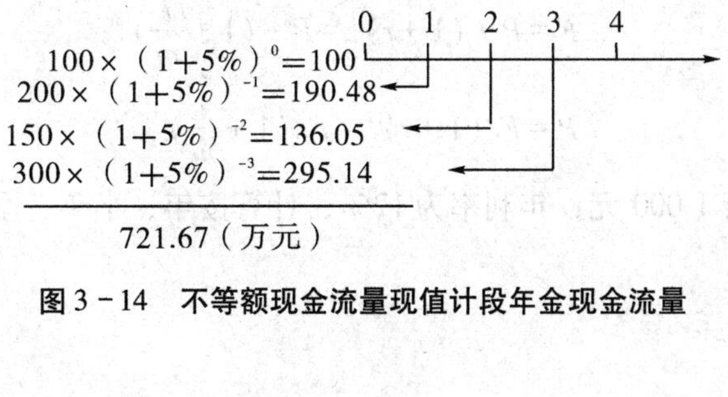

0　1　2　3　4
100×（1+5%）⁰=100
200×（1+5%）⁻¹=190.48
150×（1+5%）⁻²=136.05
300×（1+5%）⁻³=295.14
721.67（万元）

图 3－14　不等额现金流量现值计段年金现金流量

（二）分段年金现金流量

在公司现金流入和流出中，某个时期现金流量保持在一个水平上，而下一时期又保持在另一水平上，通常称为分段年金现金流量。其收入或付出形式如图 3 - 15 所示。

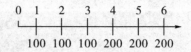

图 3 - 15　分段年金现金流量示意图

终值的计算：先计算前三年年金终值，然后将计算结果乘以三年期的复利终值系数；再计算后三年的年金终值，最后将二者加总。

现值的计算：先计算前三年 100 元年金现值；再计算后三年的年金现值（后三年的年金现值是先计算后三年普通年金现值，再折现 3 年）；最后将二者加总。

分段年金和不等额现金流可能混合出现，是指每次收入或付出的款项既有年金又有不等额的混合情况。如图 3 - 16 所示：

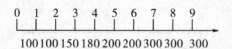

图 3 - 16　分段年金和不等额现金混合的情形

这种类型系列现金流的终值和现值的计算，结合前面两种情况进行。

七、复利计息频率

复利计息频率是指利息在一年中复利多少次。在前面的终值与现值的计算中，都是假定利息是每年支付一次的，因为在这样的假设下，比较容易理解货币的时间价值，计算也相对简单。但是在实际理财中，常出现计息周期为半年、季度、月，甚至以天为计息周期的情况，相应复利计息频率为每年 2 次、4 次、12 次、360 次。如贷款买房按月计息，计息为 12 个月。如果给出年利率，则计息期数和计息率均可按下列公式进行换算：

$$r = \frac{i}{m}$$

$$t = m \cdot n$$

公式中，r 为计息周期利率，i 为年利率，m 为每年的计息次数，n 为年数，t 为换算后的计息周期期数。其终值和现值的计算公式分别为：

$$F = P \cdot (1 + r)^t = P \cdot \left(1 + \frac{i}{m}\right)^{m \cdot n}$$

$$P = F / (1 + r)^t = F / \left(1 + \frac{i}{m}\right)^{m \cdot n}$$

【例】存入银行 1 000 元，年利率为 12%，计算按年、半年、季、月的复利终值。

（1）按年复利的终值：

$F_1 = 1\ 000 \times (1 + 12\%) = 1\ 120(元)$

（2）按半年复利的终值：

$F_2 = 1\ 000 \times [1 + (12\% / 2)]^2 = 1\ 123.6(元)$

（3）按季复利的终值：

$F_3 = 1\ 000 \times [1 + (12\% / 4)]^4 = 1\ 125.51(元)$

（4）按月复利的终值：

$F_4 = 1\ 000 \times [1 + (12\% / 12)]^{12} = 1\ 126.83(元)$

从以上计算可以看出，按年复利终值为 1 120 元，按半年复利终值为 1 123.6 元，按季复利终值为 1 125.51 元，按月复利终值为 1 126.83 元。一年中计息次数越多，其终值就越大；一年中计息次数越多，其现值就越小。

八、求解折现率、利息率

一般用内插法或插值法计算折现率、利息率。

【例】某人现在向银行存入 7 000 元，按复利计算，在利率为多少时，才能在 8 年后每年得到 1 000 元？

$P/A = (P/A, i, n)$

$7\ 000 / 1\ 000 = (P/A, i, 8)$

$7 = (P/A, i, 8)$

查年金现值系数表，当利率为 3% 时，系数是 7.019 7；当利率为 4% 时，系数是 6.463 2。因此判断利率应在 3% ~ 4% 之间。设利率为 x，则用内插法计算 x 值。

利率		年金现值系数	
3%		7.019 7	
? $\Big\}x\%\Big\}1\%$		7 $\Big\}0.019\ 7\Big\}0.556\ 5$	
4%		6.463 2	

$$\frac{x}{1} = \frac{0.019\ 7}{0.556\ 5}$$

$$x = 0.035\ 4$$

故：

$i = 3\% + 0.035\ 4\% \approx 3.04\%$

九、连续复利

在复利计息频率中我们得出结论：复利次数越多，终值越大；相反，折现次数越多，折现值越小。在连续折现下，现值达到最小值。前面已经讲过，现值的计算公式为：

$$P = \frac{F}{[1 + (i/m)]^{m \cdot n}}$$

上式中，当 m 趋于无穷时，就是连续复利，而且公式 $[1+(i/m)]^{m \cdot n}$ 趋向于 e^{in}，其中 e 为常数，等于 2.718 28。因此，在利率为 i、终值为 F 时，连续折现下第 n 年年末收到的现金流量终值的现值为：

$$P = \frac{F}{e^{i \cdot n}}$$

【例】在连续复利下，折现率为 10%，第 5 年年末、第 10 年年末收到的 10 000 元的现值分别是多少？

$$P_5 = \frac{10\ 000}{e^{0.1 \times 5}} = \frac{10\ 000}{(2.718\ 28)^{0.5}} = 6\ 065.38 (元)$$

$$P_{10} = \frac{10\ 000}{e^{0.1 \times 10}} = \frac{10\ 000}{2.718\ 28} = 3\ 678.7\ (元)$$

由此可见，在连续折现下现值达到最小值。

在货币的时间价值讨论中，涉及的各种系数总结如下：

复利终值系数 $\rightarrow (1+i)^n$ 或 $(F/P, I, n)$ 或 $FVIF_{i,n}$ 或 $FV_{i,n}$

复利现值系数 $\rightarrow 1/(1+i)^n$ 或 $(P/F, I, n)$ 或 $PVIF_{i,n}$ 或 $PV_{i,n}$

年金终值系数 $\rightarrow \dfrac{(1+i)^n - 1}{i}$ 或 $(F/A, i, n)$ 或 $FVIFA_{i,n}$ 或 $FVA_{i,n}$

年金现值系数 $\rightarrow \dfrac{1-(1+i)^{-n}}{i}$ 或 $(P/A, i, n)$ 或 $PVIFA_{i,n}$ 或 $PVA_{i,n}$

第二节　债券估值法

一、债券定价的步骤

任何金融资产定价的基本原则是：其价值都是该资产预期未来现金流（Expected Cash Flow）的现值之和。根据这个原则，可以确定进行资产定价的基本步骤：

（1）估计预期现金流量，即预期在未来各期，资产所能带来的现金流入以及可能发生的现金流出。值得注意的是，未来预期现金流可能是确定的，但是多数情况下是不确定的。对于债券来说，未来现金流主要包括两部分：本金和利息。

（2）选择一个适当的贴现率，以便对未来各期现金流进行贴现，这个贴现率必须能够反映与资产有关的风险。一般地，贴现率包括三个部分，即无风险利率、通货膨胀率和与该资产有关的风险溢价（Risk Premium），它们共同反映了货币的时间价值。

（3）最后用预期现金流和所选择的贴现率计算未来预期现金流量的现值。

现金流是指预期未来从某项投资中获得的收入。对于固定收益证券来说，现金流是利息收入或是偿还的本金。但并不是所有证券的现金流都是确定的，对于某些债券来说，估计预期现金流可能是困难的。比如：

可赎回债券（Callable Bonds），指发行人在到期日前可以按照约定条件全部或部分赎回的债券。当利率下降到一定水平时，债券即被赎回，因此债券的现金流由未来利率变化的情况决定，而这些是不可预测的。

可回售债券（Putable Bonds），指持有人在到期日前可以按照约定条件全部或部分赎回的债券。当利率升高到一定水平时，债券即被回售，投资者的现金流将由未来利率变化的情况决定，同样难以预测。

可转换债券（Convertible Bonds），指能按事先确定的价格或条件转换成一定数量股票的债券。当对应的股票价格上涨到一定水平时，投资者即可将债券转换为股票。未来的股票价格变化和投资者是否会执行转换都是不确定的，因此其现金流也难以预测。

浮动利率债券（Floating－rate Bonds），其息票利率随市场利率的变化而变化，所以也难以预测。

二、债券的定价

名义无风险收益率（Nominal Risk－free Yield），包括实际无风险收益率（Real Risk－free Yield）和通货膨胀率（Inflation Rates）两个部分。名义无风险利率代表货币的时间价值，是投资者要求的最低收益率，即投资于市场中无违约风险的证券的收益率。由于完全无风险的证券是不存在的，所以人们通常将国债（Treasury Security）的收益率作为现金流要求的最低贴现率。

风险溢价（Risk Premium），即由于投资者因承担风险而获得的额外报酬。一般而言，债券的信用等级越低，违约风险就越大，投资者要求的风险溢价就越高。

所以贴现率的计算公式可以表示为：

$$贴现率 = 名义无风险收益率 + 风险溢价$$

使用单一贴现率（Single Yield）为债券定价：

为了简单起见，假设有一个债券，每年支付 100 元作为利息，一共支付 10 年，最后还要支付本金 1 000 元。如果恰当的折现率为 8%（对所有现金流都适用），则债券的价值为：

$$\frac{100}{1.08} + \frac{100}{1.08^2} + \frac{100}{1.08^3} + \cdots + \frac{100}{1.08^{10}} + \frac{1\,000}{1.08^{10}} = 1\,134.20（元）$$

上面的计算方法就是将未来各期现金流的现值加总，即得债券的价值。

债券价值与市场要求的收益率是成反比的。即收益率越高，债券价格就越低；收益率越低，债券价格就越高。

如果息票率等于要求收益率或者等于市场要求的折现率，证券将会以面值出售。给定息票率为 7%，每年付息，5 年到期，市场要求的收益率为 7%，所以债券会定价为 100 元，如下：

$$价值 = 7/(1+0.07) + 7/(1+0.07)^2 + 7/(1+0.07)^3 + 7/(1+0.07)^4 + 107/(1+0.07)^5$$
$$= 6.542 + 6.114 + 5.714 + 5.340 + 76.290 = 100（元）$$

如果市场要求的收益率提高为 8%，折现率由 0.07 提升为 0.08，债券的价值降为 96.01 元。对比以 8% 折现计算的债券的价值，可以发现价值要低于折现率为 7% 的时候。折现率高于利息率会导致债券的价值低于面值，也就是说，存在折扣。因为仅仅是利率发生了变化，所以 3.99 元的价格变化完全是由利率变化引起的。

如果要求的收益率 6%，则计算出的债券的价值为 104.21 元，债券将以高于面值的价格出售。因为仅仅是利率发生了变化，所以 4.21 元的价格增加完全是由利率变化引起的。如果上述债券是半年付息的，那么价值应分别为 100 元、95.95 元和 104.27 元。

债券价格与收益率之间的关系：由前述的计算可知，收益率与债券之间是呈相反关系的，即贴现率升高时，债券价值降低；贴现率降低时，债券价值升高。

债券的价格与对应的收益率之间的关系称为价格收益率曲线，如图 3-17 所示：

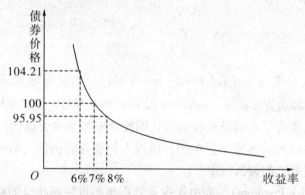

图 3-17　价格收益率曲线

三、债券接近到期日时，债券价格的变化

当债券接近到期日的时候，无论债券是按面值进行交易，还是折价或溢价交易，随着到期日的不断接近，债券价格会不断接近面值，并且是以递增的速度靠近面值，也就是说，债券折价或溢价以递增的速度减少。

【例】某债券的面值为 1 000，三年后到期，息票率为 6%，半年支付一次利息。随着到期日的临近，计算收益率分别是 3%、6%、12% 时债券的价格变化情况。见表 3-1。

表 3-1　　　　　　　　　　收益率与距到期日期限

距到期日期限（年）	价格（收益率为 3%）	价格（收益率为 6%）	价格（收益率为 12%）
3	1 085.40	1 000	852.48
2.5	1 071.74	1 000	873.63
2	1 057.82	1 000	896.05
1.5	1 043.68	1 000	919.81
1	1 029.34	1 000	945.00
0.5	1 014.78	1 000	971.69
0	1 000	1 000	1 000

其价值/时间曲线如图 3 - 18 所示：

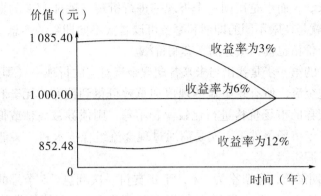

图 3 - 18　价值/时间曲线

四、计算零息债券（Zero - coupon Bond）的价值

零息债券指到期前不支付利息，到期时按面值一次性支付现金给投资者的一种债券。零息债券唯一的现金流就是到期后债券发行人支付的票面价值，将该唯一的现金流以合适的利率贴现，其现值即为零息债券的价值，计算公式为：

$$债券价值 = \frac{面值}{(1 + 利率)^{到期年限×2}}$$

式中，利率为复利周期折现率。

到期年限表示距离到期日的年数（这里乘以 2 的原因是因为一年有两个复利周期）。

【例】计算 10 年期、面值 1 000 的零息债券的价值。假定收益率为 8%，且复利周期为半年。

$$债券价值 = \frac{1\,000}{\left(1 + \dfrac{0.08}{2}\right)^{10×2}} = \frac{1\,000}{1.04^{20}} = 456.39$$

其实，零息债券的收益中也包含利息支付，这种利息就是债券价值与面值之间的差值。

五、无套利定价方法（The Arbitrage - free Valuation Approach）

套利（Arbitrary）是指投资者发现同一或相似产品在市场中定价出现差异，采用在一个市场购进某种资产，同时在另外一个市场卖出该资产或替代品的交易，从而锁定无风险收益的投资策略。

如果两种证券或组合的未来现金流以及风险相同，那么其价格必然相等。如果它们的市场价格不等，就存在套利机会，投资者可以卖出相对价格高的证券或组合，同时买入价格相对低的证券或组合，套利者会得到一个无风险的收益。

无套利定价方法指的是投资者将一个息票债券的现金流看成若干独立现金流的组合，也就是说息票债券等同于一系列零息债券的组合。如此一来，息票债券的价格就等于一系列零息债券价格的和，即债券的价格为将债券的各期现金流用与其期限对应的折现率进行折现求和，而不是用同一个折现率进行折现（除非利率的期限结构是平坦的）。这种折现率就是期限不同的即期利率，可以看成不同期限的零息债券的要求收益率。最后计算出的价格也称为债券的无套利价格。

无套利定价方法的第一步是找出与未来各期现金流对应的折现率（即期利率），用以贴现债券的各期现金流，所有现金流的现值加总就可得到债券的无套利价值。将计算出来的价值与该债券的市场价格进行比较。若不等，则债券被高估或低估，说明市场存在套利机会。一定市场条件下，交易商通过现金流组合技术和"买低卖高"的办法就可以实现套利利润。

【例】某 1.5 年期国债，息票率为 6%，半年支付一次利息。6 个月的即期利率为 5%，12 个月的即期利率为 6%，18 个月的即期利率为 7%。若该债券的市场价格为 992 元，计算该债券的无套利价值，并判定是否存在套利机会，以及相应的策略。

$$现值 PV（用即期利率）= \frac{30}{1.025} + \frac{30}{1.03^2} + \frac{1\,030}{1.035^3} = 986.55（元）$$

显然，该价值低于债券的市场价格，存在套利机会。此时，如果交易商在市场上买进能重新组合成"1.5 年期国债"的单个现金流（零息债券），同时卖出该 1.5 年期国债，就可锁定套利利润为：992 - 986.55 = 5.45（元）

判断价格是否被高估或低估一般需要两个步骤：首先，根据适当的即期利率或者到期收益率计算出债券的理论价值；然后，将理论价值和当前的市场价格进行比较，如果前者大于后者，则表明债券被低估；反之，则为高估。

如上题中的理论价值为 986.55 元，而市场价格为 992 元，所以该债券被高估了，应该卖出或进行卖空交易。

本章小结

● 货币时间价值，是指在不考虑通货膨胀和风险性因素的情况下，货币资金在其周转使用过程中随着时间因素的变化而变化的价值，其实质是货币资金周转使用后带来的利润或实现的增值。

● 现值，又称本金，是指货币资金现在的价值。终值，又称本利和，是指货币资金经过若干时期后包括本金和时间价值在内的未来价值。

● 单利终值是本金与未来利息之和，其计算公式为：

$$F = P + I = P + P \times i \times t = P(1 + i \times t)$$

● 单利现值是货币资金现在的价值。单利现值的计算就是确定未来终值的现在价值。单利现值的计算公式为：

$$P = F - I = F - F \times i \times t = F \times (1 - i \times t)$$

● 复利终值是指一定数量的本金在一定的利率下按照复利的方法计算出的若干时期以后的本金利息和，其公式为：

$$F = P \times (1 + i)^n$$

● 复利现值是指未来一定时间的特定货币资金按复利计算的现在价值。

● 由终值求现值，称为折现，折算时使用的利率称为折现率。复利现值的计算公式为：

$$P = \frac{F}{(1+i)^n} = F \cdot (1+i)^{-n}$$

● 单个现金流的现值或终值可以通过查现值系数表或终值系数表来简化计算。

● 年金是指一定时期内一系列相等金额的收付款项构成的系列现金流。普通年金是指每期期末有等额的收付款项的年金，又称后付年金。先付年金是指每期期初有等额的收付款项的年金，又称预付年金。递延年金是指第一次收付款发生时间是在第二期或者第二期以后的年金。永续年金是指无限期支付的年金，如优先股股利。它们的现值和终值可以通过查年金现值系数表或年金终值系数表来简化计算。

● 金融资产定价的基本原则是：任何金融资产的价值都是其预期现金流的现值之和。

● 金融资产定价的基本步骤：

（1）估计预期现金流量，即预期在未来各期，资产所能带来的现金流入以及可能发生的现金流出。

（2）选择一个适当的贴现率，以便对未来各期现金流进行贴现，这个贴现率必须能够反映与资产有关的风险。

（3）最后用预期现金流和所选择的贴现率计算未来预期现金流量的现值。

● 嵌入期权增加了债券未来现金流的不确定性，从而增加了债券定价的难度。

● 贴现率 = 名义无风险收益率 + 风险溢价。

● 折现债券的现金流时，折现率的复利频率必须同利息支付频率相对应。

● 贴现率升高时，债券价值降低；贴现率降低时，债券价值升高。

● 当债券接近到期日的时候，无论债券是按面值进行交易，还是折价或溢价交易，随着到期日的不断接近，债券价格会不断接近并收敛于面值。

● 零息债券的价值，计算公式为：

$$债券价值 = \frac{面值}{(1+利率)^{到期年限 \times 2}}$$

● 若收益率大于息票率，债券以低于面值交易；

若收益率等于息票率，债券以面值交易；

若收益率小于息票率，债券以大于面值交易。

● 无套利定价方法指的是投资者将一个息票债券的现金流看成若干独立现金流的组合，也就是说息票债券等同于一系列零息债券的组合。

● 息票债券的价格就等于一系列零息债券价格的和，即债券的价格为将债券的各期现金流用与其期限对应的折现率进行折现求和，这种折现率就是期限不同的即期利率。

● 采用无套利定价方法，必须要先确定定价时刻市场的利率期限结构。

● 如果用无套利定价方法计算出的债券理论价值同债券的市场价格不同，则存在套利机会，投资者可以通过卖高买低的方法，锁定一个无风险的收益。

练习题

1. 某人希望在第 5 年年末取得本利和 20 000 元，则在年利率为 2%、单利计息的方式下，此人现在应当存入银行（　　）元。

    A. 18 114　　　　　B. 18 181.82　　　　C. 18 004　　　　D. 18 000

2. 5 年期、10% 的票面利率、半年支付。债券的价格是 1 000 元，每次付息是（　　）元。

    A. 25　　　　　　　B. 50　　　　　　　　C. 100　　　　　　D. 150

3. 若收益率大于息票率，债券以（　　）面值交易。

    A. 低于　　　　　　B. 高于　　　　　　　C. 等价　　　　　　D. 与面值无关

4. 贴现率升高时，债券价值（　　）。

    A. 降低　　　　　　B. 升高　　　　　　　C. 不变　　　　　　D. 与贴现率无关

用下面的数据完成 5、6 题：

一年期利率为 5.5%，一年以后的一年期远期利率为 7.63%，两年后的一年期远期利率为 12.18%，三年后的一年期远期利率为 15.5%。

5. 4 年期、1 000 元的面值、10% 的票面利率、年度付息的债券的价值接近于（　　）元。

    A. 995.89　　　　　B. 1 009.16　　　　　C. 1 085.62　　　　D. 1 099.87

6. 面值 1 000 元、3 年期的零息债券的价值为（　　）元。

    A. 785　　　　　　　B. 852　　　　　　　　C. 948　　　　　　D. 1 000

7. 随着到期日的不断接近，债券价格会不断（　　）面值。

    A. 低于　　　　　　B. 高于　　　　　　　C. 接近　　　　　　D. 与面值无关

8. 政府发行面值为 1 000 元、期限为 10 年的零息债券，如果在相同风险下投资者可接受的收益率为 8%，该债券的价值是多少？

9. 2007 年 7 月 1 日发行的某债券，面值 100 元，期限 3 年，票面年利率 8%，每半年付息一次。求：

（1）假设风险证券的市场利率为 8%，计算该债券的实际年利率和全部利息在 2007 年 7 月 1 日的现值。

（2）假设风险证券的市场利率为 10%，计算 2007 年 7 月 1 日该债券的价值。

（3）假设风险证券的市场利率为 12%，2008 年 7 月 1 日该债券的市价是 85 元，试问该债券当时是否值得购买？

（4）某投资者 2009 年 7 月 1 日以 97 元购入，试问该投资者持有该债券至到期日的收益率是多少？

10. C 公司在 2001 年 1 月 1 日发行 5 年期债券，面值 1 000 元，票面利率 10%，于每年 12 月 31 日付息，到期时一次还本。要求：

（1）假定 2001 年 1 月 1 日金融市场上与该债券同类风险投资的利率是 9%，该债券的发行价应定为多少？

（2）假定 1 年后该债券的市场价格为 1 049.06 元，该债券于 2002 年 1 月 1 日的到期收益率是多少？

（3）该债券发行 4 年后该公司被揭露出会计账目有欺诈嫌疑，这一不利消息使得该债券价格在 2005 年 1 月 1 日由开盘的 1 018.52 元跌至收盘的 900 元。跌价后该债券的到期收益率是多少（假设能够全部按时收回本息)？

（4）该债券发行 4 年后该公司被揭露出会计账目有欺诈嫌疑，假设证券评级机构对它此时的风险估计如下：如期完全偿还本息的概率是 50%，完全不能偿还本息的概率是 50%。当时金融市场的无风险收益率为 8%，风险报酬系数为 0.15，债券评级机构对违约风险的估计是可靠的，请问此时该债券的价值是多少？

第四章 债券的风险及其衡量

本章学习目标：

本章分为两节，第一节介绍债券投资面临的各类风险，需要理解它们的含义、主要表现、影响因素及如何影响债券价格；第二节要掌握衡量债券利率风险的各种方法，并且能对这些方法进行比较，为后面学习债券投资组合风险管理打下基础。

第一节 债券的风险

债券投资风险指影响债券价格的不确定性因素。债券价格由未来的现金流和贴现率两个因素来决定，影响债券的未来现金流和贴现率发生变化的有很多因素，这些因素就是债券投资的风险因子。一般来说，债券的风险主要有下面几种：

一、利率风险 (Interest Rate Risk)

固定收益证券的价格受利率波动的影响包含三层含义：第一，利率一般水平的变化会导致固定收益证券价格发生变化，从而影响投资者资本利得的大小；第二，利率变化会导致固定收益证券利息收入再投资收益率的变化；第三，利率变化会导致某类固定收益证券本金流量发生变化，进而给投资者收益带来变化。我们一般所说的利率风险主要是指上述的第一层含义。

通常情况下，固定收益证券价格受利率水平变化的影响，主要是：证券的价格与市场利率呈反方向变化；偿还期越长，债券价格波动幅度越大；票面利率越低，价格波动越大；相同幅度的利率变化，引起债券价格上升与下降的幅度不同，即利率下降引起债券价格上升的幅度，要超过利率上升引起债券价格下降的幅度。图4-1显示了票面利率为8%的债券的价格与收益率的关系。

可以看到，当票面利率等于市场利率时，债券价格等于面值，称为平价债券。

当票面利率大于市场利率时，债券价格高于面值，称为溢价债券。

当票面利率小于市场利率时，债券价格低于面值，称为折价债券。

含权债券的价格可看成普通无期权债券的价格加上单独期权的价格。当期权对发行者有利时，对投资者来说，期权价值为负，则含权债券的价格低于无期权债券的价格；当期权对投资者有利时，期权价值为正，则含权债券的价格高于无期权债券的价格。

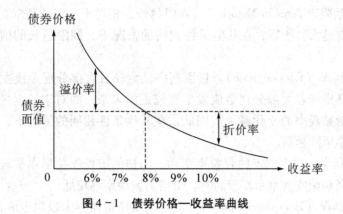

图 4 - 1　债券价格—收益率曲线

可赎回债券的价格、无期权债券的价格以及赎回期权的价格三者之间存在如下关系：

可赎回债券的价值 = 无期权债券的价值 - 赎回期权的价值

如图 4 - 2 所示：

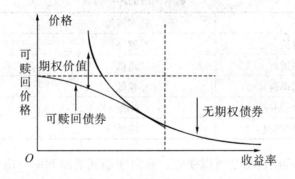

图 4 - 2　含权债券的价格—收益率曲线

当利率处于较高水平时，可赎回债券的价格、无期权债券的价格没有明显差异，因为此时期权的价值赎回的可能性很小，期权的价值也小。当利率下降时，两种债券的价格出现差别增大，期权的价值开始有明显的显现；当利率进一步降低时，无期权债券的价格随之上涨，但可赎回债券的价格永远不会高于赎回价格，即赎回价格是可赎回债券的价格上限，此时两种债券的价格有非常显著的差异，因为赎回的可能性上升，赎回权的价格随之上升。

这些都是通常情况下的结论。由于固定收益证券种类繁多，个别证券的价格风险与上述结论有很大不同。例如，住房抵押支撑证券中的利息证券的价格，就与市场利率正相关；而某些高折现债券的价格变化幅度，则与偿还期呈反方向变化。

债券价格随市场利率变化而变化，利率风险衡量债券价值对利率变动的敏感程度，这种变化的敏感程度（市场利率变化一个单位将引起债券价格变化多少）取决于以下几个相关特征（见表 4 - 1）：

（1）债券期限（Term to Maturity）。期限越长，相对于一定的利率变化，既定现金流的现值变化就越大。所以，在其他条件相同的情况下，期限越长的债券，其利率风险也就越高。

（2）息票利率（Coupon Rate）。息票利率低意味着大部分现金流发生在较远的未来，息票利率高意味着大部分现金流发生在较近的未来，而对于一定量的现金流，时间越长其现值随贴现率的变化越大。因此，在其他条件相同的情况下，息票利率越低的债券，其利率风险越高。

（3）初始利率。对于既定的收益率变动，当初始市场收益率水平较低时，价格波动率较高；而当初始收益率水平较高时，价格的波动率则较低。

（4）嵌入期权（Embedded Option）。嵌入期权使得债券未来现金流存在不确定性，因而影响利率风险。但究竟如何影响特定债券的利率风险取决于期权对哪一方有利。在可赎回债券中，当利率下降时，赎回期权限制了债券价格的上涨，债券价格一般不会超过赎回价格。因此，可赎回债券价值对利率变动的敏感性低于无期权债券。在可回售债券中，当利率上涨时，回售期权限制了债券价格的下降，债券价格一般不会低于可回售价格，因此，可回售债券价值对利率变动的敏感性低于无期权债券。

表 4-1 利率风险的影响因素

特征	利率风险	久期
期限越长	越高	越大
息票利率越高	越低	越小
初始市场利率越高	越低	越小
含有可赎回期权	降低	下降
含有可回售期权	降低	下降

固定利率债券的价格之所以变化，原因在于其票面利率与市场利率之间出现差异及差异的变动。对于浮动利率债券而言，其利率将根据参考利率定期调整，因此，浮动利率债券的利率在一定程度上与市场利率保持一致，所以浮动利率债券的价格随市场利率变化而变动的幅度较小。一般而言，浮动利率债券的息票率等于参照利率与相应利差报价（Quoted Margin）之和。

但是浮动利率债券也会面临利率风险，也就是其价格也会受到利率波动的影响，这是因为：

（1）利率调整有时滞（Time Lag）。浮动利率债券的利率一般每半年或一个季度才调整一次，而市场利率每天都在变化，导致浮动利率债券的实际利率与市场利率仍存在一定的差距，因此，浮动利率债券价格仍随市场利率变化而波动。两次利率调整之间的时间间隔越长，浮动利率债券的利率风险就越高；反之，利率风险越低。

（2）利差报价一般是固定的，而不是随市场环境变化而变化的，无法反映可能会出现的意外状况。假如浮动利率债券的息票率等于180天LIBOR加上2%的利差，那么其中的2%往往是固定的。当公司信用等级发生变化时，并不能在息票率公式中反映出来，所以债券价格就会发生变化，以反映发行人信用等级的变化。

浮动利率债券可能设定利率上限和下限，这使得债券利率不能与市场利率完全保持一致，从而增大了浮动利率债券的利率风险。一旦市场利率超过了上限，债券利率就会锁定在上限水平，此时，债券价格变化就和固定利率债券相同，即随着利率水平上升，债券价格下降，这种风险也被称为上限风险（Cap Risk）。

利率风险是固定收益证券最显著的风险之一，所以是固定收益证券投资中风险管理的主要研究对象。

二、收益率曲线风险（Yield Risk）

本质上，收益率曲线风险属于利率风险，但是如果前述的利率风险讨论的利率波动只针对收益率曲线的水平移动的话，那么特定的收益率曲线风险就针对收益率曲线的非平行移动对债券价格带来的影响。

市场利率变化，债券价格就会随之发生改变。按无套利定价原理，息票债券在定价时可以看成是一系列不同期限的零息债券的组合，息票债券的每一个现金流可以看成是一个单独的零息债券，因此息票债券的定价就转换成一系列零息债券的定价，这需要一条完整的收益率曲线作为定价的基础。

收益率曲线变化包括平行移动和非平行移动两种。平行移动意味着不同期限的利率有相同方向、相同数量的变化，非平行移动则有多种形式，收益率曲线可能变得更陡峭、更平缓或出现弯曲。如果收益率曲线只有平行移动，利率风险可以用久期和凸度来度量，如果收益率曲线出现的是非平行移动，利率风险的管理就需要其他方法如关键利率久期，要描绘出不同期限利率运动不一致时对债券价格的影响。

三、赎回风险（Call Risk）

赎回风险来源于债券赎回导致现金流的不确定性。由于含权债券赋予了投资者或发行人某种期权，这些期权使得债券未来的现金流产生了不确定性。它会给投资人带来三种不利的影响：首先，由于不知债券何时被赎回，所以此债券的未来现金流是不确定的；其次，由于发行人一般在利率很低时赎回债券，所以投资者会面临再投资风险，因为此时市场利率很低，投资成本必定较高；最后，和无期权债券相比，这种债券的价格上涨潜力比较小。

四、提前支付风险（Prepayment Risk）

类似的，赋予发行人在到期之前部分或全部偿付债务的权利，也可能会给投资者带来减值的风险，这种风险称为提前支付风险。它和赎回风险一样，会给投资者带来不利影响。

五、信用风险（Credit Risk）

信用风险指债券发行人不按照合约规定偿付利息或本金的可能性。在债券的各种风险中，信用风险是最主要的风险之一。

推延支付债务利息或本金，或部分隐藏或忽略应承担的债务偿付义务都属于信用风险范畴。当发行人信用风险增加时，债券评级机构将下调债券发行人的信用评级，并因此而引起债券价格下跌，必要收益率上升。在所有的债券种类中，除国债之外，其他所有债券都会或多或少地具有一定的信用风险。信用风险的形式包括：

（1）违约风险（Default Risk）。它是指债券发行人无法履行债券合约中规定的本息偿付义务的可能性。这分为两种情况：一是不能准时足额支付债券利息和本金；二是不能遵守其他规定（如资产负债率不能高于规定数值等）。当债券发行人违约时，投资者可以通过法律手段申请其破产，将其剩余资产用来清偿债务。但如果发行人资不抵债，投资者将遭受损失。

（2）信用利差风险（Credit Spread Risk）。除国债外，其他各种债券都具有一定的信用风险，因而其他种类的债券必须提供高于国债的收益率才能吸引投资者。为补偿信用风险而提供的这部分收益差额称为信用利差或信用风险溢价。用公式表示如下：

$$风险债券的收益率 = 无风险债券的收益率 + 信用风险溢价$$

当发行人的经营或财务情况或者市场环境发生变化时，信用风险增加导致信用利差提高，因而债券价格下跌。这种可能性即为信用利差风险。

（3）降级风险（Downgrade Risk）。它是指信用评级机构调低债券发行人信用等级，并引起债券价格下降的可能性。一般而言，债券收益水平与其信用等级相对应，且成正比例关系。因此，如果信用评级机构降低债券发行人的信用等级，投资者必然要求更高的收益率，此时，债券价格将下跌，从而使得债券持有人遭受一定的损失。

信用评级机构是债券市场必不可少的组成部分，因为大多数公司债券和市政债券的等级由一个或多个评级机构评定，但面值小的债券和某些行业债券（如银行）除外（这些债券被称为不评级债券）。目前世界上主要的评级机构有四家：达福和费尔帕斯公司（Duff and Phelps）、惠誉投资者服务公司（Fitch Investors Service）、穆迪公司（Moody's）、标准普尔公司（Standard and Poor's）。

债券评级需要对债券进行基本分析。评级机构通过对发行人及具体债券的分析来判定债券违约的可能性，并向市场提供它们的债券评级信息。评级信息如表4-2所示。

表4-2　　　　　　　　　　　　　评级信息

	达福和费尔帕斯	惠誉投资者服务	穆迪公司	标准普尔	定义
高级	AAA	AAA	Aaa	AAA	有很强的本金和利息支付能力，被称为"金边债券"。
	AA	AA	Aa	AA	有很强的本金和利息支付能力，但安全性略低。
中级	A	A	A	A	有很多诱人的投资特性。有足够的还本付息能力。但也有导致风险恶化的可能性。
	BBB	BBB	Baa	BBB	被认为有足够的能力支付本金和利息。但在经济不景气时，缺乏保护性措施，导致支付能力弱化。
投机级	BB	BB	Ba	BB	不论经济好坏都只有中等的支付本金和利息的能力。
	B	B	B	B	缺少有吸引力的投资特征。在长时期内支付本金和利息的安全系数很小。

表4-2(续)

	达福和 费尔帕斯	惠誉投 资者服务	穆迪 公司	标准 普尔	定义
违 约 级	CCC	CCC	Caa	CCC	低质量债券,随时有不履行义务或违约的危险。
	CC	CC	Ca	CC	高投机性债券,经常不能履行义务,或有其他严重缺陷。
	C	C			低等级债券,投资质量差。
	C			C	属收益债券等级,可能不能支付利息。
	DDD			D	不支付利息和本金的债券。这种债券完全是投机性的,只能依据在破产清算或重组时的价值来估算。
	DD				
	D				

六、再投资风险 (Fixed - income Securities)

再投资风险指将从固定收益证券获得的现金流再投资时面临的风险。在计算固定收益证券的到期收益率时,一般假设投资期间产生的现金流以不变的收益率进行再投资。但实际上,由于利率变动,再投资收益率可能与原来假定的收益率不同,从而影响整个投资的收益率,这种因为再投资收益率变动造成的风险称为再投资风险。当购买可赎回债券和可提前支付债券时,再投资风险会很大。因为债券赎回时,市场利率很低;而债券提前部分或全部支付时,必须将大量的期间现金流入进行再投资,此时利率下降就会降低收益。

再投资风险的大小取决于以下几个因素:

(1)在其他条件相同的情况下,息票利率越高,需进行再投资的利息越多,再投资收益低于预定收益的可能性越大,再投资风险也就越大。

(2)对可赎回债券而言,如果市场利率大幅下降,那么发行人在到期前很可能赎回债券,此时投资者不仅只能收到按赎回价格计算的现金流,而且会由于市场利率过低而面临很大的再投资风险。

(3)对于很多担保抵押债券而言,发行人往往会在到期前部分或全部偿还本金。这样,投资者会因此而承担较高的再投资风险。

(4)如果债券合约中包含有提前偿还条款,那么投资者也同样会因为提前收到本金而面临较高的再投资风险。

(5)可提前分期偿还债券相对于非分期偿还债券具有更高的再投资风险,这是因为二者的本息偿还方式不同:可提前分期偿还债券在债券到期前将定期支付利息,同时还必须偿还部分本金;而非分期偿还债券到期前只支付利息,不支付本金,到期时一次性归还本金。因此,债券到期前,可提前分期偿还债券的投资者可用于再投资的货币资金更多,其面临的再投资风险也就更高。

七、流动性风险 (Liquidity Risk)

流动性风险是指债券在不受损失的情况下能否及时变现的风险,即投资者不能按公平的价格及时卖出或者买进某种债券的可能性。流动性风险取决于二级债券市场的发达程度和债券本身的一些特点。

债券的流动性可以用买卖价差来衡量，买卖价差通常被认为是一种交易成本。如果买卖价差很小，说明债券的流动性好，例如财政债券；如果买卖价差较大，说明仅交易方向不同就必须承受较大的价格波动，则说明债券流动性差。

一般来说，长期资产的流动性风险较大，而短期资产的流动性风险较小；信用等级高的金融资产的流动性风险较小，而信用等级低的金融资产的流动性风险较大。流动性风险导致不能按照证券的真实价值进行交易，卖方被迫接受较低的价格，或者买方被迫支付较高的价格。另外，同一债券的流动性并不是始终不变的。例如，新发行债券更多地被投资者关注，因而流动性较强，风险较小；随着它进入流通市场的时间推移，市场关注度逐渐下降，它的买卖价差越来越大，流动性降低，风险上升。

流动性风险对于任何投资者而言都是极其重要的，即使他们打算持有证券至到期日，也有债券的流动性风险。因为在持有期间，投资者有必要根据市场情况的变化通过买卖调整一种证券或证券组合的头寸。有时加仓有时减仓，这会产生交易成本，而交易成本要受到流动性的影响。

注意：低流动性和高流动性风险的含义是一样的！

八、汇率风险（Exchange‑rate Risk）

若投资者持有债券的利息和本金以外国货币偿还或者以外国货币计算但是用本国货币偿还时，投资者就会面临收益的不确定性，称为汇率风险或者货币风险。

九、通货膨胀风险（Inflation Risk）

通货膨胀风险指因未预期到的通货膨胀率变动而造成的债券收益的实际购买力具有不确定性。债券持有期内，投资者对于商品和服务价格的通货膨胀率有一个预期，这个预期会影响投资者对于发行者每期固定金额利息支付的满意程度。如果投资者预期在投资债券的期限内，有3%的通货膨胀率，那么，投资者会要求到期收益率在弥补债券其他风险的基础上，再增加3%的补偿收益率。在投资期限内，实际的通货膨胀率可能会高于或者低于此预期通货膨胀率。如果实际通货膨胀率高于预期的通货膨胀率，那么投资者收到的利息和本金的实际购买力会小于预期值；反之，实际通货膨胀率低于预期的通货膨胀率，持有债券的实际收益会大于预期收益。这种没有预期到的通货膨胀率波动称为通货膨胀风险。

十、波动性风险（Volatility Risk）

波动性风险指因利率波动影响债券嵌入期权的价值，从而影响债券价格的风险。根据期权定价理论，期权的价值直接与标的资产价格的随机波动相关，资产价格的随机波动越大，期权价值也越大。

所谓含权债券是指债券合约中含有某种期权条款的债券。它包括可赎回债券、可提前偿还债券、可回售债券三种。这三种含权债券的价值等于不含权债券的价值加上或者减去相应的期权价值，即：含权债券的价值＝无含权债券价值＋期权的价值。债券的预期收益率波动性会影响其嵌入期权的价值，从而影响债券的价格。具体来说：

可赎回债券中所嵌入的赎回期权有利于发行人，而不利于投资者，因此，可赎回债券的价值为：

可赎回债券的价值＝不含权债券的价值－看涨期权的价值

因此，如果利率波动性增加，看涨期权的价值也将增加，可赎回债券的价值将下降；反之，如果利率波动性降低，看涨期权的价值也将下降，可赎回债券的价值将上升。

可回售债券中所嵌入的回售期权有利于投资者，因此，可回售债券的价值为：

可回售债券的价值＝不含权债券的价值＋看跌期权的价值

因此，如果利率波动性增加，看跌期权的价值也将增加，可回售债券的价值将上升；反之，如果利率波动性降低，看跌期权的价值也将下降，可回售债券的价值将下降。

十一、特定事件风险（Event Risk）

特定事件风险是指特定事件对公司财务状况和潜在投资价值产生的不确定性影响。特定事件风险包含了许多可以改变特定证券价值的风险因素，包括以下方面：

（1）自然灾害，如洪水、地震等，可能使债券发行者财务状况恶化，从而影响其偿债能力，进而影响公司发行的债券的价值。

（2）公司重组，如兼并、分拆、管理层收购等公司重组，可能影响作为债券抵押品的资产或公司的现金流情况。这可能导致公司债券信用等级下降，并可能影响行业中其他相似的公司。

（3）法规风险，即国家政府和监管机构的法律、规定等相关制度的变化可能影响公司的生产经营状况或直接影响债券价格。例如，如果取消了地方债券的利息所得税优惠政策，那么相关地方债券的税后现金流就会降低，其市值也会同时降低。

十二、主权风险（Sovereign Risk）

主权风险指政府对于其发行的政府债券的态度的变化，比如对外宣布暂停或永久停止支付债券利息和偿还本金等。它包括政府是否具有偿还的意愿和是否具有偿还的能力两种情况。

第二节 债券利率风险的衡量

一、全值法（The Full Valuation Approach）

全值法又称为情景分析法，是预测利率水平可能变动的全部状况对固定收益证券价格影响的一种风险衡量方法。

全值法首先假定利率水平可能发生变动的程度和范围，一般假设利率水平变动为 0、±25、±50、±100、±150、±200 个基点，然后利用债券的定价模型计算资产在每一个利率变动状况下的价值，分析价格变动与利率波动之间的关系。

【例】有 X、Y 两个不含期权债券。X 的息票率为 8%，每年支付一次，5 年到期。Y 的息票率为 5%，每年支付一次，15 年到期。

假定某投资组合包含上述两种债券，并且每种债券的数量都是 10 million（面值）。第一种情景是假定收益率曲线平行移动 +50bp，第二种情景是假定收益率曲线平行移动 +100bp。

用全值法计算的两种情景下的数据如表 4 - 3 所示：

表 4 - 3　　　　　　　　　　　　　　　　全值法计算

变化顺序	收益率	市场价格			组合价值（Δ%）
		X	Y	组合	
现值	0	10.842 47	8.178 42	19.020 89	
1	+50bp	10.623 35	7.793 22	18.416 57	-3.18
2	+100bp	10.410 02	7.432 16	17.842 18	-6.20

值得注意的是，对于 X、Y 两种债券来说，收益率增加 50bp 时，X 的价值下降 2.02%，而 Y 的价值下降 4.71%；收益率增加 100bp 时，X 的价值下降 3.99%，而 Y 的价值下降 9.12%。原因在于 Y 是长期债券，并且息票率较低，所以面临较高的利率风险。

全值法可以全面反映利率变动的每一种可能状况对资产价格的影响，刻画出一个完整的利率—价格函数关系，作为重要的投资分析参考依据。但是此分析方法受计算成本昂贵、分析困难等因素的制约，没有久期—凸度衡量方法应用得那样广泛。

二、久期—凸度法（The Duration/Convexity Approach）

久期—凸度法是利用债券价格对利率波动的敏感性估计债券价值的方法。

（一）久期

久期是衡量债券价格对利率波动敏感性的指标，也就是说，久期可以理解为利率变化 1% 时债券价格变化的幅度，它是债券价格变化率和收益率变动之间的比率，其计算公式为：

$$久期 = -\frac{债券价格变化百分比}{收益率波动} = -\frac{\Delta P/P}{\Delta y}$$

注意：由于债券价格的变化方向和收益率的变化方向相反，价格变化率和收益率变化的符号是相反的，因此在计算久期时，需要在债券价格变化率对收益率的变化前加一个负号，使得久期一般为正值。

【例】如果收益率从 5% 下降为 3% 时，某债券的价格从 100 上升到 104，求此债券的久期。

此债券的久期为：

$$D = \frac{(104 - 100)/100}{3\% - 5\%} = 2$$

如果已知债券的久期，可以根据利率的波动计算债券价格的变动率。

【例】某债券的久期为7.2。如果收益率从8.3%下降为7.9%，计算债券价格的变化率。

$$\Delta P/P = -\Delta y \times duration = -(7.9\% - 8.3\%) \times 7.2 = 2.88\%$$

也就是说随着收益率的下降，债券的价格上升了2.88%。

利用久期可以对债券进行利率波动后的重新估值。

【例】某债券当前的成交价为1 034.50，收益率为7.38%，久期为8.5。如果收益率上升为7.77%，计算债券的新价格。

收益率的改变为：

7.77% - 7.38% = 0.39%

那么，债券价格大约变化了：

-0.39% × 8.5 = -3.315%

既然收益率上升了，那么价格必然会下降，所以新价格为：

(1 - 0.033 15) × 1 034.50 = 1 000.21

其他条件不变的情况下，息票率越低、到期日越长、市场收益率越低，则久期越大。

债券组合的久期和单一债券的久期一样，表示收益率变动1%时债券组合价值的变化率。也就是说，债券组合的久期衡量整个组合的价值对于市场利率变动的敏感性。

与久期法相比，全值法更精确，因为它可以反映债券价格对利率任何波动的敏感性。而久期法严格来说只能估计收益率曲线平行移动的影响，但其优点是计算方便简单。

（二）债券的凸性（Convexity）

无期权债券即为通常意义上的债券，该种债券的价格和收益率成反向变动关系，但不是简单的直线关系，而是凸性关系。一般将无期权债券的价格—收益率关系称为正凸性。此外，也可将正凸性定义为：对于某一给定的利率变化，当市场收益率高时债券价格的敏感性低，而当市场收益率低时价格的敏感性高。从图4-4上看，正凸性是指价格—收益率曲线凸向原点。

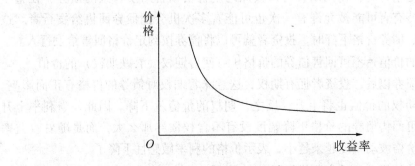

图4-4 债券价格—收益率曲线的正凸性

也就是说，债券价格随收益率上升而下降，但是下降的速度是不断变慢的。即收益率每提高1%，债券价格下降的幅度逐渐减小。正因为这样，这种正凸性有利于债券投资者，因为收益率下降1%（可以是任意幅度）后债券价格上升的幅度大于收益率上升1%后债券价格下降的幅度。债券价格的凸性使得用久期衡量利率风险不够精准，因为价格的变动率在利率上升和下降两个方向上是不对称的，利用久期对债券定价时却认为二者相同。

含权债券的价格由两部分组成：一是无期权债券的价值，二是嵌入期权的价值。期权的价值会影响债券的久期，也就是说含权债券与不含权债券相比，其价格随利率波动的变动率不同，期权会降低债券价格对利率波动的敏感性。

可赎回债券的价格—收益率曲线不是一个标准的凸性形状，这是因为当利率或者到期收益率下降到一定程度时，债券价格上升的速度变慢，且受到赎回价的限制，价格不能突破赎回价，否则债券会被发行人赎回，此时价格—收益率曲线会背离原点，即呈现负凸性。如果债券被赎回，那么可赎回债券的持有人只能得到固定的收益，所以债券的价格并不反映标准债券定价下较低的市场利率，而是主要反映赎回这一性质。在任何给定收益率下，赎回期权的价值可通过计算无期权债券价格和可赎回债券价格之间的差额来确定。

由于可提前偿还债券所含的期权（看涨期权）本质上与可赎回债券所含的期权是一样的，所以可提前偿还债券的价格—收益率曲线性质与可赎回债券的价格—收益率曲线近似，如图4-5所示。

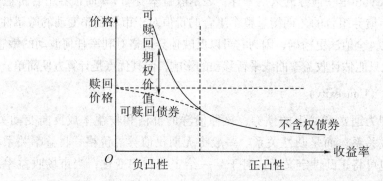

图4-5 可赎回债券的价格—收益率曲线的凸性

可回售债券是指持有者在到期日可以按照约定价格回售给发行人的债券。在整个债券存续期间，持有者可能被允许有一次也可能有多次机会把债券回售给发行者。这样，当利率上升、债券价格下降时，投资者就可以将债券按约定价格回售给发行人。

可回售债券的价值 = 不可回售债券的价格 + 可回售期权（看跌期权）的价值

购买可回售债券以后，投资者拥有期权，这意味着期权对债券的价格有正面影响。当利率上升时，期权的价值也将上升；反之，期权的价值就下降。因此，当利率上升到一定程度时，可回售债券的价格下降幅度没有不含权债券那么大，而是随着收益率不断提高，债券价格波动幅度越来越小，表示价格的利率敏感性下降了。

可回售债券的价格—收益率曲线如图4-6所示：

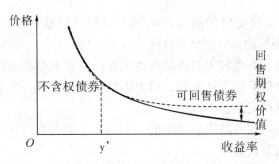

图4-6　可回售债券的价格—收益率曲线

（三）有效久期（Effective Duration）

久期是衡量债券价格对利率变化敏感性的指标。有效久期是指收益率上升和下降相同幅度时，债券价格的平均变化率。有效久期考虑到了债券价格—收益率曲线的凸度，对价格在两个方向的变动进行了平均，其计算公式为：

$$有效久期 = \frac{V_- - V_+}{2V_0(\Delta y)}$$

式中，Δy 表示收益率变化大小；V_- 表示收益率下降 Δy 时的债券价值；V_+ 表示收益率上升 Δy 时的债券价值；V_0 表示债券的初始价值。

同样，知道了有效久期和市场收益率的变动情况，我们也可以计算出债券价格改变的近似值。其计算公式为：

$$债券价格变化的近似值 = -ED \times \Delta y$$

【例】假设 20 年到期、含 9% 息票率的不含权债券的价格为 134.672 2，到期收益率为 6%。当我们把收益率上下调整 20 个基点时，这时候新的债券价格会是多少？

如果收益率下降 20 个基点，也就是说收益率从 6% 变化到 5.8%，价格会增加到 137.588 8。如果收益率增加 20 个基点，债券价格会下降到 131.843 9。因此，

$V_- = 137.588\ 8$

$V_+ = 131.843\ 9$

$V_0 = 134.672\ 2$

$\Delta y = 0.002$

所以 $ED = \dfrac{137.588\ 8 - 131.843\ 9}{2 \times 134.672\ 2 \times 0.002} = 10.66$

10.66 的久期意味着如果利率变化 100 个基点，那么价格的变化率是 10.66%。

（四）麦考利久期（Macaulay Duration）和修正久期（Modified Duration）

麦考利久期（Macaulay Duration）是最早的久期计算方法，但与有效久期的定义不同，麦考利久期定义为债券每次支付现金时间的加权平均值，其中权重为每次支付的现金流现值与现金流现值总和（即债券价值）的比率。其公式为：

$$D = \sum_{t=1}^{r} t \times w_t$$

$$w_t = [CF_t / (1+y)^t] / Price$$

公式中，t 为现金流支付的时间，w_t 为 t 时刻的权重，CF_t 为 t 时刻的现金流，$Price$ 是所有现金流现值的和，即债券价格。

从这个意义上说，麦考利久期衡量的是债券投资者取得回报的平均时间。零息债券的麦考利久期就是债券的到期期限，因为零息债券只支付一次现金。息票债券的麦考利久期低于它的到期期限。

修正久期是从麦考利久期发展而来的，它对麦考利久期进行了改进，将到期收益率也考虑了进去。其公式为：

$$修正久期 = 麦考利久期 / (1 + y/m)$$

公式中，y 为年收益率，m 为年复利频率。

麦考利久期和修正久期都是假设债券未来的现金流保持不变计算出来的，这种计算方法没有考虑债券的含权问题，即利率的变动会影响债券未来的现金流，因此两公式不适合于衡量含权债券的利率风险。有效久期是根据价格对收益率的变化计算出来的，而债券的定价模型考虑了债券含权问题，因此有效久期是衡量含权债券利率风险的最佳指标。但是如果是衡量不含权债券的利率风险，有效久期、麦考利久期、修正久期都是一样有效的。

从有效久期、麦考利久期、修正久期的概念可以看出，可以从三个方面定义和解释久期：

（1）久期是收益率变化1%时债券价格的变动率。这是对久期最直观、最容易理解的解释。这是有效久期体现出来的含义。

（2）久期是对时间的一种衡量，即久期是每次支付现金所用时间的加权平均值。这是麦考利久期体现出来的含义。

（3）久期是在当前到期收益率条件下价格—收益率曲线的切线斜率。这是修正久期体现出来的含义。

三、组合久期（Portfolio Duration）

债券投资组合的久期可以通过组合中各债券久期的加权平均值来计算，其中，权重是每种债券价值占组合总价值的比率，其计算公式为：

$$D_p = w_1 D_1 + w_2 D_2 + \cdots + w_n D_n$$

式中，w_i 为债券 i 在组合中的权重，D_i 为债券 i 的久期，n 为组合中的债券数量。

【例】某债券组合仅包含两只债券 A、B。A 的市场价值是 6 000，B 的市场价值是 4 000。A 的久期是 8.5，B 的久期是 4.0，计算该组合的久期。

显然，组合的市场价值为 6 000 + 4 000 = 10 000

所以，组合的久期为：

$$D_P = \frac{6\,000}{10\,000} \times 8.5 + \frac{4\,000}{10\,000} \times 4.0 = 6.7$$

如果利率下降 100 个基点，则该组合的价值会上升 6.7%。

只有收益率曲线是平行移动时，才可以利用久期或组合久期来衡量债券或债券组合的价格对收益率变动的敏感性。但在实际生活中，收益率曲线会出现非平行移动，这就限制了久期的应用。这时需要更深入地使用关键利率久期（Key Rate Duration）来讨论单个债券或组合的利率风险。

四、债券凸性的衡量

债券的价格—收益率曲线是凸性的曲线，凸度就是衡量曲线弯曲程度的指标。价格—收益率曲线越弯曲，则凸度越大。直线的凸度为零。之所以要关注凸度，就是因为价格—收益率曲线越弯曲，用久期来衡量债券价格变动的偏差就越大。

假设某国债的息票率为8%，20年到期，面值为1 000。当前的成交价为908，所以到期收益率为9%，有效久期为9.42。其价格—收益率曲线如图4-7所示，直线代表用久期对债券新价格的估算。

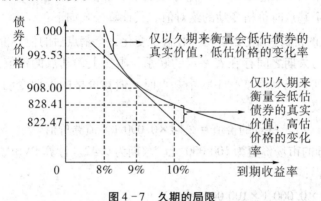

图4-7　久期的局限

从图4-7中可以看到，当收益率下降1%时，债券的真实价值是1 000，而用9.42这个久期计算出来的价值却是993.53，低估了债券的真实价值。当收益率上升1%时，债券的真实价值是822.47，而用9.42这个久期计算出来的价值却是828.41，高估了债券的真实价值。

只要债券的价格—收益率曲线不是直线，用久期来估计债券价格变化就会产生偏差。而且随着价格—收益率曲线的弯曲程度逐步增加，这种偏差会越来越大。此外，收益率的变化（将上文中的1%换成2%或3%等）越大，偏差也就越大。

通过合并久期和凸度，我们能够对债券的价格变化进行更为准确的估计。其计算公式如下：

价格变化百分比 = 久期效应 + 凸度效应

$$= [(-久期 \times 收益率变化) + (凸度 \times 收益率变化^2)]$$

【例】某国债的息票率为8%，当前的成交价为908，到期收益率为9%。给定9.42的久期与68.33的凸度。计算收益率增加1%和减少1%时债券价格的变化情况。

收益率下降1%：久期效应为 $-9.42 \times (-0.01) = 0.094\ 2$

凸度效应为 $68.33 \times (-0.01)^2 \times 100 = 0.683\%$

价格总变动为 $9.42\% + 0.683\% = 10.103\%$

收益率上升1%：久期效应为 $-9.42 \times (0.01) = -9.42\%$

$$凸度效应为 68.33 \times 0.01^2 \times 100 = 0.683\%$$

$$价格总变动为 -9.42\% + 0.683\% = -8.737\%$$

若价格—收益率曲线是正凸性的，则凸度的作用始终是正值，若价格—收益率曲线是负凸性的，则凸度的作用始终是负值。

修正凸度（Modified Convexity）假设未来现金流是确定的，不会由于债券嵌入期权而影响现金流；而有效凸度考虑到了期权对未来现金流的影响。修正凸度和有效凸度的区分跟修正久期和有效久期的区分一样。

五、基点价值（PVBP）

衡量债券价格利率敏感性的另一种方法是基点价值或者说 1 个基点的价值，它表示收益率变动 1 个基点时价格变动的绝对值。其计算公式如下：

$$基点的价值 = |初始价格 - 收益率变化一个基点后的债券价格|$$

基点的价值与久期之间存在着一定的联系。事实上，基点的价值是久期的一个特殊情况，因为久期是当利率变化 100 个基点时，债券价格的近似变动百分比。所以上述公式也可以写成：

$$基点的价值 = 久期 \times 0.0001 \times 债券价值$$

【例】某债券的市场价值为 100 000 元，久期为 9.42。计算 PVBP。

根据公式可得：

$$PVBP = 9.42 \times 0.0001 \times 100\,000 = 94.2$$

即利率每变动 1 个基点，债券的价值反方向变化 94.2 元。

本章小结

● 利率风险指当前市场利率变化对债券价格波动的影响。当债券的收益率高于（低于）票面利率时，债券价值低于（高于）面值。利率风险与期限正相关，与息票率、嵌入期权、市场收益率负相关。

● 可赎回债券的价值 = 不含权债券的价值 − 看涨期权的价值

● 久期是衡量债券价格对利率变动敏感性的指标，也就是说，久期可以理解为利率变化 1% 时债券价格变化的幅度，它是债券价格变化率和收益率变动之间的比率。债券价格的变化率 = − 久期 × 利率变化。

● 收益率曲线风险。这种风险来源于收益率曲线形状的非平衡变动。当收益率曲线非平行移动时，久期不能准确解释利率对价格的影响。

● 赎回和提前支付风险。赎回风险来源于债券赎回导致现金流变动的不确定性。赋予发行人在到期之前部分或全部偿付债务的权利，也可能会给投资者带来减值的风险，这种风险称为提前支付风险。

● 再投资风险指将从固定收益证券获得的现金流再投资时面临的风险。息票率越高、嵌入期权的存在，都会使债券的再投资风险提高。

● 信用风险指其发行人不按照合约规定偿付利息或本金的可能性。在债券的各种风险中，信用风险是最主要的风险之一，包括违约风险、降级风险、信用价差风险。

● 流动性风险是指债券在不受损失的情况下能否及时变现的风险。缺乏流动性会对投资组合的定价和业绩衡量产生负面效应，即使投资者持有债券到期。

● 汇率风险。若投资者持有债券的利息和本金以外国货币偿还或者以外国货币计算但是用本国货币偿还时，投资者就会面临一定的汇率变化风险，即汇率风险或者称为货币风险。如果某外币贬值，那么以该外币支付的债券的价值就会下降。

● 通货膨胀风险指因未预期到的通货膨胀率变动而造成的债券实际购买力变动的不确定性。如果未预期到的通货膨胀率上升，现金流的购买力就会下降，债券价值就会降低。

● 波动性风险指因价格波动影响债券嵌入期权的价值，从而影响债券价格的风险。如果利率波动性增加，看涨期权的价值将增加，可赎回债券的价值将下降；反之，如果利率波动性降低，看涨期权的价值将下降，可赎回债券的价值将上升。

● 如果利率波动性增加，看跌期权的价值也将增加，可回售债券的价值将上升；反之，如果利率波动性降低，看跌期权的价值也将下降，可回售债券的价值将下降。

● 特定事件风险是指特定事件对公司财务状况和潜在投资价值产生的不确定性影响。

● 主权风险指政府对于其发行的政府债券的态度的变化，比如对外宣布暂停或永久停止支付债券利息和偿还本金等。

● 全值法又称为情景分析法，是预测利率水平可能变动的全部状况对固定收益证券价格影响的一种风险衡量方法。

● 用久期和凸度来衡量债券组合的价值变化较全值法更简单一些，但这种方法只有在收益率曲线平行移动的条件下才正确。

● 相对于不含权债券，可赎回债券和可提前偿还债券在收益率较低时面临的利率风险较低；而可回售债券在收益率较高时面临的利率风险较低。

● 不含权债券的价格—收益率曲线是弯曲的，并且是正凸性的。

● 可赎回债券在低利率时是负凸性的，在高利率时是正凸性的。

● 有效久期 $= \dfrac{V_- - V_+}{2V_0\,(\Delta y)}$。

● 债券价格的近似变动率 $= -D \times \Delta y$。

● 麦考利久期和修正久期都是以假定债券未来的现金流保持不变而计算出来的，这种计算方法没有考虑债券含权的情况。

● 有效久期是根据债券价值对收益率的变化计算出来的，而债券的定价模型考虑了债券含权问题，因此有效久期是衡量含权债券利率风险的最佳指标。

● 久期是收益率变化1%时价格变化的近似值，这是对久期最直观、最容易理解的解释，这也是有效久期体现出来的含义。

● 组合的久期 $D_p = w_1 D_1 + w_2 D_2 + \cdots + w_n D_n$。只有收益率曲线平行移动时，才可以利用组合久期来衡量债券组合的价格对收益率的敏感性。但在实际生活中，收益率曲线一般不是平行移动的，这就限制了组合久期的应用。

● 凸度是衡量价格—收益率曲线弯曲程度的指标。价格—收益率曲线越弯曲，则凸度越大。价格—收益率曲线越弯曲，用久期来衡量债券价格变动的偏差就越大。

● 价格变化率 = 久期效应 + 凸度效应

$$= [(-久期 \times 收益率变化) + (凸度 \times 收益率变化^2)]$$

● 衡量债券价格波动性的另一种方法是基点价值或者说1个基点的价值，它表示收益率变动1个基点时价格变动的绝对值。

练习题

1. 债券的期限越长，其利率风险（　　）。

    A. 越大　　　　　B. 越小　　　　　C. 与期限无关　　　D. 无法确定

2. 投资人不能迅速地或以合理的价格出售公司债券，所面临的风险为（　　）。

    A. 购买力风险　　B. 流动性风险　　C. 违约风险　　　D. 期限性风险

3. 投资于国库券时可以不必考虑的风险是（　　）。

    A. 违约风险　　　B. 利率风险　　　C. 购买力风险　　D. 期限风险

4. 当市场利率大于债券票面利率时，一般应采用的发行方式为（　　）。

    A. 溢价发行　　　B. 折价发行　　　C. 面值发行　　　D. 市价发行

5. 在投资人想出售有价证券以获取现金时，证券不能立即出售的风险被称为（　　）。

    A. 违约风险　　　B. 购买力风险　　C. 变现力风险　　D. 再投资风险

6. 下列投资中，风险最小的是（　　）。

    A. 购买政府债券　　　　　　　　B. 购买企业债券

    C. 购买股票　　　　　　　　　　D. 投资开发项目

7. 下面的风险衡量方法中，最适合于对可赎回债券的风险进行衡量的是（　　）。

    A. 麦考利久期　　B. 有效久期　　　C. 修正久期　　　D. 凸度

8. 某国债的息票率为10%，当前的成交价为1 000元，到期收益率为11%。给定9.46的久期与68.35的凸度。计算收益率增加2%和减少2%时债券价格的变化情况。

9. 假设10年到期、10%息票率的不含权债券，到期收益率为6%。如果收益率上下波动10个基点，新的债券价格会是多少？

10. 债的市场价值为300 000元，久期为10。计算PVBP。

第五章　通胀指数化债券

本章学习目标：

　　本章介绍了根据某种有效反映通货膨胀变动的指标定期进行现金流支付调整的债券品种——通胀指数化债券。主要掌握通胀指数化债券的发展、主要功能及其存在的不足；通胀指数化债券设计中需要注意的问题，以及这种债券的现金流结构，并会计算交割价格现金流。

第一节　通胀指数化债券的特征

一、什么是通胀指数化债券

　　通胀指数化债券（Inflation Linked Bonds，ILB）是指债券的本金或利息根据某种有效反映通货膨胀变动的指标［如消费者物价指数（Consumer Price Index，CPI）、零售物价指数（Retail Price Index，RPI）或国内生产总值除数（GDP Deflator）］定期进行调整的浮动债券品种。目前各国中央银行或财政部推出了不同期限的通胀指数债券，其中美国的反通胀国债（Treasury Inflation Protected Securities，TIPS）和英国的通胀联系债券（Inflation Linked Gilts，ILG）最受投资者青睐。截至2009年底，全球通胀指数化债券总市值超过1.4万亿美元，在债券市场中的地位日益重要。

二、通胀指数化债券的发展历程

　　目前世界上已知最早的通胀指数化债券是1780年美国独立战争时期由马萨诸塞州发行的，当时主要为了对付战时高通胀以及士兵薪水购买力不断下降而导致的不满情绪而面向士兵发行，作为对其服务延期的补偿，因而被称为贬值票据或士兵贬值票据。虽然当时这种债券的发明是成功的，但是随着高通胀的消除，指数化债券也逐步被取消，直到20世纪这种债券才重新兴起。

　　通胀指数化债券真正获得大的发展是在第二次世界大战后，由于经济发展而引发的高通胀，许多国家陆续推出通胀指数化债券，不仅包括发达国家，还有不少发展中国家也发行了通胀指数化债券。第二次世界大战结束后已有15个国家发行了通胀指数债券。表5-1列出了部分国家通胀指数化债券初始发行及通胀率的情况。正如表5-1中所指出的，通胀指数化债券并不仅仅在正经历着失控的通货膨胀的国家发行，在成功地控制了通货膨胀的国家也经常发行通胀指数化债券。例如，爱尔兰在1949—1954

年这段时期内，通货膨胀率每年平均超过 15%，然而在引入了通胀指数化债券之后的 1955 年，爱尔兰的通货膨胀率降为零。

表 5－1　第二次世界大战结束后部分国家通胀指数化债券初始发行及通胀率的情况

年份	国家	通胀指数	引入前一年的通胀率（％）
1945	芬兰	WPI①	6.48
1952	瑞典	CPI	2.0
1955	冰岛	CPI	0②
1966	智利	CPI	22.2
1972	阿根廷	WPI	34.8
1981	英国	CPI	14.0
1989	墨西哥	CPI	114.8
1994	瑞典	CPI	4.4
1997	美国	CPI	3.0
1999	法国	CPI	1.3

资料来源：国家财务统计，国际货币基金组织（消费者价格）。

目前全球范围内最大和最为成熟的通胀指数化公债市场是美国和英国。过去十年间，美国 TIPS 市场存量以年均 10% 的速度增长，截至 2008 年年末，TIPS 存量约占美国当年 GDP 的 3.5%；1982 年以来英国通胀指数化债券以 30% 的高速增长，1990—1997 年增速略有放缓，2004 年至今继续快速增长，2008 年英国通胀指数化公债存量约占当年 GDP 的 10%。

三、通胀指数化债券的基本特点

传统的普通债券是一种名义债券（Nominal Bond），它提供的现金流收入是名义现金流，即受通货膨胀影响、购买力不稳定的收益。而通胀指数化债券则是实际债券（Real Bond），它许诺给其持有者固定的实际收益，不受通货膨胀率意外变化的影响。传统名义债券在到期日偿还投资者本金以及周期性支付约定的息票利息。因为未来的实际通货膨胀率是未知的，所以名义债券的实际收益是不确定的，投资者要面对通货膨胀风险。通胀指数化债券付给投资者的本金和息票都要根据通货膨胀率做相应的调整，这样投资者收益的实际购买力得到保护而不被通货膨胀侵蚀，所以投资者的实际收益是稳定的。

一般地，如果持有到期，在购买时点通胀指数债券的实际收益率（不考虑税收因素）是确定的，而名义收益率是不确定的。对于普通债券正好相反，在购买时点，名义收益率是确定的，而实际收益率是不确定的。当然，这种比较只是对于零息债券来说是严格的，因为对于附息债券来说，还存在着最后到期日来临之前对息票的再投资

---

① WPI：批发物价指数（Wholesale Price Index）。

② 《冰岛统计摘要》150 页的表 12－5 显示，冰岛的消费者价格在 1949—1954 年间上升了 102.7%。

风险。

我们可以通过简单的例子把名义债券和通胀指数化债券进行比较。假设现在的名义收益率是 8%，其中实际收益率为 5%，另外 3% 为预期通货膨胀率。具有相同期限的名义债券和通胀指数化债券，当前收益率都是 8%。但是持有到期时，如果通货膨胀率高于预期，达到 5%，那么通胀指数化债券的实际收益率依旧是 5%，而名义债券的实际收益率只有 3%。相反，如果通货膨胀率只有 1%，普通债券的实际收益率就达到 7%，而通胀指数化债券的实际收益率保持 5% 不变。如果实际通货膨胀率上升到一定程度，如达到 9%，普通债券甚至会出现实际亏损，意味着投资者给借款者相当于免费使用现金的权利。从以上的简单分析可以看出，通胀指数化债券最重要的特点是保证确定的实际收益。

虽然通胀指数化债券的设计目的是保证投资者确定的实际收益，但是由于指数的选择、指数的时间延迟和税收制度的原因，确定的实际收益也会受到影响。即使存在着设计上的若干问题，通胀指数化债券还是比普通债券提供了更完善的通货膨胀保护。当通货膨胀超过预期时，普通债券持有者就会蒙受损失。当高通胀且剧烈波动时，对投资者的打击是灾难性的。即使低通胀的情形，也会给长期投资者带来很大的损失。所以通胀指数化债券对要求稳定、可预测收益的投资者是非常有吸引力的。

四、通胀指数化债券的功能及不足

通胀指数化债券能够保护投资者的收益免受通胀的侵蚀、促进投资者的资产组合管理多样化，降低发行人的成本、促进国债顺利发行，提供反通胀政策的激励，为货币政策决策者提供关于实际利率和通胀预期的信息。

（1）对于投资者来说，通胀指数化债券在保护投资者的收益免受通胀的侵蚀、投资者的资产组合管理多元化方面具有很好的作用。尤其是对于风险厌恶倾向的投资者来说，通胀指数化债券提供了一种更为安全的投资品种。对于可以不承担当期收入税收实质债务的投资者如退休金基金、养老金基金来说，通胀指数化债券更有吸引力。另外，对于大的机构投资者如养老基金，他们是希望得到确定现金流的投资者，通胀指数化债券有利于其资产组合管理，这部分投资者持有大量的长期实际负债，通过持有像通胀指数化债券这样的实际资产可以达到资产负债的平衡。

（2）对于发行债券的财政部来说也有降低发行成本、促进国债顺利发行等优点。由于普通债券的本金和利息会受到通胀的侵蚀，债券投资者一般会要求通胀风险溢价，即要求比无通胀风险债券更高的利率，而通胀指数化债券由于基本消除了通胀风险，从而财政部在发行时避免了支付传统债券投资者所要求的通胀风险溢价从而可以降低发行成本。2007 年我国发行可流通记账式债券 21 849.48 亿元。假设其中有 5% 是通过通胀指数化长期债券方式发行的，若按照通胀风险溢价 0.5% 计算，发行人每年将节省 5.46 亿元的利息支出。国外的研究也表明发行通胀指数债券可降低发行成本，弗瑞思（Foresi，1997）通过对英国普通名义债券和通胀指数化债券溢价所做的比较表明，对于 10 年期债券来说，发行通胀指数化债券比发行普通债券可以节约 250 个基点的成本，对于 20 年期债券来说，可以节约 300 个基点的成本。此外，通胀指数化债券可以减少实际发行成本的波动。在通胀指数化债券下，实际的本金和利息支付是确定的，而普通债券的本金和利息支付要看通胀率的高低，如果通胀高于预期水平则财政部就可以节省实际成本的支付；如果通胀低于预期水平，则财政部实际上多支付了发债成本。由于通胀指数化债券是债券品种的创新，能够满足部分投资者的避险或资产组合的需求，从而可以促进国债的顺利发行。

（3）通过指数化债券的发行，政府也为自身提供了反通胀政策的激励。这种激励可以通过迫使政府只能发行短期债券，因为长期负债会使政府的融资成本相对较高，这迫使政府不得不频繁地再融资。这样的讨论背后的观点是：发行短期名义债券（这需要频繁地再融资）或发行通胀指数化债券将降低政府发动通胀政策的动机。但是应该能够看到，在这两种方法中，比较一次性发行指数化长期债券和多次发行短期债券（即频繁再融资）的成本来看，通胀指数化债券发行是一种低成本并有效的方法。任何通胀调整仅增加了到期本金的支付额，因此是一种强制储蓄，而不是现金流出。所以，指数化债券的发行抑制了政府发行名义长期债券带来的道德风险问题，同时又减少了发行短期债券带来的频繁筹资的成本。

（4）普通债券和通胀指数化债券都是货币政策决策者获取关于实际利率和通胀预期有用信息的一个较容易的、十分有用的工具。由于普通长期国债的利率由实际利率、未来通胀预期和通胀风险溢价三部分组成，如果通胀指数化债券所允诺的实际收益和普通债券的实际收益相同，则普通债券的名义收益与通胀指数化债券的实际收益之差就大致等于通胀预期与通胀风险溢价之和。因此，如果假设通胀风险溢价不变，而普通债券的名义收益上升，同时通胀指数化债券的实际收益不变，则可以认为通胀预期上升；如果普通债券的收益与通胀指数化债券的收益上升幅度一致，则可以认为实际利率上升而通胀预期不变。此外，通过观察不同期限的普通债券与通胀指数化债券，我们可以获取不同水平上的实际利率及市场的通胀预期的信息。

当然，通胀指数化债券也存在一些不足，虽然这并不会对通胀指数化债券市场的发展构成大的影响。一是通胀指数化债券只是对于那部分购买债券并且持有到期的特定的投资者比较有吸引力，因而在一些国家其市场规模比较小。由于是针对部分投资者来设计的债券，这可能导致市场分割从而债券市场的流动性下降，如果国债的流动性下降，则投资者会索要流动性溢价从而增加财政部的发行成本。二是所依据的通胀指数具有滞后性。由于物价指数的统计滞后，美国和加拿大的通胀指数化债券所盯住的物价指数一般有 3 个月的滞后期，而英国政府通胀指数化债券的指数滞后期为 8 个月。因此，通胀指数化债券的投资者也不能完全免除通胀风险。比如，美国的通胀指数化债券是半年付息，4 月 1 日发行的债券在 10 月 1 日付息所依据的消费者物价指数是 1～6 月份的，而不是 6～10 月份的消费者物价指数。三是通胀指数化债券和普通债券一样每半年的利息收入要纳税。虽然本金的增加部分要在债券到期或者债券出售时才能拿到，但是投资者要在本金调整时就提前缴纳调整额度的税收（如美国），对通胀调整部分的收入纳税使得通胀指数化债券的税后收益不能完全免于通货膨胀。

第二节 通胀指数化债券的设计

通胀指数化债券可以采用很多种形式，我们将讨论设计中的一些重要因素：基准指数的选取、指数化的滞后、到期期限的结构、可剥离性、税收待遇以及现金流结构等。

一、基准指数的选取

通胀指数化债券设计的基本问题是基准指数的选取。如表 5 - 1 所示，不同的国家使用了不同的基准指数。很多指数可以作为候选基准指数：消费者物价指数、零售物价指数、工资指数、与工业生产成本有关的指数以及有关家庭其他重要支出的指数。在选取基准指数时有几点需要考虑：

固定收益市场的参与者会寻求与他们的资产负债相匹配的投资工具，所以指数选择的主要依据是，指数是否能满足双方规避风险的需要。在实践中，借方和贷方的需求很难被同时满足，即使在贷方或借方中不同的利益集团也有着不同的需求。政府发行者因为要匹配政府的收入和开支，所以希望使用广泛基础的价格指数，如国内生产总值除数。其他的发行者则希望使用特定的价格指数。例如，1950 年法国和奥地利电力公司发行了与电力价格相关的债券，息票随着他们的收入波动。不同的指数来自于不同的一揽子商品价格的加权平均，所以每种指数都是对通胀的一个侧面的度量，对于不同群体，不同的指数更加有利。例如，对于政府，最好的指数是国内生产总值，因为财政部的收入和国家收入相关度最强。如果通胀指数化债券的主要目的是保护财政部不受通货膨胀的影响，那么就应当选用国内生产总值除数作为指数。但是国内生产总值除数并不是对消费者面对的通胀的最好衡量，所以对投资者的益处将受到影响。如果要保护投资者免受通货膨胀的影响，消费者物价指数就是最好的指数选择。

指数的编制和发布机构要独立于通胀指数化债券的发行者，这是通胀指数化债券被潜在投资者视作可靠投资手段的前提。如果政府作为发行机构，而它的分支机构公布指数，指数的制定和披露机构就需要和政府通胀指数化债券发行机构独立，否则就有理由怀疑政府为节约成本而在指数的编制过程中有失公允。在美国，消费者物价指数是由归属劳动部的劳工统计局（Bureau of Labor Statistics）编制和发布的。劳工统计局与美国财政部的相互独立保证了消费者物价指数的独立性。

为使通胀指数化债券市场发挥有效性，在第一时间广泛公布最新的指数也是至关重要的。如果最新的指数数据被拖延宣布或提前泄漏，那么通胀指数化债券的价格只会推迟反映新的信息，或是率先得到信息的投资者可以利用其不当获利。通胀指数化债券市场将通货膨胀数据和债券价格结合起来是相当有效的，胡伯曼（Huberman）和施韦特（Schwert）（1985）的研究提供了很多证据。研究证明，在以色列的通胀指数化债券市场上，债券价格反映了 85% 的有关通胀的新信息，另外 15% 的信息在相关消费者物价指数数据公布的当天也在债券价格中体现出来。

物价指数定期发布也需要制度化。通胀指数化债券的发行与交易定价受所采取的物价指数的定期准时发布的影响，发布的稳定性是保证通胀指数化债券吸引力的前提。物价指数的编制机构或发布机构必须公布发布渠道、发布日期，不能延迟。特别是在物价波动较大的时期，很小的物价指数公布的延迟，都会造成投资者无法弥补的损失。稳定性还要求物价指数不被轻易地反复修改，指数稳定的重要性在美国债券市场表现得尤其明显。

不同国家会根据各自具体的情况选择基准指数。美国消费者物价指数是反映美国所有城市消费者非季节调整的消费者价格指数，由劳工统计局每月发布一次。它度量的是包括食品、服装、住房、交通、燃料、医疗服务和药品等特定消费品集合的价格变化。它们的权重由它们在城市居民消费中的重要性决定，并按照居民消费的变化定期更新。财政部选用 CPI－U 是因为债券市场上的大部分投资者都关注这个指数。英国政府债券市场上使用的是零售物价指数，巴西政府机构使用的是一般价格水平指数，法国政府机构使用的是关于电力、天然气、煤和铁路旅游价格的指数。

二、指数化的滞后

如果指数化债券非常好地盯住了基准指数，从而每一个瞬时收益率都反映了主要的通胀率，那么这样的债券将没有任何通胀风险。但现实中，指数化债券不可能表现得这么好。现有的技术不可能实现债券收益现金流的调整完全反映当期的通胀率。这是因为通胀率的统计和计算需要时间。因此，在测量通胀率和现金流指数化调整之间会有一个时滞。图 5－1 说明了时滞的本质。

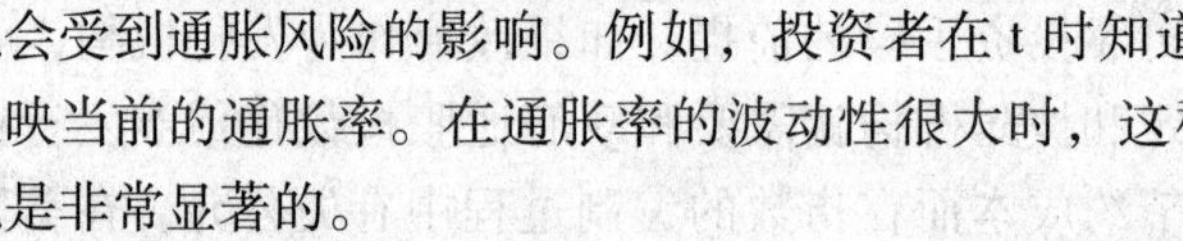

$$t-2 \qquad\qquad t \qquad\qquad t+1$$

时间（月）

t月的指数化是基于t−2月的通胀率。t月到t+1月每天的通胀率是由t−2到t−1期间的CPI线性插值得到的。

图 5－1　通胀指数化债券指数化的时滞

指数化债券也会受到通胀风险的影响。例如，投资者在 t 时知道 t＋1 期的本金支付的指数化不能反映当前的通胀率。在通胀率的波动性很大时，这种时滞对于短期指数化证券的影响也是非常显著的。

三、到期期限的结构

我们以美国财政部发行的 TIPS 为例，它的到期期限有 5 年期、10 年期和 30 年期不等。发行长期 TIPS 的决定发出来一个非常可靠的信号：财政部希望保持低通胀率。除了发行长期 TIPS 之外，美国财政部也允许对证券作剥离，这意味着投资者可以得到长期指数化的剥离产品。在加拿大国债市场上，指数化债券已经被剥离了。目前，指数化的剥离产品的期限从几个月到 25 年以上，这些提供实际收益率的与指数相联系的零息债券对于那些拥有指数化长期债务的投资机构来说可能非常有价值。发行广泛期限的 TIPS 对未来的现金流进行了保值（Back Loads），对于长期期限，这种作用更强。

四、可剥离性

同样以 TIPS 为例，美国财政部允许 TIPS 剥离（Strips）。由于我们前面讨论的指数化的特征，TIPS 的利息剥离证券不能互换的。然而，1999 年 3 月美国财政部宣布了一个决定：允许所有具有相同到期日的通胀指数化财政证券的利息剥离（Interest - only Strips）彼此互换。这可能会提高利息剥离市场的流动性，并增加对基础 TIPS 的需求。表 5 - 2 列示了利息剥离的到期日及证券识别码 CUSIP。

表 5 - 2 　　　　　　　　　　　　　　　TIPS 的利息剥离

利息剥离（到期日）	912833	利息剥离（到期日）	912833
1999 - 07 - 15	D23	2009 - 04 - 15	J27
2000 - 01 - 15	D31	2009 - 10 - 15	J35
2000 - 07 - 15	D49	2010 - 04 - 15	J43
2001 - 01 - 15	D56	2010 - 10 - 15	J50
2001 - 07 - 15	D64	2011 - 04 - 15	J68
2002 - 01 - 15	D72	2011 - 10 - 15	J76
2002 - 07 - 15	D80	2012 - 04 - 15	J84
2003 - 01 - 15	D98	2012 - 10 - 15	J92
2003 - 07 - 15	E22	2013 - 04 - 15	K25
2004 - 01 - 15	E30	2013 - 10 - 15	K33
2004 - 07 - 15	E48	2014 - 04 - 15	K41
2005 - 01 - 15	E55	2014 - 10 - 15	K58
2005 - 07 - 15	E63	2015 - 04 - 15	K66
2006 - 01 - 15	E71	2015 - 10 - 15	K74
2006 - 07 - 15	E89	2016 - 04 - 15	K82
2007 - 01 - 15	E97	2016 - 10 - 15	K90
2007 - 07 - 15	F21	2017 - 04 - 15	L24
2008 - 01 - 15	F39	2017 - 10 - 15	L32
2008 - 07 - 15	F47	2018 - 04 - 15	L40
2009 - 01 - 15	F54	2018 - 10 - 15	L57
1999 - 04 - 15	F62	2019 - 04 - 15	L65
1999 - 10 - 15	F70	2019 - 10 - 15	L73
2000 - 04 - 15	F88	2020 - 04 - 15	L81
2000 - 10 - 15	F96	2020 - 10 - 15	L99
2001 - 04 - 15	G20	2021 - 04 - 15	M23
2001 - 10 - 15	G38	2021 - 10 - 15	M31
2002 - 04 - 15	G46	2022 - 04 - 15	M49
2002 - 10 - 15	G53	2022 - 10 - 15	M56

表5-2(续)

利息剥离（到期日）	912833	利息剥离（到期日）	912833
2003 - 04 - 15	G61	2023 - 04 - 15	M64
2003 - 10 - 15	G79	2023 - 10 - 15	M72
2004 - 04 - 15	G87	2024 - 04 - 15	M80
2004 - 10 - 15	G95	2024 - 10 - 15	M98
2005 - 04 - 15	H29	2025 - 04 - 15	N22
2005 - 10 - 15	H37	2025 - 10 - 15	N30
2006 - 04 - 15	H45	2026 - 04 - 15	N48
2006 - 10 - 15	H52	2026 - 10 - 15	N55
2007 - 04 - 15	H60	2027 - 04 - 15	N63
2007 - 10 - 15	H78	2027 - 10 - 15	N71
2008 - 04 - 15	H86	2028 - 04 - 15	N89
2008 - 10 - 15	H94	2028 - 10 - 15	N97
		2029 - 04 - 15	P20

目前投资者可以购买长期指数化剥离证券来对冲通胀风险。这对避税的养老基金和保险公司是有吸引力的。这些指数化剥离证券对于提供指数化支付的年金市场更有意义。

五、税收待遇

对指数化债券征税产生了一个问题：是否对由于通胀带来的本金及息票的增值征税。如果为了税收的目的，对本金的定期调整被看做当前的收入，这就产生了应税的"虚幻收入"。当通胀率很高时，应税的投资者投资通胀指数化债券可能反而产生负的现金流，这就是投资于通胀指数化债券的不利之处。在英国投资于指数化的政府债券，对由于通胀带来的增值是不征税的。而在美国，财政部则认为应该征税。在美国，适合 TIPS 的税收政策与适合名义政府债券的税收政策很相似。投资于剥离产品的投资者也需要对定期的收入交税，这也会产生负的现金流。罗尔（Roll，1996）指出，对指数化增值征税能促进 TIPS 的流动性。如果不对指数化增值征税，TIPS 将以较低的收益率交易，那么免税机构将更倾向于名义证券，因为名义证券能够产生较高的税前收益率。在美国，免税机构拥有很大比重的投资资本，所以，免税造成了 TIPS 的低流动性。

六、现金流结构

从简单的零息债券到以加拿大指数化产品为基础的美国的通胀指数化债券，它们的现金流结构发生了很大的变化。我们将介绍各种现金流结构并分析它们的优点。为了描述方便，以下我们假设指数选取 CPI，设 CPI_0 为发行日的 CPI 值，CPI_T 为到期日的 CPI 水平。

（一）指数化零息债券的现金流结构（Indexed Zero‒coupon Structure）

该债券在到期日的支付额为：

$$到期支付 = 100 \times \frac{CPI_T}{CPI_0}$$

指数化零息债券的现金流只包括根据通货膨胀率调节的本金支付。它的名字也说明在到期日以前没有息票的支付。表 5‒3 和图 5‒2 说明了贴现发行的 10 年期 IZCS 债券在模拟通胀环境下现金流的状况。

表 5‒3　　　　　　　　　　　　指数化零息债券的现金流

年份	实际利息 ①	通胀率（%） ②	累计通胀率（%） ③	最终偿付 ④ = 100 × (1 + ③)
1	0	6	6	
2	0	5.5	11.83	
3	0	5	17.42	
4	0	5	23.29	
5	0	4	28.22	
6	0	3.5	32.71	
7	0	3	36.69	
8	0	3	40.79	
9	0	2.5	44.31	
10	0	2.5	47.92	147.92

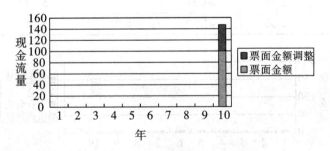

图 5‒2　指数化零息债券现金流量图

这一结构是最简单的，或许是一个实际债券最基本的单位。如前所述，通胀指数债券产生的剥离可以提供这样的证券，除非指数化滞后产生影响，使得通胀指数债券的剥离不同于前面描述的纯零息票的结构。零息票的结构没有再投资风险，而且对通胀风险提供了最好的保护。加拿大、美国、瑞典等国家既通过剥离也直接发行指数化零息债券。从预测的角度看，用零息票结构预期通胀率可能是最好的。养老基金和保险公司如果要投资于无再投资风险的组合，他们会发现指数化年金是理想的。但不幸的是，对于应税投资者来说，必须从收益中将自然增长的利息和通胀补偿区分开来，其结果是税收政策可能会给投资者带来负的现金流。这也许是这种结构不常见的一个原因。

（二）本金指数化的现金流结构（Principal Indexed Structure）

这是美国和加拿大使用的结构。在派息日 s，通胀指数化债券支付息票利息。

$$息票利息支付 = 100 \times \frac{CPI_s}{CPI_0} \times 发行时的票面利率$$

在到期日支付本金：

$$到期日本金支付 = \max\left[100, 100 \times \frac{CPI_T}{CPI_0}\right]$$

表 5-4 和图 5-3 显示的是票面利率为 4% 的 10 年期本金指数化债券（PIS）在模拟通胀环境中的实际利息支付和本金的变化。

表 5-4 本金指数化债券现金流

年份	票面利息 ①	通胀率(%) ②	累计通胀(%) ③	利息调整 ④ = ③×①	实际利息支付 ⑤ = ① + ④	本金偿付 ⑥ = 100×③
1	4	6.00	6.00	0.24	4.24	
2	4	5.50	11.83	0.47	4.47	
3	4	5.00	17.42	0.70	4.70	
4	4	5.00	23.29	0.93	4.93	
5	4	4.00	28.22	1.13	5.13	
6	4	3.50	32.71	1.31	5.31	
7	4	3.00	36.69	1.47	5.47	
8	4	3.00	40.79	1.63	5.63	
9	4	2.50	44.31	1.77	5.77	
10	4	2.50	47.92	1.92	5.92	147.92

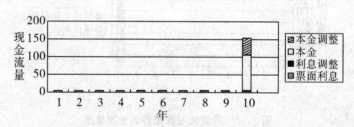

图 5-3 本金指数化债券的现金流量图

在某些国家，通胀指数化债券给投资者提供一个卖出期权，允许他们在到期日将债券以票面价值回售给财政部，如果在到期日 $CPI_T < CPI_0$。如果我们将到期日的支付表示如下，上述嵌入式卖出期权的表现将更明显。

$$到期日本金支付 = 100 \times \frac{CPI_T}{CPI_0} + \max\left[0, 100 - 100 \times \frac{CPI_T}{CPI_0}\right]$$

（三）利息指数化的现金流结构（Interest Indexed Structure）

在派息日 s，支付如下利息：

$$息票支付 = 100 \times 发行时的票面利率 + 100 \times \left[\frac{CPIs}{CPI_0} - 1\right]$$

面表 5 - 5 和图 5 - 4 显示的是票面利率为 4% 的 10 年期利息指数化债券（IIS）在模拟通胀环境中利息支付的变化。

表 5 - 5　　　　　　　　　　利息指数化债券现金流

年份	票面利息 ①	通胀率（%）②	本金调整 ③=②×100	实际支付 ④=①+③	本金支付 ⑤
1	4	6.00	6.00	10.00	
2	4	5.50	5.50	9.50	
3	4	5.00	5.00	9.00	
4	4	5.00	5.00	9.00	
5	4	4.00	4.00	8.00	
6	4	3.50	3.50	7.50	
7	4	3.00	3.00	7.00	
8	4	3.00	3.00	7.00	
9	4	2.50	2.50	6.50	
10	4	2.50	2.50	6.50	100.00

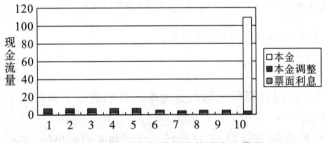

图 5 - 4　利息指数化债券的现金流量图

利息指数化债券的特点是每次支付固定的利息加上指数化的调整额，整个期限内包括到期时通胀指数化债券的本金不再调整，这点和普通债券没有区别。每期的利息支付都通过将当期通胀率和息票率相加来确定。因为利息指数化债券的这种特点，所以它经常被看成是防止通胀的浮息债券。

第三节　通胀指数化债券的交易价格——以 TIPS 为例

本节以 TIPS 为例介绍通胀指数化债券交易是如何计算交割现金流的问题。TIPS 的利息每半年支付一次。美国财政部发行固定息票利率的 TIPS，这一息票利率在证券的整个有效期内保持不变，并应用于本金上，本金值由 CPI 指数化。在任何派息日，派息值为息票利率乘以相关的指数比率来决定。在计算任何日期 t（可以是派息日）的指数比率时，关键的变量是日期 t 的指数 CPI_T 和发行日 0 的指数 CPI_0。当起息日不同于发行日时，我们使用起息日的指数值代替发行日的指数值。因此，指数比率 IR_t 定义为：

$$IR_t = \frac{CPI_t}{CPI_0}$$

由于技术上滞后的原因，每个月第 1 天所使用的参考指数值是 3 个月前的 CPI 值。举例来说，2006 年 4 月 1 日所使用的 CPI 值是 2006 年 1 月 1 日的 CPI 值，且是在 2006 年 2 月报告的。这种滞后将影响 TIPS 规避通胀风险的有效性。每个月除了月初的其他天的 CPI 值可以通过线性插值来得到。例如，假设一个 TIPS 的发行日是 4 月 15 日，我们可以通过下式来得到当天的 CPI 值：

$$CPI_{4,15} = CPI_{4,1} + \frac{14}{30}(CPI_{5,1} - CPI_{4,1})$$

将 $CPI_{4,1}$ = 2006 年 1 月的非季节调整 CPI – U = 154.4 和 $CPI_{5,1}$ = 2006 年 2 月的非季节调整 CPI – U = 154.9 代入上式，可以得到：

$$CPI_{4,15} = 154.10 + \frac{14}{30}(154.9 - 154.4) = 154.633\,33$$

现在，我们知道发行日的参考指数值是 154.633 33。则 4 月 16 日的指数比率可以简单计算如下：

$$CPI_{4,16} = 154.1 + \frac{15}{30}[154.9 - 154.4] = 154.650\,00$$

因此，2006 年 4 月 16 日的指数比率为：

$$IR_{4,16} = \frac{154.65}{154.633\,33} = 1.000\,11$$

通过这一方法，可以计算每天的指数比率。我们通过下面的例子来检验这些计算如何影响息票支付。

【例】设 TIPS 在 2006 年 4 月 15 日发行，息票利率为 3.5%。第一个派息日是 2006 年 10 月 15 日。发行日的参考 CPI 值为 120.00。10 月 15 日的参考 CPI 值为 135.00。再设面值为 100 万美元，则 10 月 15 日的息票收入是多少？

指数化的本金值为：

$$1\,000\,000 \times \frac{135}{120} = 1\,125\,000（美元）$$

利息收入为：

$$1\,125\,000 \times 0.035 \times 0.5 = 19\,687.5（美元）$$

应计利息和 TIPS 的交割价格可以与名义财政证券相同的方式进行计算，如下例所示。

【例】美国财政部发行了证券识别码为 9128272M3 的指数化债券：发行日是 2007 年 2 月 6 日，起息日是 2007 年 1 月 15 日。2007 年 4 月 15 日又发行了一部分，到期日是 2017 年 1 月 15 日，起息日的参考 CPI 值为 158.435 48，票面利率是 3.375%。

美国财政部还发布了如表 5 - 6 所示的 2007 年 7 月前的 CPI 值。

表 5 - 6	2007 年 7 月前的 CPI 值
CPI - U(NSA),2007 年 3 月	160.00
CPI - U(NSA),2007 年 4 月	160.20
CPI - U(NSA),2007 年 5 月	160.10

则 2007 年 7 月 2 日的应计利息是多少?

为了回答这一问题,我们首先要计算指数比率。前一个派息日是 2007 年 1 月 15 日,下一个派息日是 2007 年 7 月 15 日。从表 5 - 7 我们可以得知,2007 年 7 月 2 日的指数比率为 1.011 12。则应计利息为:

$$\frac{7 月 2 日与 1 月 15 日间的天数}{7 月 15 日与 1 月 15 日间的天数} \times \frac{3.375\%}{2} \times 100 \times 1.011\ 12 = 1.583\ 71$$

这一公式除了要乘以交割日的指数比率(2007 年 7 月 2 日的指数比率 1.011 12)以外,与计算名义财政证券的应计利息的方式完全一样,其结果是 1.583 71。

表 5 - 7		指数比率	
日期	期数	CPI 参考值	指数比率
2007 - 7 - 1	1	160.200 00	1.011 14
2007 - 7 - 2	2	160.196 77	1.011 12
2007 - 7 - 3	3	160.193 55	1.011 10
2007 - 7 - 4	4	160.190 32	1.011 08
2007 - 7 - 5	5	160.187 10	1.011 06
2007 - 7 - 6	6	160.183 87	1.011 04
2007 - 7 - 7	7	160.180 65	1.011 01
2007 - 7 - 8	8	160.177 42	1.010 99
2007 - 7 - 9	9	160.174 19	1.010 97
2007 - 7 - 10	10	160.170 97	1.010 95
2007 - 7 - 11	11	160.167 74	1.010 93
2007 - 7 - 12	12	160.164 52	1.010 91
2007 - 7 - 13	13	160.161 29	1.010 89
2007 - 7 - 14	14	160.158 06	1.010 87
2007 - 7 - 15	15	160.154 84	1.010 85
2007 - 7 - 16	16	160.151 61	1.010 83
2007 - 7 - 17	17	160.148 39	1.010 81
2007 - 7 - 18	18	160.145 16	1.010 79
2007 - 7 - 19	19	160.141 94	1.010 77
2007 - 7 - 20	20	160.138 71	1.010 75
2007 - 7 - 21	21	160.135 48	1.010 73

表5-7（续）

日期	期数	CPI 参考值	指数比率
2007 - 7 - 22	22	160. 132 26	1. 010 71
2007 - 7 - 23	23	160. 129 03	1. 010 69
2007 - 7 - 24	24	160. 125 81	1. 010 67
2007 - 7 - 25	25	160. 122 58	1. 010 65
2007 - 7 - 26	26	160. 119 35	1. 010 63
2007 - 7 - 27	27	160. 116 13	1. 010 61
2007 - 7 - 28	28	160. 112 90	1. 010 59
2007 - 7 - 29	29	160. 109 68	1. 010 57
2007 - 7 - 30	30	160. 106 45	1. 010 55
2007 - 7 - 31	31	160. 103 23	1. 010 53

【例】美国财政部发行了如表5-8所示的TIP。

2009 年 10 月 18 日为交割日，净价（平价）为 97. 953 125，则这一指数化债券全价是多少?

表5-8　　　　　　　　　　　　　TIP 相关资料

证券识别码 CUSIP	9128274Y5
起息日	2009 年 1 月 15 日
初始发行日	2009 年 1 月 15 日
补充发行日	2009 年 7 月 15 日
到期日	2019 年 1 月 15 日
起息日 CPI 的参考值	164

首先，我们需要搜集 2009 年 10 月以前月份的 CPI - U 信息，见表5-9。

表5-9　　　　　　　　　　　　　月 CPI 值

CPI - U（NSA）2009 年 6 月	166. 2
CPI - U（NSA）2009 年 7 月	166. 7
CPI - U（NSA）2009 年 8 月	167. 1

然后，如表5-10所示，计算 2009 年 10 月的指数比率。

表5-10　　　　　　　　　　　　　指数比率

月份	期数	CPI 参考值	指数比率
10 月	1	166. 700 00	1. 016 46
10 月	2	166. 712 90	1. 016 54
10 月	3	166. 725 81	1. 016 62
10 月	4	166. 738 71	1. 016 70

表5－10(续)

月份	期数	CPI 参考值	指数比率
10 月	5	166. 751 61	1. 016 78
10 月	6	166. 764 52	1. 016 86
10 月	7	166. 777 42	1. 016 94
10 月	8	166. 790 32	1. 017 01
10 月	9	166. 803 23	1. 017 09
10 月	10	166. 816 13	1. 017 17
10 月	11	166. 829 03	1. 017 25
10 月	12	166. 841 94	1. 017 33
10 月	13	166. 854 84	1. 017 41
10 月	14	166. 867 74	1. 017 49
10 月	15	166. 880 65	1. 017 56
10 月	16	166. 893 55	1. 017 64
10 月	17	166. 906 45	1. 017 72
10 月	18	166. 919 35	1. 017 80
10 月	19	166. 932 26	1. 017 88
10 月	20	166. 945 16	1. 017 96
10 月	21	166. 958 06	1. 018 04
10 月	22	166. 970 97	1. 018 12
10 月	23	166. 983 87	1. 018 19
10 月	24	166. 996 97	1. 018 27
10 月	25	166. 009 68	1. 018 35
10 月	26	166. 022 58	1. 018 43
10 月	27	166. 035 48	1. 018 51
10 月	28	166. 048 39	1. 018 59
10 月	29	166. 061 29	1. 018 67
10 月	30	166. 074 19	1. 018 75
10 月	31	166. 087 10	1. 018 82

基于这些信息，我们首先计算应计利息。注意到前一个派息日是 2009 年 7 月 15 日，下一个派息日是 2010 年 1 月 15 日，基于交割日的指数比率为 1. 017 80。

$$应计利息 = \frac{95}{184} \times \frac{3.875\%}{2} \times 100 \times 1.017\ 8 = 1.018\ 146$$

交割价格可以通过将应计利息加入到净价中计算，净价必须先乘以指数比率，再加上应计利息，才得到全价。

$$全价 = （97.953\ 125 \times 1.017\ 8）+ 1.018\ 146 = 100.714\ 836$$

本章小结

● 通胀指数化债券是指债券的本金或利息根据某种有效反映通货膨胀变动的指标定期进行调整的债券品种。

● 通胀指数化债券是实际债券，它许诺给其持有者固定的实际收益，不受通货膨胀率意外变化的影响。

● 通胀指数化债券的优点：①保护投资者的收益免受通胀的侵蚀、促进投资者的资产组合管理多样化；②降低发行人的成本、促进国债顺利发行；③提供反通胀政策的激励；④为货币政策决策者提供关于实际利率和通胀预期的信息。

● 通胀指数化债券的不足：①由于是针对部分投资者来设计的债券，可能会因为市场流动性不足而增加财政部的发行成本；②所依据的通胀指数具有滞后性；③和普通债券一样每半年的利息收入要纳税，此外通胀指数化债券的投资者还被要求每年报告因通货膨胀上升而导致的本金增加。

● 通胀指数化债券设计中的重要因素包括：基准指数的选取、指数化的滞后、通胀指数化债券的到期构成、可剥离性、税收待遇以及现金流结构等。

● 选取基准指数考虑的因素：①资本市场的参与者会寻求与他们债务相匹配的资产，所以指数的选择的主要依据是，指数是否能满足双方规避风险的需要；②指数的编制和发布机构要独立于通胀指数化债券的发行者，这是通胀指数化债券被潜在投资者视为可靠投资手段的前提；③在第一时间广泛公布最新的指数至关重要；④物价指数定期发布也需要制度化。

● 通胀指数化债券的三种现金流结构包括指数化的零息债券的现金流结构、本金指数化的现金流结构和利息指数化的现金流结构。

练习题

1. 什么是通胀指数化债券？为什么它们的收益小于同类财政证券的收益？

2. 通胀指数债券的特点有哪些？

3. 分析通胀指数债券的优势及其缺陷。

4. 前美联储主席格林斯潘在谈到引入 TIPS 的好处时说："……通过对指数化和未指数化的债务工具市场的常规监控，美联储能够对政策的运行后果做出评估。"你同意他的看法吗？从 TIPS 的市场价格中推断通胀预期存在的潜在问题是什么？

5. 如果我国要发行通胀指数化债券，应该选择哪种基准指数。为什么？

6. 设 TIPS 在 2006 年 4 月 15 日发行，息票利率为 3.5%。第 1 个派息日是 2006 年 10 月 15 日。发行日的参考 CPI 值为 120。10 月 15 日的参考 CPI 值为 135。再设面值为 100 万美元，采用本金指数化的结构，则 10 月 15 日的息票收入是多少？

7. 通胀化指数债券现金流结构中，本金指数化与利息指数化有哪些区别？

    A. 每年支付利息不尽相同

    B. 发行人实际支付的资金成本不同

    C. 利息指数化结构可以较早获得现金流

    D. 适用的债券品种不同

8. 为什么通胀指数化债券的发行期限一般比较长？（　　　）

    A. 债券的期限越长，固定利率的风险越大

    B. 期限长能体现通胀指数化债券的优势

    C. 期限长能够增加投资者收益

    D. 减少了发行短期债券带来的频繁再融资的需要

9. 一般来说，货币政策当局就可以通过观察通胀指数债券与普通债券之间的利差来估算社会成员的通胀预期。如果假设通胀风险溢价不变，而普通债券的名义收益上升，同时通胀指数化债券的实际收益不变，则货币政策当局有可能采取的措施有哪些？（　　　）

    A. 提高利率   B. 提高存款准备金

    C. 降低利率   D. 降低存款准备金

10. 投资 TIPS 的潜在风险是什么？

第六章 住房抵押贷款支持证券

本章学习目标：

本章的学习集中在以美国为代表的住房贷款市场，需要把握抵押贷款的种类、现金流结构、风险和市场概况；并对提前偿付率的影响因素和测量方法有较为深刻的理解；了解三个主要品种即抵押过手证券、担保抵押证券和剥离抵押支持证券，以及相关产品的生成机制、现金流分配等。

第一节 住房抵押贷款

一、住房抵押贷款市场概述

住房抵押贷款是一种要求借款人按照预定计划还款，并以特定房地产作为担保品来确保债务偿还的贷款。如果借款人或抵押人（Mortgagor）未能按期偿还贷款，贷款人或抵押权人（Mortgagee）有权取消该贷款抵押品的赎回权。也就是说，如果借款人未能按照约定偿付款项，贷款人可以扣押该资产来确保债务清偿。

以房地产为抵押的借贷资金市场被称为住房抵押贷款市场（Mortgage Market）。如今这部分债务市场成为世界上最庞大的资金借贷市场。20世纪80年代以来，房地产抵押市场经历了巨大的结构变迁，无论在新的抵押工具的设计方面，还是用基础的抵押贷款作为证券发行担保品的产品开发方面均有创新。这类证券被称为住房抵押贷款支持证券（Mortgage - Backed Securities）。

部分抵押贷款支持证券在美国有隐含的或明确的担保，不经过商业评级公司评级。但大部分抵押支持证券没有任何形式的政府担保，它们的评级方式类似于公司债券。

二、房地产抵押市场的参与者

除最终投资者外，房地产抵押市场上还有三个主要的参与者：抵押贷款发起人（Mortgage Originators）、抵押贷款服务商（Mortgage Servicers）、抵押贷款承保人（Mortgage Insurers）。

（一）抵押贷款发起人

原始贷款人被称为抵押贷款发起人。抵押贷款发起人包括商业银行、储蓄金融机构、抵押贷款银行、人寿保险公司和养老基金。在美国，三类最大的住宅抵押贷款发起人是商业银行、储蓄金融机构、抵押贷款银行，它们每年的贷款发起额占所有抵押贷款发起额的 95% 以上。

发起人的收入来源于以下两个方面：一方面是收取发起费（Origination Fee）。发起费用点表示，每一个点表示所借资金的 1%。例如，对 10 万美元征收 2 个点的发起费就是 2 000 美元。此外，发起人还收取申请费和一定的手续费。另一方面来源于以高于初始成本的价格出售抵押贷款而产生的利润，这个利润被称为二级市场利润（Secondary Marketing Profit）。当然，假如抵押贷款利率上升，发起人在二级市场上销售抵押贷款将会遭受损失。结果是发起人可能会在自己的投资组合里继续持有该抵押贷款。

当需要贷款买房的潜在购房者向一家抵押贷款发起人申请贷款时，发起人会对申请人进行信用评估。决定贷款是否发放的两个主要因素是偿付收入比（Payment - to - Income，PTI）和贷款价值比（Loan - to - Value，LTV）。偿付收入比为月偿付额（包括抵押贷款和房地产的税收付款）与月收入之比，是衡量申请人月偿付能力的一种指标。该比率越低，申请人能够满足偿付要求的可能性越大。贷款价值比是贷款总额与该住房资产的市场（或评估）价值之比。该比率越低，贷款人被保护的程度就越高，保护的意思是说如果申请人拖欠还款，则该资产就必须被收回并被出售。

发放抵押贷款后，发起人可以做以下三件事之一：①在投资组合里持有抵押贷款；②将抵押贷款出售给愿意持有该贷款的投资者，或出售给打算将该贷款集中为一个集合，并以此为担保品发行抵押贷款支持证券的投资者；③将该抵押贷款用做发行抵押贷款支持证券的担保品。

（二）抵押贷款服务商

每笔抵押贷款的运作都必须得到服务商的支持。抵押贷款的服务涉及收取月偿付额并转交给贷款所有者，向抵押人发出偿付通知，在偿付逾期时提醒抵押人，记录本金金额，管理用于房地产税和保险目的的代管金额，在必要时取消抵押赎回权，以及在适当的时候向抵押人提供税收信息等。

服务商包括与银行关联的实体、与储蓄机构关联的实体和抵押贷款银行。服务商收取服务费，服务费是未偿付抵押贷款余额的一个固定百分比。因此，随着时间的推移，该收入因抵押贷款余额被分期摊还而下降。

服务商在抵押贷款支持证券和资产支持证券中起决定性作用。在对那些未得到政府任何形式保证的证券评级时，评级公司会对服务商的运作予以评估。

（三）抵押贷款承保者

当贷款人基于借款人的信用和抵押品而发放贷款时，该抵押贷款被称为传统抵押贷款（Conventional Mortgage）。为防范借款人违约，贷款人会要求借款人进行抵押保险，通常贷款价值比高于 80% 的贷款都要求保险。投保额将是贷款额的某个百分比，并且随贷款价值比下降而下降。虽然抵押保险是贷款人要求的，但是保险成本是由借款人承担的，通常采用提高抵押贷款利率的方式。

在美国，抵押保险有两种形式：一种是由政府机构提供的保险和由私人抵押保险公司提供的保险。向合格借款人提供这种保险的政府机构是联邦住宅管理局、退伍军人管理局及农村住宅服务公司（Rural Housing Service）。私人抵押保险可以从诸如抵押担保保险公司（Mortgage Guaranty Insurance Company）和 PMI 抵押保险公司（PMI Mortgage Insurance Company）之类的抵押保险公司取得。另一种是当资产所在地处于自然灾难（如洪水、地震等）多发区时，该资产将被要求进行抵押保险。这种保险被称为意外保险（Hazard Insurance）。

如果抵押贷款由特殊传递机构汇集成集合并以此发行证券，该集合通常会获得附加保险来增强证券信用。这是因为主要的评级机构要求发行人进行外部信用增强来获得特别的投资级信用评定。抵押承保者的信用级别也是评级机构考虑的一个非常重要的因素。评级机构评估抵押贷款集合的信用质量时，要考虑的因素包括个别抵押贷款的信用质量、抵押承保者的信用级别、发起人的承销标准及程序和服务商的运作质量。

三、贷款人的风险

（一）提前偿付风险

贷款人同意房主或借款人有权在贷款到期前任何时间提前偿付全部或部分抵押贷款余额。通常，房主提前偿付抵押贷款无须缴纳罚款，也就是按面值偿付。任何超过抵押贷款合同规定的偿付额都被称为提前偿付额。例如，假设抵押贷款月偿付额是 800 元，抵押贷款余额是 11 万元，任何超过 800 元的偿付额都叫做提前偿付额。在我们例子里，一次 2 800 元的贷款偿付额意味着提前偿付了 2 000 元，抵押贷款余额也相应减少了 2 000 元。部分地提前偿付会缩短抵押贷款的寿命。部分提前偿付抵押贷款的金额被称为是减缩量（Curtailment）。

赋予房主或借款人提前偿付的权利叫做提前偿付选择权（Prepayment Option）。这个权利使得抵押贷款投资者无法确定未来现金流收益。一个 30 年期抵押贷款可能最后是 1 年到期或 30 年到期。由赋予房主提前偿付选择权而引起的现金流的不确定性叫做提前偿付风险（Prepayment Risk）。

在最近几年，按揭贷款发放人开始推出对提前还款征收罚金的按揭贷款（Prepayment Penalty Mortgage，PPM）。在锁定期内，一定金额的提前还款可以不征收提前还款罚金，不同的还款结构有不同的金额限定。

单个抵押贷款和抵押贷款集合都会使贷款人面临提前偿付风险。所以，任何由抵押贷款集合担保的证券都使投资者面临着提前偿付风险。

（二）违约风险

违约风险或信用风险是房主或借款人未来可能违约的风险。对于由政府部门提供担保的抵押贷款的违约风险是微乎其微的。对于商业承保的抵押贷款，其风险可以通过私人保险公司的信用级别来衡量。对于没有任何商业保险的传统抵押贷款，信用风险取决于借款者。

影响抵押贷款违约风险的一个主要特征是发起时的贷款价值比（Original LTV）。初始贷款价值比越高，或借款人所拥有的扣除抵押余额之外的资产净值越小，违约的概率就越高。但如果仅仅关注贷款价值比会低估债务拖欠水平。这一错误衡量是由两个因素造成的：①房屋的价值有可能下降；②房主可以通过第二抵押贷款或住房净值信贷额度使资产净值减少。

本德、拉姆齐和法博齐（Bendt，Ramsey and Fabozzi，1995）的研究表明，拥有第一抵押贷款后又进行第二抵押的借款人，其违约率是那些无第二抵押贷款的借款人的两倍。即使将抵押贷款的贷款价值比调整到更高的值，拥有第二抵押贷款的借款人较之以贷款价值比相同但无第二抵押贷款的借款人仍具有更高的违约率，违约平均高出 25%。

（三）利率风险

如果利率上涨，对抵押贷款的借款人来说，借款额度越高，借款期限越长，其影响度也就越大。因为在借款人收入比较吃紧的情况下，增加的每月还款额无疑会加大借款人的还款压力，从而使贷款人的风险加大。这种情况下，固定利率的贷款组合价值就会降低。

四、住房抵押贷款的种类

按照利率在整个存续期间是否可以调整，我们可以把住房抵押贷款分为两类：固定利率抵押贷款（Fixed - rate Mortgage，FRM）和可调利率抵押贷款（Adjustable - rate Mortgage，ARM）。

（一）固定利率抵押贷款

很长时间以来，住房抵押贷款都是以固定利率的形式进行的，偿还期固定，贷款本息按月偿还。这种固定利率抵押贷款现在也是最为普遍的。固定利率抵押贷款每月的本息额很容易计算出来。由于抵押贷款按月等额偿还，因此，最初月份主要偿还利息，而后随着本金余额的下降，相应偿还的利息随之下降，本金偿还额增加。

传统的抵押贷款为 30 年期固定利率且呈水平支付结构[①]的贷款，在整个 360 次水平支付结束后，贷款全部还清。另外，15 年期的抵押贷款品种也比较普遍。

下面我们以标准的 30 年期 FRM 为例，分析如何计算每月支付中的利息和本金。设 F_0 为贷款金额（面值），n 为偿还期间的月份数，R 为该产品使用的固定利率，再设 $r = \dfrac{R}{12}$，则每月支付 y 可以计算如下：

$$y = F_0 \times \frac{r\,(1+r)^n}{(1+r)^{n-1}}$$

表 6 - 1 列示了 R 对每月支付 y 的影响。随着 R 的增长，我们可以看到 y 也发生了显著的增长。当 30 年期 FRM 的 R 从 5% 上升到 10% 时，y 也从 536.82 元增长到 877.57 元。

---

① 水平支付结构是指定期的偿付总是金额相同的，不管是在到期日前还是在到期日。

表6-1					两种期限的FRM的利率对月度支付的影响						
					(初始贷款为10万元)						
利率(%)	5	5.5	6	6.5	7	7.5	8	8.5	9	9.5	10
30年支付	536.8	567.8	599.6	632.1	665.3	699.2	733.8	768.9	804.6	840.9	877.6
15年支付	790.8	817.1	843.9	871.1	898.8	927.0	955.7	984.7	1 014.3	1 044.2	1 074.6

如果用 F_t 代表在第 t 个月支付完定期支付 y 后尚未偿还的本金余额，则：

$$F_t = F_{t-1} + (r \times F_{t-1}) - y$$

本金支付为 $(F_{t-1} - F_t)$

利息支付为 $(r \times F_{t-1})$

图6-1显示了在整个抵押贷款的不同时间利息支付和本金支付的情况。初期，利息支付占每月支付 y 的很大部分，随着时间的推移，本金支付所占的比例逐渐上升。这是因为随着时间的推移，未偿付的本金逐渐减少，从而利息支付越来越少。但每月支付 y 是固定的，这意味着本金支付将逐渐增加。

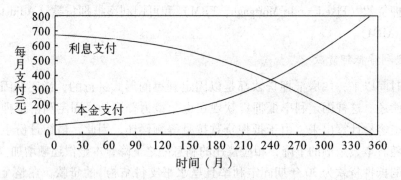

图6-1 30年期、息票率为8%、本金为10万元的FRM的利息和本金支付安排

(二) 可调利率抵押贷款

可调利率抵押贷款（ARM）是一种根据某种适当选择的参考利率对合同利率进行定期重设的贷款。最常用的参考利率是市场决定的基准利率和基于储蓄机构资金成本的利率。市场决定的基准利率是指国债基准利率；储蓄机构的资金成本指数是基于储蓄机构负债的月加权平均利息成本计算得出的。在美国两个常用的指数是：联邦住宅贷款银行系统委员会第十一区基金成本指数（Cost of Funds Index，COFI）和全国基金成本指数（National Cost of Funds Index）。

未偿付的可调利率抵押贷款要求每月或每6个月、每年、每2年、每3年、每5年重设一次合同利率。近年来通常的调整期限小于1年。重设日的合同利率等于参考利率加上一个利差，该利差通常在125~200个基点之间。利差反映了市场状况、可调利率贷款的特征以及与固定利率抵押贷款相比提高的服务费用。

为鼓励借款人接受可调利率抵押贷款而非固定利率抵押贷款，抵押贷款发起人通常提供一个低于现行市场抵押贷款利率的初始合同利率。该利率由抵押发起人根据竞争市场状况制定，通常被称为引导利率（Teaser Rate）。到重设日，用参考利率加上利差重设新的合同利率。例如，假设 1 年期可调利率抵押贷款与参考利率的利差一般是 100 个基点，又假设参考利率为 6.5%，则初始合同利率是 7.5%，而抵押贷款发起人可能将初始合同利率定为 6.75%，比现行参考利率与利差之和低 75 个基点。

可调利率抵押贷款分为无限制的和有限制的两类。无限制的可调利率抵押贷款，利率风险完全由贷款人转移到借款人身上，因为这时的存贷利率都随着市场利率而变动，利差保持相对稳定。而贷款利率随时根据市场利率进行调整，贷款的市场价值不会因为市场利率的变动而发生增减。对于有限制的可调利率抵押贷款，限制性条款包括阶段性的利率上限，以及全期的利率上下限。利率上下限限制了利率在重设日可升降的幅度。全期利率上限限定了在整个贷款期内最高的合同利率。

第二节　提前偿付

放款机构允许借款人提前偿还贷款，这个条款的出现导致放款机构从发放抵押贷款得到的现金流收入出现了不确定性。例如，如果银行发放了加权平均收益率为 8% 的抵押贷款池，并且 6 个月后的抵押贷款利率降到 8% 以下（如 7%），则银行面临巨额的提前偿付，因为贷款人可以以更低的成本借款。放款机构通过发放贷款可以安排它们未来的现金流，但在放款的同时，也向借款人出售了未来提前偿付的期权，这导致放款机构不能确定未来的现金流，因为如果条件许可，借款人会行使期权。当然，放款机构给予贷款人行使期权的权利不是无偿的，其价格必然会包含在贷款的高利率中。

一、影响提前偿付的因素

（一）市场利率

市场利率会影响当期的住房抵押贷款的利率。也就是说，如果市场利率上升，当期申请抵押贷款的利率也会上升；反之亦然。如果当期住房抵押贷款利率比借款人过去申请的抵押贷款利率低，那么借款人就有借新还旧的想法。当期贷款利率越低，其借新还旧的动力就越大。当然，借新还旧也是有成本的。这些成本包括法律费用、交给金融机构的申请费、产权保险、资金的时间价值等。这里的资金时间价值是指借款人必须预先借到资金，才能归还原来的借款本金。通常借到资金与归还借款不可能在同一天完成。借款人借到资金与归还借款之间的时间越长，时间价值的牺牲就越大。但在抵押贷款利率与当期市场利率的差距增大到一定幅度的情况下，具体而言，该差距大到足以弥补抵押贷款借款人的再融资成本时，借款人就应该提前偿付。这个因素应该是借款人提前偿付最主要的原因。

（二）市场利率的历史路径

不仅当期住房抵押贷款利率影响借款人的提前偿付行为，而且市场利率的历史路径也会影响借款人的提前偿付行为。例如，住房抵押贷款池的贷款利率为 10%，在贷款池形成 3 年之后，同类抵押贷款利率降低到 7%。假定有两种可能的历史利率路径：第一种路径为，贷款利率在第一年年底就降低到 7%，然后在第二年年底上升到 12%，进而在第三年年底又降低到 7%；第二种路径为，第一年年底贷款利率上升到 11%，第二年年底继续上升到 12%，然后下降，并在第三年年底下降到 7%。

如果贷款利率的变化为第一种路径，那么那些能够通过借新还旧获得利益的借款人，在第一年年底时就已经那样做了。因为第一年年底贷款利率就降低到 7%，已经给借款人带来了巨大的机会。当贷款利率于第三年年底再次降低到 7% 时，由于那些有能力借新还旧的借款人早就还掉原来的借款，而那些对利率第一次下降不敏感或者难以借新还旧的人，在第二次下降时通常也会不敏感，或者依旧无法借新还旧。这一现象被称为燃尽现象（Burnout）。相反，在第二种路径下，由于前两年利率都大幅上升了，提前还款的比率会很小，第三年年底利率降低到 7%，提前还款的比例会有很大幅度的增加。

（三）季节性因素

在美国，有学者研究季节对贷款提前偿还的影响。他们认为，人们在春夏季购买住房的动机要比秋冬季购买住房的动机高得多。由于春夏季购买住房达到高潮，这意味着在此阶段会有更多的人卖掉自己的住房，而购买新的住房。卖掉原有住房意味着提前偿还贷款。这说明借款人提前偿付在春季开始上升，在夏季达到高峰。从秋季开始，提前偿还开始下降，并在冬季达到最低点。

（四）抵押贷款的年限

在抵押贷款的早期偿付中，对利息的偿付部分要远远超过对本金的偿还。因此，因再融资而节省的利息通常在抵押贷款的早期较大。我们可以预期在抵押贷款的初期，提前偿付出现得比较频繁，而后频率会趋于稳定。实际上，在抵押贷款的第 2~8 年之间，提前偿付所占的比例比较大。另外，当抵押贷款的时间超过 25 年后，家庭也有提前偿付的动机。总的来说，在抵押贷款的第 10~25 年间，提前偿付的速度会下降。

（五）住房价格

住房价格影响贷款价值比，这接下来会影响家庭再融资的能力。当住房价格上升时，贷款价值比比率会下降，在利率变化等因素促使再融资时，这会提升家庭再融资的能力；反之，如果住房价格下降，则贷款价值比比率会上升，这会降低家庭再融资的能力，即使其他因素对再融资有利。

抵押贷款的资产价值和住房价值之间的关系会影响提前偿付的动机。

抵押贷款的资产价值 = 当前抵押贷款的面值 - 当前抵押贷款的市场价值

（六）抵押贷款期限

有证据表明，提前偿还比率依赖很多其他因素。例如，15 年期固定利率贷款的提前偿还比率就与 30 年期 FRM 的提前偿还比率不同。沃尔德曼、施瓦布和费根伯格（Waldman，Schwab and Feigenberg，1993）提供了如下证据：

（1）对于现金息票和折价息票证券来说，1983—1992 年，15 年期抵押贷款要比 30 年期抵押贷款的提前偿还速度快 11%。

（2）对高息票证券来说，1986—1992 年，15 年期抵押贷款的提前偿还速度要比 30 年期的低 5%。

（七）宏观经济状况

宏观经济的好坏影响住房买卖，进而影响贷款提前偿还。由于宏观经济形势好，人们收入增加，特别是人们预期收入增加，这一方面会促使人们购买面积更大、档次更高的住房；另一方面经济形势好，会促进人力资源的流动，这样，原有住房提前偿还的可能性就增大。

二、提前偿付的测量

关于提前偿付水平的测量指标，业内有很多。我们在这里主要讨论其中的四种。这些指标是基于抵押担保证券的资产池推导出来的，但是，它们对于单个个人贷款也是有用的。

（一）12 年提前偿付期法（Twelve - year Retirement）

这是最简单的一种对提前偿付的测度。它假设抵押贷款恰好在 12 年后偿付，如果该假设成立，则我们可以确定 12 年后的现金流（如果没有违约发生）。这个估计方法是基于美国联邦住宅管理局的经验数据，数据显示抵押贷款平均都在第 12 年全部偿付。现在人们意识到，12 年提前偿付期的假定经常会有误导作用，提前偿付率往往随着利率和抵押贷款的特征而变动。除了偶尔在估计抵押贷款收益率时还采用此方法外，这种方法在目前的抵押贷款支持证券和交易中已很少用到。

（二）条件提前偿付率（Conditional Prepayment Rate，CPR）

一种经常使用的方法是对抵押贷款组合设定一个条件提前偿付率。根据贷款组合的特征（包括其历史提前还款经验数据）及当前和预测的未来经济环境，对一个贷款组合的提前还款比率做出假设，这个比率叫做条件提前偿付率。

条件提前偿付率是年度提前还款比率。要预测每月的提前还款额，还必须把条件提前偿付率转化为月度提前还款比率，通称为单月衰减率（Single Monthly Mortality Rate，SMM）。给定条件提前偿付率，采用下面的公式来计算单月衰减率：

$$SMM = 1 - (1 - CPR)^{1/12}$$

例如，假设 CPR 等于 6%，相应的 SMM 为：

$$SMM = 1 - (1 - 0.06)^{1/12} = 0.005\ 143$$

如果单月衰减率等于 w%，就表示月初贷款按揭余额与计划本金偿还额相减所得的差额中大约有 w% 会在该月提前偿还。

例如，一位借款者某月初按揭贷款余额为 2.9 亿元，假设单月衰减率等于 0.514 3%，计划偿还本金 300 万元，则该月提前还款的预测值为：

$$0.005\ 143 \times (290\ 000\ 000 - 3\ 000\ 000) = 1\ 476\ 041（元）$$

在业内，条件提前偿付率被广泛用来测量提前偿付。当单月衰减率上升时，抵押贷款被提前偿付的概率上升。这对于计算与贷款组合有关的提前偿付是非常有用的。

（三）FHA 经验测度（FHA Experience）

联邦住宅管理局（Federal Housing Administration）有一个包含不同种类的抵押贷款实际提前偿付的数据库，这个数据库构成了计算任何年份一个贷款可能被提前偿付的概率的基础。

概率的计算过程如下：FHA 经验测度的数据被组成一个序列，为了给出用 0 ~ 30 表示的任何年度末新抵押贷款没有被提前偿付的概率，设 x_t 为这个概率，则抵押贷款在任意年度 t 被提前偿付的概率是：

$$p_t = x_{t-1} - x_t$$

在假设抵押贷款在 $t-1$ 年前没有被提前偿付的条件下，抵押贷款在第 t 年仍然存在的条件概率用 y_t 表示，并计算如下：

$$y_t = 1 - \frac{p_t}{x_{t-1}} = \frac{x_t}{x_{t-1}}$$

一旦我们有了抵押贷款在第 t 年仍然存在的概率 y_t，通过假设更多关于月度概率的条件，我们就可以计算月存在概率。例如，如果假设在 1 年内的月存在概率是常数（如用 z_i 表示第 i 年的月存在概率），则有：

$$z_i = y_i^{1/12}$$

这个推导出来的月度概率被称为 100% FHA 经验测度，与前面的条件提前偿付率不同，这个测度并不随抵押贷款时间的增长而下降。

例如，我们预期 58% 的抵押贷款池将存在 10 年，54% 的抵押贷款池的存在将超过 11 年。利用这些数据我们得知，抵押贷款池在第 11 年提前偿付的概率是 4%，从而进一步推导 100% FHA 经验测度。投资者会利用这些信息并以不同的速度（如 50% FHA 经验测度或 200% FHA 经验测度）对其进行调整。

以 FHA 经验测度为基础的提前偿付的计算尽管有用，但也会产生很多问题。因为 FHA 抵押贷款是假定的（Assumable），提前偿付的速度通常被低估。

（四）PSA 经验（PSA experience）

公共证券协会（Public Securities Association）的惯例是，假设在第 1 个月 0.2% 的本金被提前偿付，以后每个月的提前偿付比例依次递增 0.2%。最后固定在 6%，这种方法被称为 100% PSA 度量。如图 6-2 所示。

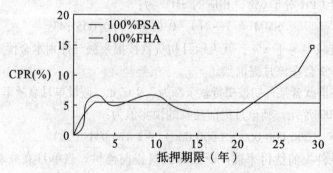

图 6-2　FHA 和 PSA 的提前偿付模型

1985 年 7 月，PSA 经验的标准基准产生，它不是作为提前偿付模型使用，而是作为一个基准使用。从数学的角度看，100% PSA 基准可表示为：

当 $t < 30$，则 $CPR = 6\% \times \dfrac{t}{30}$

当 $t \geqslant 30$，则 $CPR = 6\%$

通过按比例放大或缩小，我们可以构造不同的 PSA 度量。例如，一个预期的 200% PSA 的提前偿付率意味着一个月的 CPR 将 2 倍于对应 100% PSA 的 CPR。因此，对于 200% PSA，第 1 个月的 CPR 将为 0.4%，第 2 个月的 CPR 为 0.8%，知道第 30 个月达到 12% 的水平。图 6－3 给出了 50% PSA、100% PSA 和 150% PSA 的年提前偿付率。

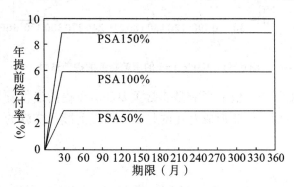

图 6－3　PSA 乘数

基本上，抵押贷款的季节性效应通过提前偿付利率的线性增加体现出来，并建立在 30 年期 FHA 的 FRM 基础上。

三、提前偿付下的抵押现金流

在当前抵押贷款合约的基础上，我们可以推导未来抵押贷款的现金流。假设一份 30 年期抵押贷款的数额为 100 000 元、利率为 9%，并假设提前偿付以 100% PSA 的形式出现。下面我们可以推导现金流。

（1）利用提前偿付概率的假设，我们可以计算第 1 个月的 SMM：

$CPR = 6\% \times \dfrac{1}{30} = 0.002$

$SMM = 1 - (1 - CPR)^{1/12} = 0.001\ 67$

同理，我们可以依次计算出直到第 30 年、CPR 为 6% 时的 SMM。注意到 30 年后直到到期日的 SMM = 0.005 143。

（2）利用第一节的公式 $y = F_0 \times \dfrac{r(1+r)^n}{(1+r)^{n-1}}$ 以及 $F_0 = 100\ 000$，$n = 360$，$r = 0.09/12$，

我们计算 $t = 1$ 时每月支付 y 为 804.62 元。其中，利息支付为 750 元（$100\ 000 \times \dfrac{0.09}{12}$）。

本金支付为 54.62 元（$804.62 - 750$）。

$t = 1$ 时的提前偿付为：$0.001\ 67 \times (100\ 000 - 54.62) = 16.67$（元）

t = 2 时的本金余额为：100 000 -（54. 62 + 16. 67）= 99 928. 70（元）

同理，我们可以依次计算出以后各期的抵押贷款现金流。图 6 - 4 显示了在 100% PSA 假设下该抵押贷款各期的提前偿付额。

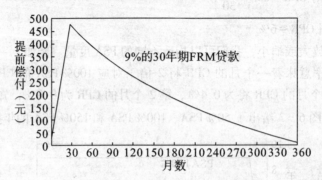

图 6 - 4　100% PSA 的单笔贷款的提前偿付

理解提前偿付对抵押价值的影响是非常重要的。可提前偿付贷款的价值随着利率的下降而趋近贷款余额，与此形成对比的是，不可提前赎回贷款的价值会随着利率的下降而上升。

第三节　抵押贷款支持证券

本节将阐述抵押贷款支持证券的一个基本产品——抵押过手证券（Mortgage Pass - through Security）和两个衍生产品——担保抵押证券（Collateralized Mortgage Obligation）、剥离抵押支持证券（Stripped Mortgage - backed Security）。本节将考察的抵押支持证券是由居民的房产按揭贷款担保的，由联邦相关机构——政府国民抵押协会（GNMA 或 Ginnie Mae）、两家政府资助企业——联邦全国抵押协会（FMNA 或 Fannie Mae）和联邦住宅抵押公司（FHLMC 或 Freddie Mae）发行的证券。我们用联邦机构抵押贷款支持证券（Agency MBS）来指政府国民抵押协会和两家政府资助企业发行的抵押贷款支持证券。

一、抵押过手证券

抵押过手证券是抵押支持证券的基本形式，它是证券发行商以抵押贷款集合基金为基础发行的参与凭证。一个集合可以包含若干笔抵押贷款。构成抵押贷款月度还款的现金流包括利息、计划内本金偿还以及任何提前偿付，投资于抵押过手证券就能分享这些现金流。

（一）抵押过手证券的历史

一些投资组合的管理者一直在积极寻找高于美国国债收益率的固定收益投资机会。对于他们来说，有两种投资选择：①投资于不被美国政府担保的证券，这需要承受一定的信用风险；②投资于本金偿还时间不确定的证券。例如，公司债券中附有的额外收益，用于补偿投资者承受的发行人违约风险。

与投资组合管理者相似，贷款发起人在测算他们的资产收益率时也面临着类似的风险。例如，消费抵押贷款可能存在的违约或提前偿付，会对贷款发起人投资组合的收益率有重大的影响。贷款发起人通过向借款人征收更高的利率来补偿他们承受的风险。此外，贷款发起人会买进或卖出组合中的一些资产以分散他们的风险。当贷款发起人出售他们的抵押贷款时，我们就说他们已进入二级市场进行交易了。

大额贷款或未被证券化的抵押贷款的二级市场早在过手证券出现之前便已经存在。大额贷款的二级市场有助于减少贷款者在资本不足地区和资本盈余地区的不平衡。尽管交易多在抵押贷款发起人之间进行，但对于大额贷款的买者来说，还是要面临复杂的法律问题以及大量抵押物所有权登记的工作。更重要的是，大额贷款市场的流动性很低，卖方如果被迫要在短时间出售大额贷款，将面临资产价值损失风险。这些都使许多小的投资者望而却步。因此，过手证券的引入创造了一种比大额贷款市场更方便、更有效的贷款交易方式。

绝大多数的转手证券由政府国民抵押协会、联邦全国抵押协会和联邦住宅抵押公司三家机构发行，目的是为了增加抵押贷款二级市场的流动性，进一步增加可用于居民住房贷款的资金的供给。与这三家机构有关的证券就是所谓的机构过手证券（Agency Passthrough Securities），其余的抵押贷款过手证券是由民间商业金融机构发行的。尽管联邦全国抵押协会和联邦住宅抵押公司一般也被称为美国政府机构，但实际上两者都是美国政府的公司性机构。也就是说，它们属于政府资助企业，因此它们的担保不含美国政府的全部信誉。政府国民抵押协会的抵押支持证券由美国政府全部信誉对利息和本金的及时偿付进行担保。所以，即使到期时借款人未能支付贷款月度还款，抵押支持证券的本息仍能够按期支付。

政府创建的过手证券实现了两个增加抵押贷款支持证券对投资人吸引力的目标：①通过政府的隐含担保（对政府国民抵押协会是直接担保）消除了信用风险；②通过积聚大量的贷款并创造一种单一固定利率的证券（相对于多个基础抵押贷款的不同利率而言），使现金流量更容易预测。尽管这些贷款都存在提前偿付的问题，但它们对整个证券的影响是很小的。而且市场参与者可以通过对大量的贷款进行统计分析，从而较好地估计每月的提前偿付额。

（二）抵押过手证券的发行步骤

抵押过手证券的发行包括三个基本的运作环节：①证券发行商从抵押贷款发起人手中购买抵押贷款，形成抵押贷款集合基金；②证券发行商以这些抵押贷款组合为担保，发放抵押贷款证券；③该抵押贷款证券的发行商负责或委托其他机构收取抵押贷款的本金和利息，并在扣除服务费和担保费之后，将本息收入全部"过手"给抵押支持证券的投资者。

我们以一个例子来说明抵押过手证券的生成。如图6-5，我们假设基础抵押贷款是10户家庭住房抵押贷款，每笔抵押贷款为10万元，因此10笔抵押贷款之和为100

万元。现金流表示的是月现金流量，它包含了三个因素：①利息；②计划本金偿还额；③提前偿付额。假定某个企业购买了全部 10 笔抵押贷款并将其组合，这 10 笔抵押贷款就可以用做发行证券的担保品。从图 6-5 中可以得知，证券的现金流反映了 10 笔抵押贷款的现金流。假设发行的证券有 40 份，则每份证券最初的价值为 2.5 万元（100 万元除以 40）。每份证券的现金流相当于总现金流的 2.5%（1/40）。

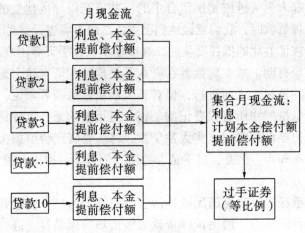

图 6-5　过手证券的生成

（三）抵押过手证券的现金流量

抵押过手证券的现金流量依赖于作为支撑的基础抵押贷款池，正如我们前面提到的包括每月的利息、计划内本金偿付额和提前偿付额。

每个月的抵押贷款还款都要转付给投资者。然而，贷款池的月现金流无论在数量方面还是在发生的时间方面都不完全等于转付给证券投资者的月现金流量，因为有一部分还需要支付给证券发行商和证券担保人作为提供服务的费用。也就是说，证券息票利率与贷款池的抵押贷款利率之差就是所需支付的管理费用和其他费用。另外，现金流发生的时间也不相同。抵押贷款月度还款应由抵押贷款人在每月的第一天付清，然而在相应的月度将现金流转付给证券所有者的过程却存在时滞。

在一个贷款池中，各笔贷款的偿还期不一定相等，也没有必要完全相等；各笔贷款的利率也会有所差别。为了计算一个贷款池的现金流量，有两种办法：一是对每种贷款的现金流量分别计算，然后加总；二是利用加权平均贷款利率作为贷款池的利率，用加权平均贷款期限作为贷款池的期限。加权平均贷款利率（Weighted Average Coupon Rate，WAC）是对贷款池中每笔贷款的贷款利率加权平均；加权平均贷款期限（Weighted Average Maturity）是对贷款池中每笔贷款的剩余期限的加权平均。

例如，一个抵押贷款池有 5 笔贷款，各笔贷款各自的本金余额、抵押贷款利率、剩余期限数如表 6-2 所示。

贷款	本金余额（元）	比重（%）	贷款利率（%）	剩余期限（月）
表6-2		WAC 和 WAM 的计算		
1	125 000	22.12	7.50	275
2	85 000	15.04	7.20	260
3	175 000	30.97	7.00	290
4	110 000	19.47	7.80	285
5	70 000	12.39	6.90	270
总计	565 000	100.00	7.28	279

加权平均贷款利率为：

$0.221\ 2 \times 7.5\% + 0.150\ 4 \times 7.2\% + 0.309\ 7 \times 7.0\% + 0.194\ 7 \times 7.8\% + 0.123\ 9 \times 6.9\% = 7.28\%$

加权平均贷款期限为：

$0.221\ 2 \times 275 + 0.150\ 4 \times 260 + 0.309\ 7 \times 290 + 0.194\ 7 \times 285 + 0.123\ 9 \times 270 = 279$（个月）

（四）抵押过手证券的风险

持有抵押过手证券的投资者无法预知未来的现金流，因为未来现金流取决于实际的提前还款。正如上文指出的，这种风险称为提前还款风险。假设投资者在抵押贷款利率为10%的时候购买了利率为9%的过手证券。我们来考虑如果市场利率下降（如跌至6%）时，将会对提前还款产生什么影响。这将产生两个不利的影响：①固定收益证券的基本特征是利率的下降会使无内置期权的债券的价格上升。但就过手证券而言，价格上升幅度没有无内置期权债券的价格上升幅度大，因为利率下降会促使借款人提前还款，以更低的利率为债务再融资。这就导致了抵押过手证券投资者与可赎回债券持有人面临相同的不利影响，即使得过手证券价格上升的潜力因提前还款而被削弱。②现金流入量是要再投资的，而在市场利率下降的情况下，再投资收益率肯定很低。因此，我们把抵押贷款利率下跌时给投资者带来的这两个不利影响称为收缩风险（Contraction Risk）。

现在假设利率上升到15%时，过手证券的价格像其他债券的价格一样会下跌，但它下跌得更多，因为更高的利率容易降低提前还款的速度。提前还款之所以会减慢是因为住房所有人不会在抵押贷款利率高于9%的合同利率的情况下考虑再融资。这种抵押贷款利率上升时对过手证券的价格产生的不利影响称为延展风险（Extension Risk）。

（五）抵押过手证券的平均寿命期

抵押过手证券的平均寿命期（Average Life，AL）是指以预期收到的本金金额为权数所计算出的收到本金偿付（计划内本金偿付和预计的提前偿付）的平均时间。其计算公式如下：

$$平均寿命期 = \sum_{t=1}^{T} (t \times 在 t 时刻收到的本金)/(12 \times 本金总额)$$

这里的 t 为月份数。由此可知,抵押过手证券的平均寿命取决于 PSA 提前偿付假定的情况。如果 PSA 的假定不同,抵押过手证券的平均寿命期就不同。不同的假定相对应的平均寿命期如表 6-3 所示。

表 6-3

PSA 速度	50	100	165	200	300	400	500	600	700
AL (年)	15.11	11.66	8.76	7.68	5.63	4.44	3.68	3.16	2.78

收缩风险和延展风险是债券平均寿命的函数。当抵押贷款利率下降时,收缩风险发生,提前支付比率增长,抵押过手证券的平均寿命缩短;当抵押贷款利率上升时,延展风险发生,提前支付比率减少,抵押过手证券的平均寿命增加。

二、担保抵押证券

机构投资者对提前还款风险有不同程度的关切。一些机构投资者主要关心延展风险,而另一些机构投资者主要关心使收缩风险最小化。正是由于抵押过手证券存在着收缩风险和扩张风险,不少资金不敢涉足抵押过手证券。为此,1983 年,美国联邦住宅抵押公司推出了一种新的抵押支持债券——担保抵押证券 (Collateralized Mortgage Obligation,CMO)。担保抵押证券是基于过手证券发行的证券(证券由其他证券担保),过手证券的现金流被重新分配给不同的债券类别或系列。担保抵押证券被划分为若干系列(Tranches),每一个系列相对应能够获得不同的由过手证券派生的现金流。每一个担保抵押证券系列代表一个由收缩风险和延展风险搭配成的不同组合。因此,担保抵押证券能够很好地满足机构投资者或投资经理人独特的资产/负债匹配的需求。担保抵押证券的结构如图 6-6 所示。

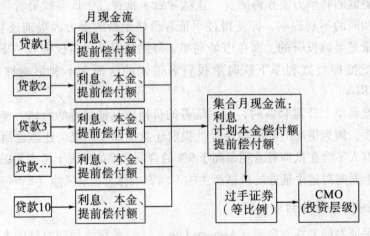

图 6-6 担保抵押证券的生成

担保抵押证券的现金流重新分配并没有消除收缩风险和延展风险，它只是重新将这些风险再打包和分派给不同类型的债券投资者。然而，它的创新之处在于把这些风险依次分派给不同类型的投资者，这样能够最大可能的处置特定类型的风险，以提高抵押支持证券的投资价值。

担保抵押证券的类型有很多种，我们主要介绍以下三种：

（一）顺序偿还类别

按顺序偿还的担保抵押证券通常包含两个以上的类别或系列（Tranches），所有来自担保品的最初的本金摊还额和提前偿付额支付给期限最短的类别，直到所有的类别都被偿清，这个过程才停止。图6－7展示了在担保品的提前偿付保持在185PSA水平上，100万美元的7.5%FNMA集合的本金现金流是如何按照顺序偿还的结构分配的。该例中，第一类别的持有者由于持有资产的加权平均期限为3年，记为3年档持有者。他们从第1个月到64个月得到所有本金现金流，直到本金余额为0。拥有第二类别（7年）的投资者从第65个月到107个月得到本金现金流。10年档的持有者从108个月到134个月得到本金，最后一档的投资者得到剩余的本金现金流。每当剩余的时间和本金偿付开始或终止的月份数，随着现行的提前偿付率对假设提前偿付率的偏离而变化。

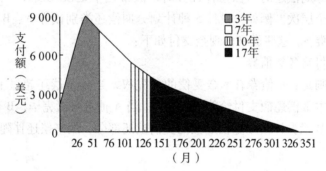

图6－7　来自四档次顺序偿还结构本金现金流

收缩风险和延展风险在这种结构安排下依然存在，但它们作了某种程度的重新分配。短期档次，即先到期者给予投资者更多延展风险的保护。而期限较长者给予投资者更多的收缩风险的保护。也就是说，顺序偿还结构的发明使得投资期较短的资本市场参与者也能进入抵押贷款支持证券市场，因为他们可以买到与计划投资期限更匹配的债券。投资期较长的投资者同样也可以获益，因为他们可以免受贷款池中早期出现的提前偿付的影响。

对于具有许多顺序偿还档次的担保抵押证券结构而言，最后一个档次在其他档次还未支付完毕之前，既不会收到本金也不会收到利息，拥有这种现金流的债券叫Z债券或积息债券。在Z债券未偿付的每个月中，Z债券像其他档次一样产生息票现金流。但是，只要当期不用偿还本金，它的息票现金流就可以用于偿还其他档次的债券。Z债券通过将以前各期的利息支付加入自身的本金余额而扩大自身的量，这个过程叫做增值。一旦优先于Z债券的类别被完全偿还，Z债券就开始得到本金和利息。

（二）计划分期偿还类别

1987 年，美国抵押融资公司和牛津票据成对公司率先推出了计划分期偿还的担保抵押证券。计划分期偿还的担保抵押证券中有一类债券的现金流的确定性非常强，被称为计划分期偿还类别债券。这是因为在规定的提前偿付率波动范围内，这类债券必须按照事先确定的安排稳定地获得本金和利息。那些非计划分期偿还类别债券被称为支撑债券（Support Bonds）或伴随债券（Companion Bonds），它们吸纳了提前偿付风险。

计划分期偿还类别债券通过把不确定的现金流引向伴随债券而予以维持。在提前偿付速度较快的情况下，伴随债券通过吸收超过计划分期偿还类别债券计划本金的偿付部分来支持该债券。在提前偿付速度较慢的情况下，如果没有足够的本金满足先前需要支付的计划分期偿还类别债券，伴随债券本金的偿还将被延期。按照这种支持机制，快于预测速度的提前偿付会使伴随债券得到更快的偿还，或使加权平均寿命期缩短；相反，慢于预测速度的提前偿付将使伴随债券保持更长的时间或延长其加权平均寿命期。

在创新计划分期偿还的担保抵押证券时，通常也不是仅仅设计一种计划偿还的证券，而是设计多个层次。例如，设计 5 种计划分期偿还类别债券 A、B、C、D、E，再设计 1 种伴随债券 S。这些类别的现金支付如下：

利息分别支付给各类债券。

本金的支付则是：A 债券有本金受偿的优先权，当本金偿还超过了 A 债券的计划偿还额时，剩余本金偿还额支付给伴随债券 S；当 A 债券受偿完毕，B 债券有本金受偿的优先权，超过 B 债券计划本金偿还额的提前偿还部分，用来偿还伴随证券 S。以此类推。

（三）浮动利率类别

由于有些投资者对浮动利率债券有需求，因为浮动利率的资产与他们的浮动利率负债相匹配，因此，仅仅发行固定利率的担保抵押证券，会限制一些投资者参与 MBS 市场。浮动利率担保抵押证券可以在固定利率担保抵押证券基础上建立起来，也就是构造一个浮动利率与反向浮动利率的组合。浮动利率债券的息票率需要定期重新设定（通常按月重设），重新设定时根据对某种指数（如 LIBOR 以及联邦住宅贷款银行系统第十一区基金成本指数等）的特定利差或差额调整。反向浮动利率的息票率与指数反方向移动。无论浮动利率债券还是反向浮动利率债券都有浮动上限和下限。上下限设定了债券的最大和最小的息票利率。

表 6-3 显示了浮动利率债券和反向浮动利率债券是如何从固定利率债券中创造出来的。浮动利率债券和反向浮动利率债券的息票利率计算公式都与基金成本指数有联系。浮动利率债券的息票利率按该基金成本加 65 个基点进行调整，并附有 10% 的利率上限，反向浮动利率债券的息票利率的乘数为 2，按 21.20% 减去 2 乘以基金成本指数的差进行调整，有 2.5% 的利率下限。

表 6－3　　　　　　　　　　　　浮动利率债券和反向浮动利率债券的创造

120 万美元的 5 年期、息票利率为 7.5% 的伴随债券变为：

● 80 万美元的 5 年期基金成本指数浮动利率伴随债券（息票利率 = 基金成本指数 + 65 个基点，10% 利率上限）

● 40 万美元的 5 年期基金成本指数反向浮动利率伴随债券（息票利率 = 21.2% － 2 × 基金成本指数，2.5% 利率下限）

基金成本指数（%）	息票利率（%）		加权平均息票利率（%）
	浮动利率	反向浮动利率	
0.00	0.65	21.20	7.50
2.00	2.65	17.20	7.50
4.00	4.65	13.20	7.50
6.00	6.65	9.20	7.50
8.00	8.65	5.20	7.50
9.35	10.00	2.50	7.50
10.00	10.00	2.50	7.50
12.00	10.00	2.50	7.50

三、剥离抵押支持证券（Stripped Mortgage – backed Securities）

传统的过手证券一个显著的特点是基于抵押贷款组合支持证券产生的，利息与本金的偿付是按比例分配给债券持有者。这意味着每一位过手证券的持有者收取相同金额的利息和本金。与之不同的是，剥离抵押支持证券不是按比例分配的。这种不均等的分配本金和利息，导致剥离抵押支持证券的价格和收益率之间的关系与过手证券有显著的不同。剥离抵押支持证券最常见的类型是唯息证券（Interest – Only）和唯本金证券（Principal – Only）。

唯息证券获得担保品产生的全部利息，而唯本金证券则获得担保品全部的本金偿还额。对于唯息证券而言，所获利息的多少直接与本金余额相关，而本金余额则与抵押贷款池的提前偿还速度直接相关。如果提前偿还的速度越快，本金余额下降越快，进而未来利息额就越少；相反，如果本金提前偿还速度越慢，那么本金余额就相对较高，进而利息所得就越多。由于市场利率的下降会导致提前偿还比率增大，因此，市场利率下降时，唯息证券的投资者获得的收益下降。同理，当市场利率上升时，唯息证券的投资者收益增加。在通常情况下，普通证券价格与市场利率呈负相关。但上面的分析却表明，唯息证券的价格与市场利率呈正相关关系。这一特点，使得唯息证券成为非常独特的证券，这一证券可以被不少投资者利用，以建立投资组合进行避险。

由于唯本金证券只获得本金的偿还额，并获得期间再投资所生成的利息，因此，唯本金证券必须折价发行。投资唯本金证券所获得的到期收益率，依赖于本金的偿还速度。偿还速度越快，唯本金证券的投资者所获得的收益越高。唯息证券与唯本金证券的价格与收益率的关系如图 6－8 所示。

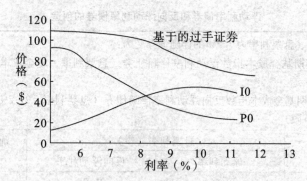

图 6-8　唯息证券、唯本金证券的价格与利率的关系

从图 6-8 我们可以看出唯息证券和唯本金证券的一些投资特点：

（1）唯本金证券的投资表现对提前偿付率极其敏感。较高的提前偿付率导致与预期相比更快的本金返还，由此产生更高的收益。由于提前偿付率随着贷款利率下降而上升，因此唯本金证券价格随着利率的下降而上升。

（2）唯息证券价格在较低的当前利率下与贷款利率呈正相关关系。当前市场利率下降至抵押贷款利率之下时，提前偿付率增加，本金余额下降。唯息证券的利息偿还减少，减少的现金通常导致唯息证券价格的下跌；反之，则唯息证券价格上升。

（3）唯息证券和唯本金证券与其基于的过手证券相比，显现出较高的价格波动。之所以发生这种现象是因为唯息证券和唯本金证券的收益呈负相关关系（两者价格与利率刚好呈反方向变动），但是两者价格波动之和等于过手证券价格的波动。

本章小结

● 住房抵押贷款是一种要求借款人按照预定计划还款，并以特定房地产作为担保品来确保债务偿还的贷款。

● 基本的抵押贷款支持证券是以抵押贷款组合为基础生成的抵押贷款过手证券。

● 贷款人的风险包括：①提前偿付风险；②违约风险；③利率风险。

● 按照利率在整个存续期间是否可以调整，住房抵押贷款可以分为两类：固定利率抵押贷款（FRM）和可调利率抵押贷款（ARM）。

● 影响提前偿付的因素有：①市场利率；②市场利率的历史路径；③季节性因素；④抵押贷款的年龄；⑤住房价格；⑥抵押贷款期限；⑦宏观经济状况。

● 根据贷款组合的特征（包括其历史提前还款经验数据）及当前和预测的未来经济环境，对一个贷款组合的提前还款比率做出假设，这个比率叫做条件提前偿付率。

● 公共证券协会（PSA）的惯例是，假设在第 1 个月 0.2% 的本金被提前偿付，以后每个月的提前偿付比例依次递增 0.2%。最后固定在 6%，这种方法被称为 100% PSA 度量。

● 抵押过手证券是抵押支持证券的基本形式，它是证券发行商以抵押贷款集合基金为基础发行的参与凭证。一个集合可以包含若干笔抵押贷款。

● 投资于抵押支持证券所面临的风险可以划分为收缩风险和延展风险。

● 担保抵押证券是基于过手证券发行的证券（证券由其他证券担保），其现金流被重新分配给不同的债券类别时称之为系列，每一个系列相对应能够获得不同的由过手证券派生的现金流。每一个担保抵押证券系列代表一个由收缩风险和延展风险搭配成不同的组合。

● 担保抵押证券的出现并不能消除提前还款风险，它只能把不同形式的风险在不同类别（系列）之间进行分配。

● 剥离抵押支持证券最常见的类型是唯息证券（Interest - Only）和唯本金证券（Principal - Only）。

● 唯本金证券因利率下跌和提前还款加速而获益。

● 唯息证券因利率上升和提前还款放缓而获益；唯息证券的投资者即使将债券持有至到期也可能无法收回投资金额。

练习题

1. ( ) 是固定利率抵押贷款方式的特点。
   A. 月度还款中，用于偿还按揭贷款本金部分递增
   B. 用于偿付利息部分逐月减少
   C. 借款者先于到期日偿还全部或部分贷款会导致提前还款风险
   D. 利率的确定等于参考利率加上一个特定的利差

2. 比较条件提前还款比率和公共证券协会提前还款基准。

3. 假设提前还款速度为100PSA，按照CPR与SMM的转换公式，计算第5个月以及第31个月至第360个月的SMM。

4. 阐述影响提前还款行为的因素和提前还款风险的种类。

5. 抵押支持证券可以分为哪几类？

6. 一个30年期的按揭抵押贷款，贷款利率为7.25%，贷款金额为 $ 150 000。借款人月度还款金额为 $ 1 023.26。完成如表6-4所示的月度还款计划表。

表 6 - 4

月份	本金金额（$）	月还款额（$）	利息（$）	计划本金偿还（$）	月末贷款余额（$）
1	150 000.00	1 023.26			
2		1 023.26			
3		1 023.26			
4		1 023.26			
5		1 023.26			
6		1 023.26			
7		1 023.26			

表6-4(续)

月份	本金金额($)	月还款额($)	利息($)	计划本金偿还($)	月末贷款余额($)
8		1 023.26			
9		1 023.26			
10		1 023.26			
……	……	……	……	……	……
357	4 031.97	1 023.26			
358		1 023.26			
359		1 023.26			
360		1 023.26			

7. 有人说："因为政府国民抵押协会发行的过手证券是以全部政府信誉作担保，所以证券的现金流没有不确定性。"你同意这样的说法吗？为什么。

8. 一个抵押贷款组合如表6-5所示：

表6-5

贷款	贷款金额($)	贷款利率(%)	剩余期限(月)
1	215 000	6.75	200
2	185 000	7.75	185
3	125 000	7.25	192
4	100 000	7.00	210
5	200 000	6.50	180
总计	825 000		

分别计算加权平均贷款利率和加权平均贷款期限。

9. 一种过手证券，在第42个月初时的贷款余额有 $ 260 000 000，这个月的计划本金偿还是 $ 1 000 000。如果这个月的提前还款额是 $ 2 450 000，试计算第42个月的 SMM 和 CPR。

10. 如果在第140个月时过手证券的标的贷款组合的贷款本金余额还有 $ 537 000 000。本月的计划本金偿还额是 $ 440 000。假设在 175PSA 下，计算第140个月的月度提前还款金额。

11. CMO 的设计是如何将提前还款的风险分配到不同的债券系列中去的？

12. 支撑债券系列在 CMO 结构设计中的作用是什么？

13. 介绍剥离抵押支持证券的投资特性。

第七章　资产支持证券

本章学习目标：

通过本章的学习，应该掌握资产证券化的特点和基本流程，了解美国市场资产支持证券的几种主要类型。

第一节　资产证券化概述

资产证券化（Asset Securitization）是指企业或者金融机构把缺乏流动性的、但有稳定未来现金流的资产进行组合，以资产池为支撑向市场发行资产支持证券。资产支持证券（Asset - backed Securities，ABS）是资产证券化的产物，也是固定收益市场上的重要产品，资产证券化的发展进程其实就代表了资产支出证券的发展历程。

资产支持证券有许多独特的地方。一般固定收益证券有一个具体的债务人，通常是证券的发行者。例如，国债的债务人是国家，公司债券的债务人是公司。资产支持证券的债务人不是一个确定的主体，也不是其发行者，而是某项贷款的众多借款人。一般固定收益证券不存在提前偿还的问题，而资产支持证券的提前偿还风险则非常突出。

一、资产证券化的发展

资产证券化起源于 20 世纪 70 年代的银行信贷资产证券化。20 世纪 60 年代后期，美国经济陷入衰退，通胀率较高，促使市场利率上升，从事住房抵押贷款业务的储蓄与贷款协会（Saving and Loan Association）短存长贷的弊端显现，造成该类机构出现流动性困难和经营收益下降。为帮助储蓄与贷款协会摆脱困境，缓解资产流动性不足的问题，1970 年美国联邦全国抵押协会（FNMA）首次公开发行住房抵押贷款证券，资产证券化由此展开。

经过 30 多年的创新，资产证券化得到了空前的发展。目前，支持证券化的资产已经扩展到包括信用卡贷款、学生贷款、租赁资产、公司应收账款、不良资产、路桥收费等。在美国等资本市场发达的国家，资产证券化已经成为一种主要的融资方式，并且仍然以较快的速度保持增长。20 世纪 90 年代，美国资产证券化市场每年保持 30% 以上的增幅。

亚洲进行资产证券化开发的历史较晚，在发展速度、市场规模、产品种类上同美国等国家相比都有较大的差距。在 1997 年亚洲金融危机后，亚洲企业都面临了在国际资本市场上融资能力下降的问题，这时资产证券化才脱颖而出。到了 1998 年，仅东亚的资产证券化活动就超过了 250 亿美元，比 1997 年增加了 96%。证券化业务迅速扩张到银行、财务公司、贸易公司等领域。

根据证券业和金融市场协会（Securities Industry and Financial Markets Association, SIFMA）统计，截至 2008 年第一季度末，美国资产支持证券（含 MBS，下同）余额为 9.88 万亿美元，占美国债券市场余额的 32.34%，是第一大债券品种；欧洲资产支持证券余额为 1.21 万亿欧元，主要集中在英国、西班牙、荷兰、意大利等国家。2007 年，美国共发行资产支持证券 2.95 万亿美元，占当年美国债券发行总额的 47.58%；欧洲共发行资产支持证券 4 537 亿欧元。2007 年，资产支持证券中标准化程度最高的美国机构 MBS（Agency MBS）的日均交易额约为 3 201 亿美元，远低于国债的日均交易额 5 671 亿美元，换手率相对较低。

我国于 2005 年 12 月由国家开发银行在银行间债券市场成功发行首单信贷资产支持证券。根据中央国债登记公司统计，截至 2008 年 7 月底，我国共发行各类资产支持证券 531.18 亿元，7 月末余额为 434.4 亿元，基础资产类型包括住房抵押贷款、汽车贷款、优质信贷资产以及不良贷款等。交易方式包括现券买卖和质押式回购，截至 2008 年 7 月底，累计成交 158.65 亿元。

二、资产证券化的动机

促成资产证券化的主要因素有三个：

（一）提高发起人的权益收益率

发起人通过资产证券化或卖掉某些资产，可以减小资产负债表的规模。例如，应收账款可以用来为商业票据的发行作担保，即所谓的资产担保商业票据。如果收入不变，资产负债表规模变小，则股权收益将增加。另外，作为证券化融资结构中的服务商，还可以获得服务费收入。

（二）提供一种新的融资方式

资产证券化允许低信用等级的公司进入原本不能进入的资本市场。例如，商业票据市场原本只有高信用等级的公司才能够进入，现在通过资产证券化，低信用等级的公司也可以进入。

（三）转移风险

资产证券化可以将公司的部分风险转移给投资者，公司减少了总体风险，而投资者通过承担风险获取收益。经过这个过程，公司可以为资本结构变动作准备。

三、适合证券化的资产和种类

进行资产证券化的资产应当具有以下特征：资产在未来可以产生确定的现金流；基础资产必须具有标准化、高质量的合同条款；基础资产必须有相似的到期日结构期限；基础资产的抵押物有较高的变现价值。

以美国为例，主要的证券化基础资产品种一共有四大类：一是消费信贷，包括居民住宅抵押贷款、汽车销售货款、信用卡应收款及各种个人消费信贷。二是商业抵押贷款，包括商业房地产抵押贷款、贸易收款、各类工商企业贷款。三是租赁应收款，包括计算机租赁、办公设备租赁、汽车租赁、飞机租赁。四是其他未来有稳定现金流的资产，包括人寿保单、公用事业费收入、航空公司机票收入、公园门票收入、俱乐部会费收入及债券收入（包括高收益/垃圾债券组合）等。

四、资产证券化的参与者

一般来说，资产证券化过程的主要参与者有：发起人、特殊目的机构、信用提高机构、信用评级机构、承销商、受托管理人、投资者等。

（一）发起人

资产证券化的发起人一般是发放贷款的金融机构，也可以是其他类型的公司。发起人一般通过购买或提供融资两种方式建立资产池。发起人与证券承销商共同决定证券化的交易结构，起草相关文件和对证券进行定价。承销商、服务商和受托管理人一般由发起人选定。

（二）特殊目的机构

特殊目的机构可以由发起人或第三方设立，接受转让的资产池，然后直接发行资产支持证券，或者把资产进一步转让给信托机构，由后者发行资产支持证券。特殊目的机构的参与是资产证券化的核心。通过特殊目的机构，债务人的信用风险分散给了投资者。特殊目的机构要严格地与原债权人进行破产隔离。

（三）信用提高机构

信用增级包括内部信用增级和外部信用增级两大类。当内部信用不足以达到发行证券所需信用评级时，发起人一般会聘请信用增级机构提供外部信用增级。信用增级机构可以是母公司、子公司、其他金融机构、担保公司或者保险公司。

（四）信用评级机构

信用评级机构对拟发行的资产支持证券进行评级，为投资者提供决策参考。信用评级机构通常由国际资本市场上广大投资者承认的独立的私营机构担任。

（五）承销商

发起人选择一家或多家承销商负责资产支持证券的承销。在签订承销协议之前，承销商一般需对资产池、交易结构和有关当事人进行尽职调查，以确信证券发行文件所载内容的准确性。

（六）服务商

在资产证券化交易中，服务商直接或者通过分包服务来管理转让给信托或者特殊目的机构的资产池。服务商负责收取资产池产生的现金流（到期本金和利息），然后把收入存入受托管理人指定的账户，由受托管理人转交给投资者。服务商一般通过受托管理人向资产支持证券持有者通报资产状况。

（七）受托管理人

受托管理人一般由提供公司信托服务的大银行担任。受托管理人的基本职责一般包括以下几个方面：①托管资产，负责接受、持有和替换资产，提供资产状况分析报告；②负责资产池产生现金流的收取、持有和分配工作；③向投资者或其他第三方支付现金；④作为受托人，为资产支持证券持有人保有资产的抵押权，向持有人分发相关信息以及替换服务人。

（八）投资者

证券化过程为投资者在市场中提供了一个高质量的投资选择机会。投资者通过购买不同的组合资产的证券，能够避免区域和行业的集中所带来的风险。同时，投资者可以依赖第三方信用评级结果进行证券的选择，降低投资成本。

五、资产证券化的基本运作程序

在典型的资产证券化交易中，发起人通过将不同的资产汇集，打包整理成资产池，并通过两种方式转让这一资产池：一是发起人向信托受托人转让该资产池，换取资产支持证券；二是发起人向信托受托人或特殊目的机构转让资产池，获得转让资产的价格。其基本流程如图7-1所示。

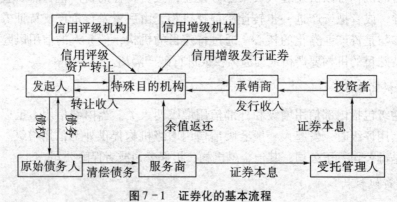

图7-1 证券化的基本流程

资产证券化的基本运作包括以下几个步骤：

（一）确定资产证券化目标，组成资产池

发起人首先分析自身的资产证券化要求，衡量借款人信用、评估抵押物的价值、预测资产现金流，并根据证券化目标确定资产池的规模，将资产进行组合构成资产池。

（二）资产转让

发起人与特殊目的机构签订买卖合同，发起人将资产池中的资产转让给特殊目的机构。

（三）信用增级

内部信用增级是由特殊目的机构用基础资产中所产生的部分现金流来提供的，其常见的方式有建立优先/次级结构和现金储备账户等；外部信用增级是由外部第三方提供的信用增级工具，其常见的形式有担保、保险等。

（四）信用评级

信用评级由专门评级机构应证券化资产发起人或承销商的请求进行。评级主要考虑资产的信用风险，而不考虑市场风险和发起人信用风险。由于出售的资产都经过了信用增级，资产支持证券的信用级别会高于发起人的信用级别。

（五）证券发行和资产转让支付

确定信用评级结果后，承销商以包销或代销方式向投资者发行证券筹集资金。特殊目的机构从承销商处获取证券发行收入，并按合同约定的价格支付给发起人。

（六）资产售后管理和服务

发起人指定一家资产管理公司管理资产池，负责收取、记录由资产池产生的现金收入，并将现金收入存入受托管理人的收款专户。受托管理人按约定收取资产池现金流，并按期向投资者支付本息，向专业服务机构支付服务费。由资产池产生的收入在还本付息、支付各项服务费之后，若有剩余，按协议规定在发起人和特殊目的机构之间进行分配。

六、信用增级的方法

有两种主要的信用增级技术：内部信用增级和外部信用增级。前者主要依赖于应收账款本身，后者则要看独立的第三方的信用。

（一）外部信用评级

外部信用增级依赖于提供信用担保的机构的信誉。一般来讲，这些机构应是那些不受经济周期影响的机构。外部信用提供了一个承诺，当出现特殊目的机构不能支付它的债务的情况时，信用增级机构无条件地替特殊目的机构偿还债务。外部信用增级最普遍的形式有：单线保险、相关方担保和信用证。

1. 单线保险

单线保险公司只承担一种业务，即金融产品（如市政债券或资产支持证券）担保的单线业务，所以称单线保险。通过单线保险公司进行信用增强的债券被称为打包（Wrap）。这种保险的运作如下：当证券发行人不能偿还债务时，单线保险公司承诺在某个限额内替发行人偿还本金和利息。与市政债券承保全部本金不同，单线保险只对证券化产品面值的一个百分比承保。

通过一个单线担保，发行人获得一个经由单线保险达到的3A级别，而不是建立在交易结构的基础上。在这样的结构中，单线保险公司进行整个的分析和研究工作。而在不经过单线保险来"打包"的债权结构中，这些工作是由评级机构来做的。

单线保险公司拥有令人嫉妒的级别。他们都持有3A级的保险支付权能力级别，他们按照零损失承保原则承担业务。评级机构分析单线保险公司承担的每个角色，计算需要支持意外风险的资本，确认发行人自己的资源和整体的组合构成是否能够有效地保证它的信用级别。一般而言，单线保险公司只参与那些所要求担保的风险已经至少是投资级的交易。

2. 相关方担保

相关方担保（通常是发起人或一个相关方提供担保）的传统优势是它的形式简单和不需要明确的费用。它的不利之处是：与之相连的更严格的账户标准不允许这种表外处理，同时还有来自投资者的抵制。这种支持存在三个问题：①这倾向于成为项目风险；②保证将发起人资产的风险和证券化资产的风险分散；③作为担保人，可能会面临自己的资产和抵押资产的管理的冲突。

3. 信用证

备用信用证是指代表一个明确具体数量的信用支持，它可以提供部分和完全的特殊目的机构债务的偿还。备用信用证可以是主要来源，也可以是一个次要来源。备用信用证提供者处于完全可以替代特殊目的机构的地位，即信用证提供者直接偿付，他们承担对投资者进行偿付的首要责任。在假设它会发生意外的负债之前，它私下要进行充分的审慎调查。如果它是一个次要来源，即备用形式，则对投资者进行还本付息的首要资金来源是抵押资产组合，或由抵押资产的创始人承担首要责任，而提供信用证的机构只承担第二责任。

银行信用证的定价和保险的定价很相似，因为银行可以对抵押的部分担保。这样，他们能够对发行的部分而不是全部价值的风险进行收费。

在美国，相比单线保险，后面两种外部信用增级的形式在实际中要少一些。原因是如果第三方保证人的评级降低，则即使该证券的运行与预期相符，证券本身仍然会降级。例如，在20世纪90年代早期，花旗银行抵押证券公司（Citibank Mortgage Securites Inc.）发行的抵押贷款支持证券的等级被降低，就是因为作为第三方担保人的花旗银行的等级被降低。这种做法依据的是评级机构的薄弱环节的检验。根据这项检验，在对申请的证券结构进行评估时，无论基础贷款的情况如何，证券的信用等级最高只能达到信用增级中最薄弱环节的等级。

（二）内部信用增级

内部信用增级采用的形式比外部信用增级的形式更为复杂，即使不发生违约，贷款现金流的特征也可能改变。最普遍的形式是：准备金、超额抵押和优先/次级结构。

1. 准备金

准备金采用两种形式：现金准备金（Cash Reserve Funds）和剩余利差账户（Excess Spread Accounts）。

现金准备金由证券发行收入中直接存储。这种情况下，部分现金准备金会被投资于货币市场工具中，在保持流动性的情况下产生收益。现金准备金经常与信用证等其他类型的外部信用增强形式同时使用。例如，担保抵押证券可能具有10%的信用支持，其中9%来自信用证、1%来自现金准备金。

剩余利差账户是在按月支付净利息、管理费和所有其他费用之后，把利差或现金的余下部分存入独立的准备金账户。例如，假定总加权平均息票利率是7.75%，服务费和其他费用是 0.25%，净加权平均息票利率是 7.25%，这意味着有 0.25% 的剩余利差。

在特殊目的机构计算利息支付、资产替代日期和本息分摊日期时，需要计算应保持的利差数量。有些资产级别，像个人信用卡贷款常产生大量的剩余利差，以至于在交易的早期，能够很快积累利差完成储备账户的融资。

2. 超额抵押

超额抵押就是指抵押品的价值超过了特殊目的机构包装的资产价值。比如，某证券机构发行了面额为 1 亿美元的资产支持证券，抵押品的金额的市场价值是 1.25 亿美元，则该证券机构的超额抵押有 0.25 亿美元。因此，0.25 亿美元以内的损失不会对任何一个债券系列造成损失。

在一个超额抵押结构中，任何损失将首先进入超额抵押账户。所以，出售者将首先承受损失，如果损失超过抵押的数量，则剩余部分可能被证券持有者和任何必要的第三方承担。

充作抵押的财产价值大于贷款的部分构成了剩余资产价值。如果违约发生，财产的额外价值就可期待用于缓冲损失。剩余资产价值在保护投资者的本金偿还时非常有效。

这种方法是所有方法中最简单的一种，但由于它的高成本和资本使用的低效率，所以很少被使用。

3. 优先/次级结构

这是一种被广泛运用的增级形式。优先/次级结构将发行证券分为两个种类：优先级和次级。优先级债券持有者对从抵押资产产生的现金流和本金拥有第一优先权；次级债券持有者拥有第二优先权，只有当优先级债券持有者被支付后才能收到收益。次级结构中的投资者在优先结构的投资者之前承担损失。这种结构把本来支付给次级证券持有者的本金和利息用来提供信用增级，使优先证券持有者的本金和利息的支付更有保障。

在一个优先/次级结构中，本息的支付是按照如下顺序进行的：

（1）被要求的第三方支付（如管理人或信托人）。

（2）优先债券持有者的到期本息和过期本息。

（3）次级债券持有者的到期本息和过期本息。

我们举这种形式的一个简单例子：

债券种类	面值（百万美元）
A（优先级）	90
B（次级）	10
总计	100

由于 B 类（次级）债券会承担起先 1 000 万美元的损失，所以 A 类（优先级）债券的信用得到了增强。因此，只要损失不超过 1 000 万美元，优先级债券到期就会收回

全部的面值 9 000 万美元。

有时交易会被分成几个风险层次。这样做可以降低融资的加权平均成本和作为第一损失保护的资本要求。

第二节　资产支持证券的种类

住房抵押贷款的证券化是迄今为止已经进行了证券化的资产中最主要的品种，这在上一章已经讨论过。不过由其他资产（如消费者信贷、商业贷款以及应收账款等）担保的证券也进行了证券化。美国资产支持证券市场中所占比例最大的部分是信用卡应收款、汽车贷款、住宅权益贷款、预制房屋贷款、学生贷款、小企业管理局贷款以及债券抵押债务支持的证券。由于住宅权益贷款和预制房屋贷款是由不动产支持的，所以由这两种贷款担保的证券称为不动产支持债券（Real Estate - Backed Securities）。其他资产担保的证券包括由住房改良贷款、卫生保健应收账款、农用设备应收账款、设备租赁、音乐版权应收账款、电影版权应收账款、市政税收留置权、市政停车费应收账款等资产担保的证券。这个清单还在不断地扩展。表 7 - 1 为最著名的资产支持证券和首次发行时间。

表 7 - 1　　　　　　　　　美国资产支持证券种类和首发日期

按担保品划分的资产支持证券种类	首次发行日期	发行金额（亿美元）
计算机租赁票据	1985 年 3 月	1 847.8
汽车贷款	1985 年 5 月	76 363.6
联营公司票据	1986 年 7 月	638.0
轻型卡车贷款	1986 年 7 月	187.4
信用卡应收款	1987 年 1 月	80 238.4
标准卡车贷款	1987 年 7 月	478.6
贸易应收款	1987 年 9 月	311.5
汽车租赁	1987 年 10 月	470.0
消费信贷	1987 年 11 月	1 092.5
游艇贷款	1988 年 9 月	1 202.5
预制房屋贷款	1988 年 9 月	7 653.7
设备租赁	1988 年 10 月	214.6
RV 贷款	1988 年 12 月	1 525.8
住宅权益贷款	1989 年 1 月	24 718.0
摩托车贷款	1989 年 7 月	86.1
时间分享应收款	1989 年 8 月	115.5

表7-1(续)

按担保品划分的资产支持证券种类	首次发行日期	发行金额(亿美元)
批发商汽车贷款	1990年8月	5 900.0
批发商卡车贷款	1990年12月	300.0
小企业贷款	1992年1月	349.8
铁路车辆租赁	1992年5月	998.4
活动房屋贷款	1992年6月	249.9
农机设备贷款	1992年9月	1 052.4

下面介绍几种最常见的资产支持证券及其收益特性。

一、信用卡应收账款支持债券

信用卡应收账款支持债券由信用卡应收账款担保,信用卡由银行(维萨和万事达卡)、零售商(芬尼和希尔斯)、旅行和娱乐公司(美国运通)发行。

信用卡证券化交易采用主信托人结构。主信托人结构的发行人可以通过同一个信托人发行若干个系列。例如,以花旗银行作为主信托人的标准信用卡主信托人"Ⅰ1995-A"系列为例,就是标准信用卡主信托人Ⅰ的第一集团发行的某个系列中的第22笔,它在欧洲发行。公开发行的凭证只有一种,即3亿美元的浮动利率A级信用卡参与凭证。这笔1995年5月22日的主信托包括了20 092 662个账户,其应收本金约为243亿美元,应收财务费用约为2.908亿美元,平均信用额度为3 284美元,账户平均余额为1 210美元。大约69%的账户存在了两年以上。

信用卡应收账款组合的现金流包括收取的财务费用、手续费和本金。收取的财务费用是指定期根据信用卡借款人在宽限期期满后仍未清偿的余额计收的利息,手续费则包括拖欠费和年度会员费。

信用卡应收账款支持债券向其持有人定期支付利息(如每月或半年)。但它的本金却不是分期偿还的。在所谓锁定期(Lockout Period)或循环期(Revolving Period)的一定时间内,组合中信用卡借款人的本金还款再次投资于其他应收账款,以维持应收账款组合的规模。锁定期从18个月至10年不等。因此,在锁定期内,支付给证券持有人的现金流只包括收取的财务费用和手续费。锁定期满后,本金不再重新投资,而是分配给投资人。这个时期称为本金分期偿还期。

在信用卡应收账款结构中有三种不同的分期偿还结构:①转付结构;②控制分期偿还结构;③一次性支付结构。在转付结构中,信用卡应收款的本金现金流向债券持有人的支付按比例进行。在控制分期偿还结构中,要建立计划本金偿还数额。计划本金偿还数额很低,这样即使在借款人违约或较慢还款造成的现金流减少的困难情况下,也能够履行偿还计划本金的义务。支付给债券所有人的金额等于计划本金数额和按比例数额中较小的一个。在一次性支付结构中,投资者在一次性分配中得到全部数额。由于一次性支付全部的数量没有保证,委托人按月累计分配本金,以产生足够的利息进行定期利息支付，并积累本金进行偿还。

信用卡应收账款支持债券中有些条款要求，如果发生了某些事件，就要尽早偿还本金。此类条款，称为尽早分期偿还或加速分期偿还条款，用于保证所发行证券的信用质量。改变本金现金流的唯一方法是触发尽早分期偿还条款。尽早分期偿还条款规定，当从应收账款中赚取的超额利差的三个月平均值降至零或零以下时，就可以快速偿还本金。在实施尽早分期偿还时，要按顺序清偿信用卡的各个系列（即首先是 AAA 级债券，然后是 AA 级，以此类推）。只要把借款人偿还的本金分配给投资者，而不是用还款去购买更多的应收账款，就可以实现尽早分期偿还。偿还本金所需时间的长度大致是月度还款比例的一个函数。例如，假设 AAA 系列占整笔交易的 82%，如果月度还款比例等于 11%，则 AAA 系列将在 7.5 个月的时间内还清本金（82%/11%）。如果月度还款比例等于 18%，将使本金在 4.5 个月的时间内偿清（82%/18%）。

二、汽车贷款支持债券

汽车贷款支持债券（Auto Loan - backed Securities）的发行者主要有：①汽车制造商的财务子公司，这一类包括三巨头（通用、克莱斯勒、福特）的财务分支机构和外国汽车制造商（沃尔沃、奔驰、本田、尼桑和丰田）的财务分支机构；②商业银行；③独立的财务公司和较小的专营汽车贷款的金融机构，这一类包括西部金融、联合信贷公司、奥林匹克财务公司。汽车贷款支持债券有关的担保是以休闲汽车购买合同和汽车租赁组合为担保的交易。

汽车贷款支持债券的现金流包括定期计划本金月度贷款还款（利息加上计划本金偿还）以及提前还款。汽车贷款的提前还款由以下五种情况所致：①销售及贸易保险要求全额偿还贷款；②拥有新的汽车，继而出售旧汽车；③汽车的丢失或损坏；④现金支付贷款以节省利息成本；⑤较低利率下的贷款重新融资。

在实际生活中，汽车贷款提前还贷的风险较小。尽管再融资或许是提前还贷的主要原因，但是它对汽车贷款的重要性很小。这是因为许多汽车贷款的利率远低于市场利率，这种低利率是制造商促销的一部分。另外，汽车贷款的坏账比例也较低，仅为 2.2%，大大低于住宅贷款的 4.3% 和其他个人消费贷款的 3.2%。

对于大多数资产支持证券的提前还款衡量，用上一章提到的条件提前偿付率（CPR），转换成月度比率就是单月衰减率（SMM）。而汽车抵押贷款支持债券的提前偿付，用绝对提前偿付速度（Absolute prepayment speed，ABS）来衡量。其计算方法是以每月提前偿付额除以该月初没有偿还的本金。

如果以 M 表示离贷款发放至今的月份数，则 SMM 与 ABS 的关系可以由下式表达：

$$SMM = \frac{ABS}{1 - [ABS \times (M - 1)]}$$

三、住宅权益贷款债券

住宅权益贷款债券（HELS）由住宅权益贷款支持。住宅权益贷款（HEL）其实就是次顺序抵押贷款（Second - lien Mortgage），它的产生是房屋业主以其已经抵押的房子，再度向银行抵押贷款。该种贷款在资产方面一般具有第二处置权。住宅权益贷款产生的条件是房屋业主对已经抵押的不动产（即期住宅）有充分的权益，而权益来源于两个可能：①房屋业主在承贷商第一顺序抵押贷款之后积累的还本；②房屋价格大幅上涨。业主向银行申请融资之后银行如果批准融资申请，会拨给业主一个额度，他可以自由支出，并按其所支额度缴纳本息。

住宅权益贷款可以是封闭式或开放式。封闭式（Closed - End）住宅权益贷款的构成与住房抵押贷款是相同的形式，即它具有固定到期日、固定利率，支付的构成在到期日完全分期偿清贷款。封闭式住宅权益贷款的现金流包括利息、计划本金偿还、提前偿付，与资产支持证券很相似。开放式（Opened - End）住宅权益贷款是指给定房屋所有人信贷额度，能够签发支票或使用信用卡达到额度。信贷额度取决于借款人在其财产中的产权数或权益数，房屋业主能够在循环期限内根据额度借入资金。在贷款期限末，房屋业主可以一次性支付来偿清所借数额，或分期偿还尚未偿还的余额。

住房权益贷款和标准抵押贷款的偿还行为存在差别。为住宅权益贷款债券上市设计的华尔街公司，建立了这些贷款的偿还模型，发现借款人信用特征对于住宅权益贷款和第一抵押贷款之间提前支付行为发挥了重要的作用。

预测某笔具体交易的提前还款时，必须注意借款人特性和借新债的情况。在住宅权益贷款债券的招募说明书中，必须对提前还款做出基本假设，即该抵押资产解除抵押之前的初始还款进度和持续时间。因此，每家发行人预测的提前还款基准各不相同。招募说明书中采用的基准速度叫做招募说明书提前还款曲线（Prospectus Prepayment Curve，PPC）。和上一章介绍的 PSA 基准一样，更慢或更快的提前还款速度用 PPC 的倍数来表示。例如，某笔非联邦机构交易的 PPC 可能公告如下：

……100% 的提前还款假设，假定贷款寿命期内第一个月的条件提前还款速度的年率为当时抵押贷款未清偿本金余额的 1.5%，在第 20 个月之前年利率每月增加 0.5%。从第 20 个月开始，100% 的提前还款假设，假定条件提前还款速度的年利率在各月都等于 11%。

对于这笔交易而言，100% PPC、80% PPC 和 150% PPC 在前 20 个月的情况分别见表 7 - 2。

表 7 - 2

月份	100% PPC（%）	80% PPC（%）	150% PPC（%）
1	1.5	1.2	2.3
2	2.0	1.6	3.0
3	2.5	2.0	3.8
4	3.0	2.4	4.5
5	3.5	2.8	5.3
6	4.0	3.2	6.0
7	4.5	3.6	6.8
8	5.0	4.0	7.5

表7-2(续)

月份	100% PPC（%）	80% PPC（%）	150% PPC（%）
9	5.5	4.4	8.3
10	6.0	4.8	9.0
11	6.5	5.2	9.8
12	7.0	5.6	10.5
13	7.5	6.0	11.3
14	8.0	6.4	12.0
15	8.5	6.8	12.8
16	9.0	7.2	13.5
17	9.5	7.6	14.3
18	10.0	8.0	15.0
19	10.5	8.4	15.8
20	11.0	8.8	16.5

不同于 PSA 提前还款基准，PPC 不是通用的。也就是说 PPC 因发行人而异。与此相对，PSA 提前还款基准能够适用于联邦机构发行的任何贷款品种的抵押品。PPC 的这一特性十分重要，投资者在发行人和发行证券（新发和增发）之间比较抵押品的提前还款特征和投资特征时应该加以注意。

四、预制房屋支持债券

预制房屋支持债券（Manufactured Housing - backed Securities）是由预制房屋贷款担保的。不同于现场建造的房屋，预制住房是在工厂中建造好以后，再运往预制住房社区或私人土地。这种贷款可以是按揭贷款（对土地及地上房屋）或者是消费者零售分期付款贷款。

典型的预制房屋贷款期限为 15～20 年。贷款的还款设计为对所借金额全额分期偿还。因此，与住房抵押贷款和住宅权益贷款相同，预制房屋支持债券的现金流包括利息、计划本金偿还额以及提前还款。不过，预制房屋贷款支持债券的提前还款要稳定得多，这是因为这种贷款对再融资相对不敏感。与住房抵押贷款和住宅权益贷款相同，预制房屋支持债券的提前还款速度用 CPR 来衡量。

提前还款的速度之所以稳定，原因有以下几点：①贷款余额一般较小，因而再融资带来的资金结余并不明显；②对移动房屋的折旧率的规定使得在前几年的折旧额大于偿还贷款的金额，这就使得为贷款再融资更加困难；③借款人的信用质量一般较低，所以通过再融资获得资金比较困难。

五、学生贷款支持债券

发放学生贷款是为了支付大学费用（本科、研究生和专业教学计划如医学和法学院）和各类职业学校及技校的学费。由学生贷款担保的证券，记作 SLABS（Student

Loan Asset－backed Securities）。

经过证券化的学生贷款中最常见的是根据联邦家庭教育贷款计划（Federal Family Education Loan Program，FFELP）发放的贷款。根据该计划，政府通过私营贷款人向学生发放贷款。如果贷款发生违约，而贷款的日常管理没有问题，则政府保证98%的本金和应计利息偿还。

不属于政府担保计划的贷款叫做选择性贷款（Alternative Loan）。这些贷款基本上属于消费信贷，贷款人发放选择性贷款的决定是基于申请人偿还贷款的能力。有些选择性贷款也经过了证券化。

学生贷款根据借款人的付款分成三个时期：延迟期、宽限期和贷款偿还期。一般的运作如下：学生在校时，无须为贷款还款，这就是延迟期；学生离校后，有一个宽限期，一般为6个月，在此期间也无须为贷款还款；这一时期过后，借款人就要偿还贷款了。

由于违约和贷款合并，学生贷款也会发生提前还款。即使发生违约时投资者不会损失本金，但是投资者还是面临着收缩风险。这种风险是指投资者必须以更低的利差把收回的资金重新投资，而如果债券是以溢价方式购入的，还会损失付出的溢价金额。研究表明，学生贷款提前还款对利率水平不敏感。当学生将其在几年内的若干笔贷款整合成一笔贷款时就发生了贷款合并。因贷款合并而产生的资金先分配给初始贷款人，然后转而分配给债券所有人。

六、小企业管理局贷款支持债券

小企业管理局（Small Business Administration，SBA）是经美国政府授权，可对经其核准的贷款人向合格借款人发放的贷款提供担保的机构。这些贷款由美国政府的全部信誉担保。大多数小企业管理局贷款都是浮动利率贷款，其参照利率是银行优惠贷款利率。贷款利率按月在每月的第一天进行调整，或者按季在1月、4月、7月和10月的第一天进行调整。小企业管理局的有关规定明确了二级市场中允许的最高利率。新发放的贷款期限为5～25年。

大多数浮动利率小企业管理局贷款都要按月支付利息和本金。一笔贷款的月度还款额按照下面的方法来确定。给定银行优惠贷款利率加上贷款利差报价的利率公式，就可以分别确定每一笔贷款的利率。给定利率就能确定等额分期偿还计划。求出的这个等额还款金额就是在下一次调整利率之前要在下个月偿还的金额。

小企业管理局支持债券的投资者收到的月度现金流包括：①根据当期设定的利率确定的利息；②计划本金偿还额；③提前还款。小企业管理局支持债券的提前还款速度用CPR来衡量。有几个因素会影响小企业管理局贷款组合的提前还款速度，其中一个因素是贷款的到期日。研究发现，小企业管理局贷款或贷款组合的期限越短，提前还款的速度越快。贷款用途也会影响提前还款速度，有些贷款是为了用做营运资金，有些贷款是为了给房地产建设或购买而融资。已经观察到期限在10年以下的、为营运资金目的而发放的小企业管理局贷款组合的提前还款速度最快。相反，以房地产作为担保的长期贷款的提前还款速度较慢。如果其他因素相同，则有利率上限的贷款组合的提前还款速度比没有利率上限的贷款组合的提前还款速度要慢。

本章小结

● 资产证券化是指企业或者金融机构把缺乏流动性的、但有稳定未来现金流的资产进行组合，以资产池为支撑向市场发行资产支持证券。

● 促成资产证券化的主要因素主要有三个：①提高发起人的权益收益率；②提供一种新的融资方式；③转移风险。

● 资产证券化过程的主要参与者有：发起人、特殊目的机构、信用提高机构、信用评级机构、承销商、受托管理人、投资者等。

● 信用增级技术有两种主要的分类：外部信用增级和内部信用增级。外部信用增级的形式包括：①单线保险；②相关方担保；③信用证。内部信用增级最普遍的形式包括：①准备金；②超额抵押；③优先/次级结构。

● 信用卡应收账款支持债券由信用卡应收账款担保，信用卡由银行（维萨和万事达卡）、零售商（芬尼和希尔斯）、旅行和娱乐公司（美国运通）发行。

● 在信用卡应收账款结构中有三种不同的分期偿还结构：①转付结构；②控制分期偿还结构；③一次性支付结构。

● 汽车贷款支持债券的发行者主要有：①汽车制造商的财务子公司；②商业银行；③独立的财务公司和较小的专营汽车贷款的金融机构。

● 住宅权益贷款（HEL）其实就是次顺序抵押贷款，它的产生是房屋业主以其已经抵押的房子，再度向银行抵押贷款。

● 预制房屋支持债券（MHL）是由预制房屋贷款担保的。不同于现场建造的房屋，预制住房是在工厂中建造好以后，再运往预制住房社区或私人土地。这种贷款可以使按揭贷款（对土地及地上房屋）或者是消费者零售分期付款贷款。

● 学生贷款根据借款人的付款分成三个时期：延迟期、宽限期和贷款偿还期。

● 小企业管理局（SBA）是经美国政府授权，可对经其核准的贷款人向合格借款人发放的贷款提供担保的机构。这些贷款由美国政府的全部信誉担保。

练习题

1. 从微观来看，资产证券化的经济意义有（   ）。

  A. 改善了发行人的资本结构

  B. 改善银行的期限管理

  C. 提高了资产的流动性，降低了资产的风险

  D. 提供了新的融资渠道

2. （   ）资产不适合资产证券化。

  A. 汽车销售贷款　　　　　　　　　B. 信用卡应收款

  C. 工商企业贷款　　　　　　　　　D. 股权

3. （　　）不属于内部信用增级。

    A. 准备金　　　　　　　　　　　　B. 超额抵押

    C. 担保　　　　　　　　　　　　　D. 优先/次级结构

4. 假设某种资产支持证券的结构如下：

优先级	$ 220 000 000
次级 1	$ 50 000 000
次级 2	$ 30 000 000

基础担保品价值为 $ 320 000 000。次级 2 作为第一损失的债券类别。

（1）这种结构中的超额抵押价值是多少？

（2）如果违约损失为 $ 15 000 000，则各个类别的债券分别损失金额是多少？

（3）如果违约损失为 $ 35 000 000，则各个类别的债券分别损失金额是多少？

（4）如果违约损失为 $ 85 000 000，则各个类别的债券分别损失金额是多少？

（5）如果违约损失为 $ 110 000 000，则各个类别的债券分别损失金额是多少？

5. 预制房屋支持债券的现金流包括哪几部分？为什么由于再融资导致的提前偿付对预制房屋贷款不重要。

6. 汽车贷款支持证券的现金流包括哪几部分？由于再融资导致的提前偿付对汽车贷款重要吗？为什么。

7. 比较单月衰减率和绝对提前偿付速度，它们有什么区别？

8. 比较延迟期和宽限期，它们有什么区别？

9. 信用卡应收账款支持债券在锁定期的现金流情况是怎么样的？在锁定期从信用卡借款人那里收到的本金偿还应如何处置？

10. 一个投资组合经理正在考虑购买信用卡应收账款支持债券，因为他相信这种证券的好处在于既没有收缩风险也没有延展风险。你同意他的看法吗？为什么。

第八章　固定收益证券组合管理

本章学习目标:

　　本章在前面固定收益证券风险分类及风险度量的基础上讨论固定收益资产组合的管理策略。通过本章的学习，应该了解债券投资管理的主要策略分为消极策略和积极策略两大类及这种分类的依据；其中消极策略又分为指数化策略和免疫策略，这两种策略有各自不同的投资目标和方法；三种主要的积极的债券管理策略是债券替换、持有期分析和骑乘策略；消极策略和积极策略之间常常结合使用，没有绝对界限。

第一节　消极债券管理

　　固定收益投资管理已经经历了一个快速发展的过程。随着组合分析技术的不断发展，组合策略的应用范围也在不断扩大，这种扩大不仅引入了创新策略而且大大提高了管理效率。在债券投资组合管理策略中，采用消极的投资策略还是采用积极的投资策略主要取决于投资者对债券市场有效性的判断。有效债券市场是指债券的当前价格能充分反映所有有关的、可得信息的债券市场。如果债券价格反映了所有的历史信息，债券市场就是弱式有效市场；如果债券价格反映了所有公开信息，包括历史信息和预期到的与未来有关的信息（如财务报表提供的信息），债券市场就是半强式有效市场；如果债券价格反映了所有信息（包括公开信息和内幕信息），债券市场就是强式有效市场。

　　如果债券市场是有效的，即债券的价格反映了所有公开、可得的信息，那么通过寻找错误定价的债券和预测利率走势来获得风险调整后的超额回报率就是不可能的。在有效债券市场上最好的投资策略就是消极的投资策略。

　　消极债券管理者把债券价格看成市场均衡交易价格，因此，他们并不试图寻找低估的品种，而只关注于债券组合的风险控制。一般而言，消极投资策略追求的目标主要有三类：一是为将来发生的债务支付预备足额资金；二是获得市场平均回报率，即获得与某种债券指数相同或相近的业绩；三是在既定的流动性和风险约束条件下追求最高的预期收益率。与上述三种目标相适应，债券投资组合管理的实践过程中，通常使用两种消极管理策略：一种是指数化策略，目的是使所管理的资产组合尽量接近于某个债券市场指数的表现；另一种是免疫策略，这种策略被广泛应用于金融机构（如养老基金和保险公司），目的是使所管理的资产组合免于市场利率波动的风险，并且其投资回报能满足负债的支付需求。

指数化策略和免疫策略的共同之处主要表现在它们都认同市场是正确定价的。其不同之处主要表现在处理利率风险的方式上：指数化策略的债券组合与它所复制的债券市场指数具有相同的风险—收益状况，而免疫技术则试图建立几乎是零风险的财务状态，使利率风险不会影响到企业的价值。

一、债券指数基金的定义

债券指数基金（ Bond Index Fund）与股票指数基金类似，就是以指数成分债券为投资对象的基金，即通过购买一部分或全部的某指数所包含的债券，来构建与指数基金相同或相似的投资组合。其目的就是使这个投资组合的变动趋势与该指数相一致，以取得与指数大致相同的收益率。

作为固定收益证券指数化组合投资的基准指数，要满足多种需求目标，这些需求包括：①准确的度量市场的业绩和投资者的情绪；②资产合理配置；③建立其他的投资工具，有效的执行特定的投资策略以及进行风险管理；④评价基金经理的业绩；⑤对共同基金进行风格分析。在美国的债券市场上，主要有三种重要的债券指数：雷曼兄弟综合债券指数（Lehman Brothers Aggregate Bond Index）、美林国内市场指数（Merrill Lynch Domestic Master Index）和所罗门兄弟投资级债券综合指数［Salomon Broad Investment Grade（BIG）Index］。这三种指数的资产组合如表8-1所示。

表8-1　　　　　　　　　　美国主要债券指数的资产组合

项目	雷曼指数	美林指数	所罗门指数
债券种数	6 500 种以上	5 000 种以上	5 000 种以上
上述债券的期限	≥1 年	≥1 年	≥1 年
不包括的债券	垃圾债券 可转换债券 浮息债券	垃圾债券 可转换债券	垃圾债券 可转换债券 浮息债券
权重	市值	市值	市值
月内现金流再投资	无	有（特殊债券）	有（以一月国库券利率）
每日计算	是	是	是

在构建和选择基准指数时应该遵循一些必要的原则：①要有广泛的市场代表性；②要具有可投资性和可复制性；③采用市场资本化加权；④应该保持方法的透明性和一致性；⑤必须采用持续的、一致的、合理的维护规则；⑥应该被投资者广泛的认可和使用，从而满足投资者多种不同的需要。显然，在基准指数的选择中也存在其他标准，但是以上六条标准是最重要，这些标准是一个构建良好的基准指数的基础。

二、指数化策略

指数化策略分为两种主要类型：①纯指数化组合投资策略；②增强指数化组合投资策略。

纯指数化组合投资策略试图完全复制指数，即使自己的投资组合中各类债券的权重与债券指数相一致。因此，这种方法也称为完全复制法（Full Replication Approach）。纯指数化组合投资策略是一种相对于某个特定的基准指数，使债券组合的风险最低（同时预期收益率也最低）的方法，实质是保证债券投资组合的收益与指数收益的差距为两者之间的成本差额（费用加上交易成本）。然而，在债券市场中，这种方法很难实现，并且成本额很高。这是因为指数中的许多债券是多年前发行的，其流通性一般不强，并且在发行时的利率与当前利率差别很大，现在的债券持有者可能不愿意把持有的债券出售给指数基金。

2000 年 3 月 31 日，雷曼兄弟综合债券指数包括 142 只国债、890 只联邦政府机构债券、3 649 只公司债券、161 只资产支持债券、250 只商业抵押贷款支持债券以及 474 只其他抵押类债券。对于国债市场，运用完全复制法是可行的，而对于机构债券、抵押债券或公司债券市场这样做却不可行。机构债券或公司债券被锁定在机构投资者的长期债券投资组合中，只有当出价特别高时，才能从这些投资者手中购买到这些债券。因此，即使有可能完全复制出一种广泛的债券指数，其结果也是非常低效的。

增强指数化组合投资策略包括两种类型：一种是采用主要风险因子匹配来构建组合；另一种是采用少量风险因子不匹配来构建组合。第一种方法需要投资于大样本债券，以便使投资组合的风险因素与指数的风险因素相匹配。这种投资组合与完全复制法相比，其月平均跟踪差异较高，但其实现和维护的成本却低很多，但是其净投资绩效还是接近基准指数的。需要被匹配的风险因素有久期、现金流分配、部门、信用品质、赎回风险。通过匹配的风险因子，在市场发生大的变动时（如企业债券的利差增加、利率水平改变、收益率曲线变形等）能够保持和基准指数同样的变动。通过有效率的构建方法以及在组合选入被低估的债券，增强指数化组合投资策略还能够取得比纯指数化组合投资策略高的收益率。第二种方法允许在风险因素（久期除外）中出现微小的匹配误差，使组合投资倾向于某些特定因素（如部门、信用品质、期限结构、赎回风险等）。由于匹配（与对跟踪的影响）误差非常微小，它仍可被视为一种增强指数化组合投资策略。这些额外的增强实质上是在保持与指数相同的风险头寸方向或暴露于相同的风险因素的同时，可采用进一步缩小与指数距离的调整策略。为成功地实行增强指数化组合投资策略，有很多种增强策略来弥补由于交易费用和成本带来的跟踪误差。主要包括：成本增强策略、选择发行人增强策略、收益率曲线增强策略、行业和信用品质增强策略、赎回风险增强策略。

三、债券投资组合指数化的原因

进行指数化有多种原因，如广泛的分散化、降低成本、市场绩效的可预测性以及能够经受时间的检验等。下面将逐一进行讨论。

（一）广泛的分散化

广泛的债券指数投资组合能很好地分散化。就雷曼兄弟综合债券指数来说，在 2000 年 3 月 1 日，该指数有 5 500 多只债券，其市值超过 5.5 万亿美元。要复制这种指数的债券指数投资组合，投资者可能得持有 500 只以上的债券，才能充分地分散化。然而绝大多数的积极投资组合很注重选择特定发行人的债券，导致面临显著的发行人信用风险。另外，与雷曼兄弟综合债券指数相匹配的指数组合不仅包括国债和政府机构债券，还包括抵押债券、工业、电子和通信设施及金融部门发行的债券、资产支持债券等。这样的投资组合的收益率曲线，其到期期限可以为 1～30 年。相对于某一给定水平的收益率，这种分散化投资组合要比分散化程度较低的组合的投资风险低。

（二）低成本

指数基金的绩效竞争优势主要来源于较低的成本。这种较低的成本的形成主要有两个原因：一是较低的管理费用；二是因投资组合周转率较低而产生的较低的交易成本。由于指数投资组合具有较低的管理费用和交易成本，自然，它们通常的绩效表现要优于积极投资组合。毕竟，一个广泛的指数投资组合就是被设计来代表市场上全部投资机会的。因此，所有积极管理投资组合的总和与指数投资组合在债券构成上是相同的，其投资绩效的总和也应当等于指数投资组合的绩效。

（三）市场绩效的可预测性

对一种广泛的债券投资组合进行恰当地管理可保证与市场的绩效相一致。这样，不论市场走势如何，可保证投资者获得一种分散化的指数（即市场）的绩效。

（四）时间检验

自 20 世纪 80 年代初以来，人们对债券指数投资组合进行了成功的管理。这一时期经历了利率升降的周期，也经历了信用风险升降的周期。历经这些市场的变化，债券指数化已被证明能取得更具竞争力的收益，同时风险也较低。

四、债券投资组合指数化的方法

通过复制指数构造资产组合的方法主要有以下六种：完全复制法、抽样复制法、大量持有法、分层抽样法、最优化方法、方差最小化方法。

（一）完全复制法

指数化组合投资最简单的方法就是采用完全复制法，即按照与基准指数相同的权重持有每一种成分证券。这样，指数化组合投资就可以完全复制指数的风险和收益。完全复制法获得的业绩与基准指数的业绩非常接近，但是并不完全一致。其差异主要来自于投资组合调整而产生的交易成本。随着时间的变化，基准指数不断调整其组成债券，指数化组合投资也必须随之调整才能与之相适应，每次调整都面临着交易成本的影响。交易成本和管理费用对指数化组合投资的收益率会产生负面影响。完全复制法尽管简单，但是不论从概念上还是从计算上仍然存在一些缺点：①当指数中的成分债券进行调整时，投资组合中的每一种债券都需要进行调整以反映指数新的权重。②当一些组成债券缺乏流动性或者组成债券的流动性高度不平衡时，采用完全复制的指数基金承受较大的交易成本，产生较大的跟踪误差。因为完全复制法是一种成本非常高的指数化投资方法，所以在这种情况下，就需要构建一个与指数不同的投资组合：

该投资组合的交易成本要低于构建完全复制的投资组合，同时要与指数高度相关。

（二）抽样复制法

抽样复制法是指复制基准指数的业绩的过程中不购买所有的组成债券，而是采用部分有代表性的债券复制指数。抽样复制法的优势在于能够减少交易成本。有许多方法进行抽样，包括随机抽样、大量持有、分层抽样和优化。不论采用何种抽样方法，第一步都要确定构建投资组合所需要债券的数量。很明显，随着债券数目的提高，跟踪误差就会下降。这样，跟踪投资组合中债券的数目取决于投资者的风险厌恶程度。风险厌恶程度较高的基金经理偏好较小的跟踪误差，所以需要使用更多的债券构建投资组合；而对于风险厌恶程度较低的基金经理可能选择持有少量的债券，承担较大的跟踪误差。

（三）大量持有法

大量持有法是比较简单的方法，它根据指数的编制原理选择债券，大量持有对指数影响大的债券。隐含在这种方法背后的逻辑非常简单。大部分指数的收益率可能取决于一些相对数目较少的高权重的债券，所以这种方法可以获得与指数近似的收益率。当然，可以选择大量持有发行规模大的债券，也可以根据其他的标准选择所持有的债券，如选择具有高换手率的债券，选择相对换手率较高的债券。但是，如果最终的投资组合只是所选债券的资本化加权的投资组合，那么这个投资组合通常不是所选债券的最优组合。所以，在给定跟踪投资组合中债券的数目以后，需要通过优化方法建立跟踪误差最小化的复制投资组合。大量持有法的主要缺陷在于缺乏风险控制。

（四）分层抽样法

分层抽样法通过建立与指数具有相同风险暴露的投资组合，以使得跟踪风险最小化。这个过程将债券按某些标准（到期期限、发行者、息票率、信用等级等）划分为若干个子类别，计算每一类别债券的市值占指数全部债券市值的百分比。然后从每个子类别中选出有代表性的债券建立一个债券组合，组合的子类别结构与指数全部债券的子类别结构相匹配。例如，如果政府债券市值占指数中全部债券市值的 X%，则指数化资产组合中的政府债券市值也应当为 X%。表 8-2 表明了这种方法的思想。首先，债券市场被分成几个子集。表 8-2 中显示了一种由到期期限和发行者所在部门分类的简单二分法。除此之外，债券息票率和发行者的信用风险也会用于形成网格。然后在每一网格下的债券被认为是合理的、相似的。其次，在每个网格下的整个领域的百分比会被统计和计算。最后，资产组合管理者建立一种债券资产组合，在每个网格中的比例与整个债券指数的那个网格相匹配。于是，在到期期限、息票率、信用风险和工业代表等方面的资产组合特征将与指数特征相匹配，因此资产组合的业绩将与指数相匹配。

表 8-2 　　　　　　　　　　　　　　债券分层网格　　　　　　　　　　　　　　单位:%

期限＼债券种类利率	国债	机构债	抵押支持债券	工业债	金融债	公用事业债	扬基债
<1 年	12.1						
1~3 年	5.4						
3~5 年			4.1				
5~7 年							
7~10 年		0.1					
10~15 年							
15~30 年			9.2			3.4	
30 年以上							

债券的类别划分取决于资产组合的规模。例如，5 000 万美元以下的资产组合如果使用过多的类别必然购买许多不常见的债券，从而导致购买成本上升，同时跟踪误差也会增加。减少类别也会增加跟踪误差风险，因为此时指数化资产组合的主要风险因素可能与指数的主要风险因素不符。

跟踪指数的准确程度取决于基准组合与复制组合之间的差异。如果两者之间的差异小，跟踪效果就会较好，残差风险也会很小。

分层抽样法存在以下不足之处：

（1）分层抽样提供了一定程度的风险控制，但是这种风险控制是不够的。因为残差风险由两部分构成：特殊风险和超市场协方差（XMC）。特殊风险是与个别债券相关的风险。为了使一个投资组合与每个债券的特殊风险免疫，投资组合中每个债券的权重应该与指数中的权重相一致。此外，残差风险还存在其他成分，即超市场协方差。超市场协方差是来自于经济中基本因素的风险。当投资组合与指数对这些因素存在不同的风险暴露时，就存在超市场风险。由于抽样方法从发行规模大的债券开始抽样，就会减少发行规模小的债券的持有量，增加对一些因素的风险暴露，不能有效控制超市场协方差。所以，当投资组合与指数存在差异时，投资组合相对基准指数就会产生残差风险。在这种情况下，抽样方法失败。

（2）分层抽样法也不能控制指数化组合投资的系统风险。系统风险取决于头寸的大小以及选择债券的范围。分层抽样法可能过多地持有发行规模大的债券，从而减低系统风险，但是不能完全控制系统风险。

（3）用抽样方法不会明确解释增加或删除一只债券所带来的相对利益或成本。在修正投资组合时这个问题尤为重要，因为在跟踪指数时，必须比较交易成本和相关利益。因为没有定量度量跟踪误差，不会知道是否交易成本会对投资组合产生的具体影响。换句话讲，分层抽样法不能说明交易成本是有益的还是无益的。

（五）最优化方法

最优化方法是一种能够有效控制风险的方法。在最优化方法中，基金经理不仅使资产组合符合上述分层法，而且还要在其他约束条件下实现特定目标的最优化。该目标可能是使凸性最大化，也可能是期望总收益最大化。除了分层抽样，约束条件还可能避免购买同一发行人或发行团体发行的超过一定数量的债券。基本的思路是在给定债券数目的前提下，结合风险的预测，建立一个具有最小跟踪误差和最低交易成本的投资组合。优化过程是通过多次反复交易实现的，即在某一时间建立一个投资组合进行一次"交易"，在每次交易之后度量预期跟踪误差，直到预期跟踪误差通过反复交易也不能得到改善，最后完成投资组合的构建。

相对于分层抽样法而言，最优化方法一般用于资产组合规模大、债券品种较多的情况。因为在这种情况下，需要分出较多的子类别，构造组合的难度增大了。同时，对每个类别的债券挑选时凭主观定夺，跟踪误差增大。当约束条件被精确定义时，最优化方法可以减少问题的复杂性，由大量数据得出最优化结果。

（六）方差最小化方法

方差最小化方法是最复杂的方法，需要使用历史数据来估计指数中每个债券的跟踪误差的方差。首先为每个债券构建一个价格函数。该价格函数包含两组因素：一是以理论即期利率贴现该债券的现金流；二是其他因素，如久期或者板块特征。选取大规模的债券历史数据，结合统计方法，可以由历史数据估计价格函数。价格函数确定之后，便可以建立跟踪误差方程。然后使构建的指数化资产组合的跟踪误差方差最小。由于该变量是一个二次函数，以最小化跟踪误差为目标的最优化指数化资产组合应使用二次规划。

五、指数化组合投资策略的基本原则

目前，对于指数化投资策略的选择还没有统一的标准，但是可以明确的是所有的指数化组合投资方法都具有可选择性，选择何种方法取决于现实条件。具体来讲，指数化组合投资策略的选择应该服从以下基本原则：

（一）满足特定的投资目标

任何投资方法都必须满足特定的投资目标，服务于特定的投资目标，指数化组合投资也不例外。总的来说，主要有两种类型的指数基金：被动管理的指数基金和增强型指数基金。最流行的是被动管理的指数基金。它的基本目标是紧密的跟踪特定的基准指数。这些基金基本上都采用完全复制方法，即持有全部的或大部分组成债券。增强型指数基金努力获取超过目标基准指数的收益，因此大部分基金都使用了"收益提升技术"。一些基金经理使用杠杆来提升收益，另一些基金经理使用抽样技术来提升收益，还有一些基金经理利用"倾斜投资"或使用衍生工具来提升收益。

（二）建立针对特定基准指数的组合投资

选择指数化组合投资策略必须充分考虑到基准指数的结构。在理想状态下，如果存在构建良好的指数，那么采用完全复制法将是主流的指数化投资方法。对于一些设计不良的市场指数，以及成分债券缺乏流动性的市场指数来说，采用以抽样复制为基础的方法是非常有益的。一般来说，如果一个基准指数中包含的债券较少，而且每一个组成债券具有足够的流动性，交易成本也不高，那么采用完全复制法是可行的。与此相反，如果一个基准指数含有太多的债券，而且大部分债券缺乏流动性，那么就应该选择抽样复制方法。

（三）在跟踪误差和交易成本之间做出适当的平衡

成功的指数化组合投资需要在跟踪误差和交易成本之间做出适当的平衡。有许多方式可以获得这种平衡。在这些方法中，一些方法简便易行，如选择大量持有一些成分债券。而另一些方法非常复杂，在优化方法中结合了风险的预测，以期找到一个具有最小跟踪误差的投资组合，同时维持较低的交易成本。交易成本主要与指数化投资组合中的债券数目有关，而债券数目又直接影响到了跟踪误差的大小。一般来说，持有的成分债券越多，跟踪误差就会越小；持有的成分债券越少，跟踪误差就会越大。

（四）在跟踪误差和超额收益之间做出适当的平衡

从竞争的角度来看，对于指数基金，获取超额收益非常重要。如果所有基金都采用同样的方法跟踪指数，则对于这些基金来说竞争的基础是成本（我们的收费最低）。然而，如果某些基金牺牲了一定程度的跟踪误差，获得了高于指数的收益（超额收益>0），则竞争的基础将改变（我们的基金能获得超越指数的收益）。所以，在选择指数化组合投资方法时，指数基金应该在跟踪误差和超额收益之间做出适当的平衡。如果基金的首要目标是要获取竞争优势，就应该适当放宽对跟踪误差的限制，选择更加灵活的投资方法，如使用衍生工具和利用杠杆投资；相反，如果基金的首要目标是控制跟踪误差，就应该选择较为保守的投资方法。

六、指数化组合投资策略的绩效评价

标准投资学教科书中所定义的收益和风险是总收益和总风险，而指数化组合投资更加关注相对收益和相对风险。所以，指数化组合投资的绩效评价与传统的绩效评价具有不同的评价指标，这些指标从相对（而不是绝对）的角度评价了指数基金相对基准指数的绩效。

（一）跟踪误差

跟踪误差具有多种定义，最简单的方法是用投资组合与基准指数之间收益率的偏差来度量。其表达式为：

$$TE_1 = R_P - R_B$$

式中，R_P 表示投资组合的收益率，R_B 表示同期基准指数的收益率。投资组合的收益率一般用指数基金单位资产净值的变化比率来度量，基准指数的收益率一般用总收益率来度量。在任何给定的时间内，如 1 个月、1 个季度或 1 年，对 TE_1 进行简单的比较是有益的，但是作用也是有限的。因为简单比较的结果会因时间的变化而有所差异，对于事前和事后的绩效没有任何参考价值。从表 8 - 3 中可以看到，尽管两组收益率是存在差异的，但是简单比较的结果不能说明投资组合相对于基准的绩效。所以，要准确地说明投资组合跟踪基准指数的绩效，需要连续的度量方法。

表 8-3   投资组合相对基准的绩效比较

期限	基准指数收益率（%）	投资组合收益率（%）	TE₁（%）
3 个月	0.1	0	-0.09
6 个月	7.08	6.67	-0.41
12 个月	17.08	16.63	-0.45
2 年	18.21	18.24	0.03

为了能够对投资组合相对基准指数的收益进行连续的分析，就应该计算每个期间内投资组合与基准指数之间收益率的差额，这些差额的标准差（或方差）被称为跟踪误差（TE_2）。TE_2 度量了在一定时期内投资组合与基准指数收益之间的偏离程度。其表达式为：

$$TE_2 = \sigma(RPt - RBt)$$

$$= \sqrt{\frac{\sum_{i=1}^{n}\{(RPt - RBt) - (\overline{RPt} - \overline{RBt})\}^2}{n-1}}$$

对于开放式指数基金，为了能有效控制风险，通常需要计算年化的跟踪误差。年化的跟踪误差采用如下的公式得到：

$$年化跟踪误差 = TE_1 * \sqrt{D}$$

式中，D 表示每年的实际交易天数。对于不同的指数基金，跟踪误差越小越好。

（二）贝塔

根据资本资产定价模型（CAPM），资产收益率是随时间的波动而波动的，而资产的风险特征在不同时间却是相对稳定的。因此，准确地评价投资组合的绩效需要明确的度量指数化投资所面临的风险。幸运的是，有许多度量投资组合风险的方法，这些方法可以告诉我们投资组合的总风险的大小，以及哪些风险来自于市场因素的影响（β），哪些因素来自于其他因素的影响，其他因素的影响加在一起被称为跟踪误差。β 是投资组合对市场波动的敏感系数。为了获得 β 通常使用回归分析，这样可以得到投资组合历史的 β，还可以得到 ε 的预测值。回归方程可以表示为：

$$rP = \alpha + \beta rB + \varepsilon$$

回归方程的拟合优度 R，度量了实际结果和通过 β 预测的结果之间的差异。$R^2 = 0.99\%$，说明投资组合 99.96% 的绩效可以用 β 来解释；$R^2 = 0$，说明 β 不能解释投资组合相对基准指数的波动。如果 $\beta = 1.0012$，这说明投资组合的波动要略高于基准指数，当基准指数的市值上升 100 元时，指数化投资组合的市值上升 100.12 元。

除了要计算 β 之外，指数化投资者常常对于预期的 β 感兴趣。对于建立一个新的投资组合或者对原有的投资组合进行调整，预期的 β 非常重要。对于债券或者一个投资组合的 β 可以通过债券或投资组合收益率和基准指数收益率之间的回归分析来得到。投资组合预期的 β 则可以通过投资组合中各个成分证券 β 的简单加权获得，即：

$$\beta p = \sum_{i=1}^{n} Xi\beta i$$

如果指数基金采用完全复制法，投资组合与基准指数具有完全相同结构的成分债券，那么 β 应该等于 1。但是如果投资组合的结构与基准的成分出现了偏离，如运用抽样方法建立跟踪投资组合，那么回归分析就会表明 $a \neq 0$，$\beta \neq 1$。通过使 $\beta \neq 1$，可以获得预期超额业绩，但是投资组合收益的方差也会随之增加。所以，最具吸引力的方式是运用正的 a，而不是 $\beta \neq 1$，来获得预期超额业绩。

（三）相关关系

相关系数是对指数基金进行绩效评价的另一种主要指标。相关系数取决于回归方程残余跟踪误差的方差 σ_ε^2，投资组合相对基准的风险暴露 β，以及基准指数收益率的方差 σ_B^2。其具体表达式为：

$$\rho = \sqrt{1 - \frac{\sigma_\varepsilon^2}{\sigma_P^2}}$$

$$= \sqrt{1 - \frac{\sigma_\varepsilon^2}{\beta^2 \sigma_B^2 + \sigma_\varepsilon^2}}$$

对于不同的指数基金，相关系数越大越好。相关系数小，表明具有较大的跟踪风险。但是相关系数为 1，并不意味着没有跟踪风险。相关系数为 1，意味着残余的跟踪误差的方差是 0，或者意味着相对基准指数的风险暴露无穷大（$\beta = \infty$）。所以，除非限制 β 的取值小于 1，否则相关系数不能准确地评价投资组合相对基准的绩效。

七、指数化组合投资方法的局限性

指数化策略可以保证投资组合业绩与某种债券指数相同，但该指数的业绩并不一定代表投资者的目标业绩，与该指数相配比也并不意味着资产管理人能够满足投资者的收益率需求目标。

与此同时，资产管理人在构造指数化组合时将面临其他的困难，其中包括：

（1）构造投资组合时的执行价格可能高于指数发布者所采用的债券价格，因而导致投资组合业绩较债券指数业绩差；

（2）公司债券或抵押支持债券可能包含大量的不可流通或流通性较低的投资对象，其市场指数可能无法复制或者成本很高；

（3）总收益率依赖于对息票利息再投资利率的预期，如果指数构造机构高估了再投资利率，则指数化组合的业绩将明显低于指数的业绩。

第二节　免疫策略

一、免疫策略

传统的免疫策略（Immunization）是指债券组合的价值不受利率波动影响的策略，它可以被看成这样一个过程：利用久期和凸性构造债券组合，并调整投资比例，使该组合可以在指定投资期限获得确定的、不受利率变化影响的收益。免疫策略需要考虑用资产组合产生的现金流（息票偿付和部分到期还本的债券）的再投资收益去平衡资产组合的期末价值。换言之，免疫策略要求抵消利率风险和再投资风险。表 8 - 4 总结了古典免疫策略的一般原则。

表 8 - 4　　　　　　　　　　古典免疫策略的一般原理

目标：锁定最小目标收益率和累计价值不受投资期内利率变化的影响。 利率变动风险： 　　　再投资风险 　　　利率或价格风险 假设：收益率曲线平行移动（即各种期限的收益率同步变动）
原理： 情景 1：利率上升 后果： 　　　（1）再投资收益增长； 　　　（2）到期期限长于投资期的债券组合价值下降。 目标：再投资收益增加 ≥ 资产组合价值损失 情景 2：利率下降 后果： 　　　（1）再投资收益减少； 　　　（2）到期期限长于投资期的债券组合价值上升。 目标：再投资收益损失 ≤ 资产组合价值增加

　　银行、养老基金、保险公司等资产负债对利率风险变动敏感的机构多会采取免疫策略，因为他们有严格的支付义务。所以资产投资组合的目的不是高收益而是消除利率变动的风险，以使资产投资组合的价值满足负债的支付。

　　银行负债主要是其所吸收的存款，大多数在期限上是短期的，即久期很短。相反，银行资产主要由未付的商业票据和客户贷款或抵押构成。这些资产的久期比存款的久期要长，它们的价值相应地对利率浮动更敏感。当利率突然上升时，资产价值比负债价值下降更多，从而银行的净值会减少。

　　养老基金的资产利率敏感性和负债的利率敏感性同样存在不匹配的情况，不同的是资产久期低于负债的久期。在通常情况下，养老基金的负债平均期限是 15 年，而其资产组合的平均期限一般仅有 5 年。当利率下降时，负债的现值增加比资产价值增加更快。

　　保险公司面临和养老基金相似的情况，所以也会使用免疫策略。

二、古典的单期免疫

　　免疫策略是通过价格风险与息票现金流再投资风险相互抵消的原理，从投资期限的角度考虑利率风险免疫的。对于债券投资者而言，如果利率下降，从短期看，债券价格将上涨，债券的短期投资者将会从利率的下降中获取资本利得；反之就会蒙受损失。但从长期投资看，情况恰恰相反。因为债券到期时，它的价格一定等于票面值，但是利率下降导致了债券息票付款的再投资收益率下降，因此债券投资者在长期内的全部收益下降。利率变动，在长期和短期出现相反的结果，意味着它们之间存在一个"中期"，从"中期"看，投资者的收益不受利率变动的影响，这就相当于投资一个与这个"中期"相同期限的贴现债券，在该持有期内，投资收益不受利率变动的影响。如果投资者建立的债券组合的久期等丁这个"中期"，那么投资收益就不会受利率变动的影响。

在负债为单一确定现金流的情况下，构造一个免疫组合需要满足以下两个条件：①资产的久期和债务的久期相匹配；②资产的现值必须与负债的现值相匹配。

下面我们将以保险公司出售担保投资合同（Guaranteed Investment Contract，GIC）为例来说明资产久期和负债久期相匹配的情况下，保险公司将免受利率波动的影响。合同规定，保险公司在未来指定日期一次性向合同持有者支付规定数额的现金。具体情况如下：一家保险公司发行了一份 10 000 美元的担保投资合约，5 年到期，且保证每年实现 8% 的债券等价收益率。5 年后，保险公司必须支付给合同持有者的金额为 14 693.28 美元。为了达到免疫的目的，保险公司的投资经理在将这 10 000 美元进行债券投资时，其投资目标是 5 年后该投资的累计价值应为 14 693.28 美元，相当于 8% 的债券等价收益率。

假设投资经理按面值买进价值 10 000 美元、6 年到期、息票率为 8% 的债券，构成投资组合。该债券的久期可以通过计算麦考利久期为 5 年。表 8 - 5 给出了 5 年后债券资产组合的终值。

表 8 - 5　　　　　　　　5 年后债券资产组合的终值（所有收益再投资）

支付次数	距债务到期的剩余年数	所有现金流的累积价值
a. 利率维持在 8%		
1	4	1 088.39
2	3	1 077.77
3	2	933.12
4	1	864.00
5	0	800.00
债券出售	0	10 000.00
		14 693.28
b. 利率降至 7%		
1	4	1 048.64
2	3	980.03
3	2	915.92
4	1	856.00
5	0	800.00
债券出售	0	10 093.46
		14 694.05
c. 利率升至 9%		
1	4	1 129.27
2	3	1 036.02
3	2	950.48
4	1	872.00
5	0	800.00
债券出售	0	9 908.26
		14 696.03

注：债券资产组合的出售价格等于资产组合的最后支付（10 800 美元）除以 1 + r，因为债券的到期时间在销售时将是 1 年。

表8-5中的a表明：如果利率维持在8%，从债券投资中累计的价值正好与债务的14 693.28美元相同。在5年期间，每年年底的息票收入是800美元，以当前的8%的市场利率再投资。在投资期结束时，债券可以以10 000美元售出。5年之后，从再投资的息票收益和债券售出的价格加在一起的总收入正好是14 693.28美元。

但是，如果利率发生变化，投资者将面临两种相互抵消的利率风险类型：价格风险和再投资风险。利率下降引起价格上升，但同时减少了再投资收入；反之，利率上升引起资金价格损失，但同时增加了再投资收入。如果资产组合的久期和负债久期相匹配，也就是投资组合的久期与组合的投资期相同时，则这两种影响正好抵消。

在本例中，保险公司出售GIC筹集的资金，投资到6年期的债券上，该债券的久期是5年，与负债的期限（也是久期）相同，由于是单一负债现金流，所以5年也是资产的投资期限。在久期匹配的前提下，保险公司将免受利率浮动的影响。表8-5中的b和表8-5中的c证明了这种情况，债券投资能产生足够收入来支付到期债务，与利率变动无关。

表8-5中的b表明：当利率降至7%时，期末全部的资金为14 694.05美元，有0.77美元的盈余；表8-5中的c表明：当利率升至9%时，期末全部资金为14 696.03美元，有2.75美元的盈余。

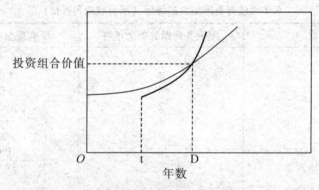

图8-1　抵消力量作用原理示意图

注：细线部分代表在初始利率时资产组合价值的增长。在t时刻，如果利率上涨，资产组合价值开始下降，但是此后会以粗线部分代表的较快利率上涨。在久期（D）时，两曲线相交。

由图8-1可知，如果公司选择投资这种久期为5年的债券，则不管利率下降或者上升，该公司都能够稳定地获得8%的总收益率。但值得注意的是，前例中，尽管做到了久期匹配，当利率变动较大时，息票债券的累积收入相对于债务支付有一个小的差额。即息票债券的现值或未来价值与GIC的现值或未来价值并不完全相等。产生差额的原因是价格—收益率曲线的凸性。由于息票债券比GIC（相当于零息票债券）有更大的凸度，因而当利率出现较大变动时，两条价格—收益率曲线分开了。另一种解释是随着利率变动，债券的久期发生了变化，与负债不再久期匹配。

三、免疫组合再平衡

在现实中，市场收益率并不像我们在上面讨论的例子中那样发生一次性瞬间变动，而是不断变动的。因此，资产组合的久期会随市场收益率的变化而变化。另外，随着时间的推移，即使利率维持不变，资产组合的久期也会发生变化。为确保资本利得和再投资收益之间抵消效应的实现，免疫策略中的投资组合必须被再平衡（Rebalancing），以使组合的久期总是一直等于计划持有期的剩余时间。这种平衡过程要求息票收益、再投资收益、到期本金、长期债券的可能清算收入等，都要被再投资于那些可以维持组合久期等于计划持有期剩余时间的债券。由于在整个投资计划期内需要多次再平衡处理，以使债券组合总是处于久期匹配状态，因此无论利率怎么变动，都可以达到设定的目标收益。

我们通过下面的例子理解管理者如何构建免疫的资产组合以及如何实现在平衡。

【例】7 年后，保险公司必须支付一笔 19 487 美元的款项。市场利率为 10%，所以债务的现值为 10 000 美元。公司的投资经理想用一个包含 3 年期零息债券和永续年金（均为年息票支付）的投资组合来满足债务支付的需要。投资经理如何使债务免疫呢？

免疫要求资产组合的久期等于债务的久期。他需要执行四个步骤：

（1）计算债务久期。此例中负债久期计算简单，是一个一次支付的 7 年负债。

（2）计算投资组合的久期。投资组合的久期是每一成分债券的久期的加权平均，权重是每一债券在组合中的价值比例。零息债券的久期就是其到期期限，即 3 年。永续年金的久期是 11 年（1.10/0.10）。如果投资零息债券部分的权重为 w，投资永续年金部分的权重则为（1−w），投资组合的久期为 [w×3 年 +（1−w）×11 年]。

（3）设定资产久期等于债务的久期 7 年。直接由方程 w×3 年 +（1−w）×11 年 =7 年 求出 w=1/2。投资经理应该把组合的一半投资零息债券并把另一半投资永续年金。

（4）债务资金的使用。债务的现值是 10 000 美元，即发现债务筹集资金 10 000 美元。按照前面的计算，这些资金应该平均投资到零息债券和永续年金，即投资经理购买了 5 000 美元的零息债券和 5 000 美元的永续年金。注意：零息债券的面值将是 6 655 美元 [5 000 美元×(1.10)^3]。

但是，即使某一时点资产负债是免疫的，管理者还是不能放松，这是因为需要根据利率变化进行再平衡。此外，即使利率不变，随着时间推移资产负债的久期也会变化，也有再平衡需求。

假定过了 1 年，并且利率维持在 10%。投资经理需再考察自己资产组合的变化情况。此时的组合还是免疫的吗？如果不是，要采取什么样的措施？

1 年后，债务的现值涨至 11 000 美元，比到期又近了 1 年。投资经理的基金也涨至 11 000 美元。随着时间的流逝，零息债券的价值从 5 000 美元涨至 5 500 美元。但是，永续年金支付了每年 500 美元的息票且剩余价值为 5 000 美元。所以，债务还是全部被偿还。但是，时间的改变会让资产投资组合的权重发生改变。现在的零息债券久期只有 2 年，而永续年金久期还是 11 年。债务现在是 6 年到期。权重现在必须满足这一公式：

w×2 年 +（1−w）×11 年 =6 年

这意味着 $w = 5/9$。为了再平衡资产组合和维持资产匹配，管理者现在必须投资 6 111.11 美元（11 000×5/9）到零息债券。这需要将全部永续年金的 500 美元息票收入投资到零息债券，再加上额外售出 111.11 美元的永续年金，转向投资零息债券。

债券组合的调整频率一般不宜过高，也不宜太低，频率太高会增加交易费用，从而降低债券组合的收益率；而频率太低，可能会使债券组合的久期偏离剩余投资期限太远，不能有效的免疫利率风险。因此，投资者在实际操作中可以设定一个久期偏离误差的上限，当偏离误差超过上限时，就对债券组合进行重新调整。

四、多期免疫及其再平衡

至此，我们已经验证了为构建一个单期免疫的投资组合所必需的两个条件。进一步，可以把这两个条件进行扩展，构建一个新的免疫组合来满足多期债务支付的要求，如同养老基金的管理，需要持续的现金流支付给退休人员这种情况。

比如，一项债务支付时间表是包含了持续 30 年的每年债务支付，那么就可以构造出 30 个单期免疫的投资组合来满足支付需要。进一步，如果这 30 个资产组合的总体久期等于债务久期，并且资产价值大于负债的现值，那么这个债务支付时间表要求的支付就完全可以被满足，整个组合也是免疫的。

计算多期债务的久期并不像计算单期债务久期那样直观，因为单期债务的剩余期限就是它的久期。由于具有多个债务支付现金流，因此债务的久期是通过用资产的内部收益率作为折现因子推导出来的。当然，除非我们知道精确的资产组合构成和它的久期等情况，否则资产的内部收益率是难以确定的。

这两个问题的同时存在而且相互作用，结果使得构建一个多期免疫组合成为一个不断反复的过程。在这个过程中，首先要为组合估计一个合适的内部收益率；然后以这个估计的内部收益率为基础来计算债务的久期；接着模拟一个最优的免疫组合来匹配债务的久期；最后把组合的内部收益率和预测的内部收益率相比较，而如果两者不一致，就要对内部收益率作一个新的预测，然后重复上述步骤，直到一致为止。

多期免疫策略同单期免疫一样，当免疫条件中有一个被违背时，它就必须进行再平衡。例如，如果资产和负债的久期随着时间推移发生偏离，那么必须再平衡投资组合使它恢复到久期匹配状态。

在多期投资组合中，当一项债务支付到期时，组合的久期会发生变动。考虑如下一个极端的例子：由一项 1 个月后到期的价值 1 000 万美元的一次还本付息型债务（久期几乎为零），和一项 10 年后到期的价值 1 000 万美元的一次还本付息型债务，构建一个投资组合。两项债务的平均久期大约是 5 年。

从现在开始的 1 个月后，1 个月期限的债务将会到期，而另一项债务的存续期还有 9 年零 11 个月。由于初始债务有接近 5 的平均久期，资产组合的久期也约为 5 年，因此当债务的久期从起初的 5 突然跳升到 1 个月的接近 10 时，将会产生严重的久期不匹配，因此需要进行再平衡。

五、免疫策略的实际应用

免疫策略主要应用于养老基金、保险、银行业务和一些储蓄机构中，如表 8 - 6 所示。

表 8 - 6　　　　　　　　　　　　免疫策略的应用

	市场		
	养老基金	保险金	银行业务和储蓄
单　期	资产策略（可用 GIC 代替）		
多　期	退休金融资	为 GIC 和结构化结算融资	缺口管理
	一次性买断	投资组合保险	匹配的增长
	投资组合保险		投资组合保险

养老基金市场中已经广泛使用单期免疫策略和多期免疫策略。单期免疫一般被认为是与担保投资合约（GIC）类似的另一种可选方法。这两种方法都是要在一个有限的计划期内试图锁定目前的利率水平。但是免疫具有流动性的优势，因为组合是由市场化的证券构成的。担保投资合约是投资计划创立者和保险公司之间私下签订的合同，一般不在二级市场中交易。

免疫组合的一个额外好处是，投资组合经理可以通过把那些相对价值较低的证券加入到组合中，从而在组合构建和再平衡过程中充分利用市场套利机会。投资者可以在那些他们认为便宜或具有上升潜力的行业债券和贷款中积极主动地构建投资组合，通过积极构建这种免疫组合，投资者可以为组合带来价值增值，并且在一个固定的时间段内组合的表现可能会超过流动性差的担保投资合约。

多期免疫策略在养老基金市场中也得到了广泛应用，它一般用做构建支付给退休人员未来的预期收益支付时间表这类收益确定型计划。通过把一个免疫组合的久期与相应债务的久期相匹配，投资计划创立者可以锁定目前的利率水平，提高会计上的收益率假设，并且减少现金支出对养老基金的财务压力。

在保险市场中多期免疫策略广泛应用于固定债务支出的保险产品上，如担保投资合约和结构化结算等。因为担保投资合约、结构化结算以及一次性买断资产和负债的做法，同一般性的会计资产和负债是相分离的，所以企业整体可以通过免疫最小化利率风险并以利差的形式锁定利率。同样，积极构建这类组合也可以提高对市场套利机会的利用。

最后，银行和储蓄行业使用多期免疫策略来协助进行资产/负债缺口管理，确保资产和负债在久期匹配状态下实现未来增长。

六、应用中的问题

在实际构建免疫组合的过程中，债券选择十分重要。债券信用品质越差，收益和潜在风险就越高。免疫理论假设不存在违约，证券只对利率一般变化有反应，而债券的信用品质越差，该前提成立的可能性越低。此外，含内置期权的债券（如提前赎回权和抵押贷款支持债券面临的提前偿付），其现金流和久期的测度变得更加困难，甚至不可能实现，这使得免疫策略的基本原理难以应用。最后，资产组合必须不断重新调整，因此，实施免疫策略不得不考虑债券的流动性问题。

最优化过程可以应用于构建免疫资产组合。一般地，免疫采取最小化初始组合成本的方法，条件是在期末持有足够多的现金以偿还负债。更进一步的条件还可能包括平均信用级别，债券集中度限制以及对发行者的限制。有必要对整个过程制定一个现实的指导方针和目标。此外，由于最优化方法对可选择债券的定价非常敏感，准确的定价和有经验的交易员是非常有价值的。由于众多输入变量具有可得性，最优化过程应采用迭代法，最终结果是通过一系列试算得出的。

采取免疫策略来取得目标收益率，在该过程中，交易成本非常重要。交易成本不仅在初始免疫（即构建免疫资产组合）时需要加以考虑，而且在定期调整久期的再平衡过程中也要考虑：经理不能只为追求风险最小化而频繁交易，结果收益微薄。不过，交易成本可以作为一个变量纳入最优化分析的框架，这样便可以在交易成本与风险最小化之间进行权衡。

七、古典免疫理论的推广

古典免疫理论的充分条件是，资产组合久期与负债久期相匹配。古典理论建立在下列假设基础上：

（1）收益率曲线的任何变动均为平行移动，即所有到期期限所对应的利率向相同方向变动相同幅度。

（2）资产组合在给定的投资期末变现，期间无现金流入或现金流出。

（3）若利率结构不发生变化（远期利率不变），投资的目标价值就被定义为期末资产组合价值。

其中第一个假设最为重要，即利率期限结构变化的方向。古典免疫策略的特征是，若利率曲线平行移动，那么期末资产组合价值将高于目标价值。这个假设看起来是不现实的，因为现实中利率的表现很少如此。根据该理论，若利率变化时收益率曲线未保持原状，那么即使资产组合的久期等于负债的久期，也不能保证组合能够免疫。

古典免疫理论的推广试图用某种技术修正利率平行移动的假设。其中一种方法可以处理任何利率的变化，从而不必另外寻找久期量度。Gifford Fong（冯积福）和 OldrichVasicek（范思克）提出适用于任何利率变化方式的免疫风险量度。对该量度求最小化，约束条件是组合久期等于投资期限，这样资产组合对于任何利率变动的风险暴露将最小。

图 8－2 显示了免疫风险最小化的一种方法。该图中的两条线上的刻度代表实际现金流。长刻度表示由债券到期还本产生的实际现金流，短刻度表示息票支付产生的现金流。组合 A 和组合 B 均由两种债券组成，久期均等于投资期限。组合 A 实际上是一个"哑铃式"资产组合，即组合由长期工具和短期工具组成，期间还有息票收益。组合 B 中的两个债券到期日与投资期都非常接近，在整个投资期按面值收取利息。像 B 这类资产组合被称为"子弹式"资产组合。

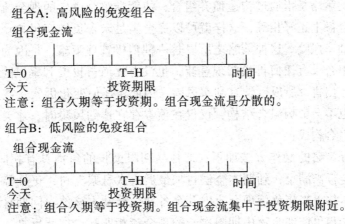

组合A：高风险的免疫组合

组合现金流

T=0　　　　　　　　T=H　　　　　时间
今天　　　　　　　投资期限
注意：组合久期等于投资期。组合现金流是分散的。

组合B：低风险的免疫组合

组合现金流

T=0　　　　　　　　T=H　　　　　时间
今天　　　　　　　投资期限
注意：组合久期等于投资期。组合现金流集中于投资期限附近。

图8-2　免疫风险测量的示例

很容易看出，"哑铃式"资产组合的免疫风险比"子弹式"资产组合更大。假设两个资产组合的久期均等于投资期，从而这两个资产组合都对利率的平行移动免疫。这是通过平衡投资期内再投资率变化的影响和在期末占有很大权重的债券价值变化的影响而得到的。非平行的、无序的利率变动对这两个组合的影响却并不相同。例如，假设短期利率下降的同时，长期利率上升，那么两个组合的价值都降低，且期末累计价值低于目标价值。这是因为，除了再投资收益率降低以外，债券本身的价值损失更是雪上加霜。组合价值的下降在"哑铃式"资产组合身上表现得更为明显，有两个原因：①"哑铃式"资产组合中的债券比"子弹式"资产组合以再投资率计算收益的时间更长，因此再投资风险更大。②"哑铃式"资产组合中的债券到期期限比"子弹式"资产组合中的债券到期期限长，这意味着同等利率上升幅度将产生更大的资本损失。与"哑铃式"资产组合相比，"子弹式"资产组合对利率结构变化的风险暴露更小。

所以，从前面的讨论我们得知，免疫风险是再投资风险。再投资风险是最小的资产组合，其免疫风险必定最小。当资产组合的现金流分布于投资期且离差较大时，如"哑铃式"资产组合，就将暴露于较大的再投资风险之下；相反，若资产组合的现金流集中于投资期末，如"子弹式"资产组合，其再投资风险就小。

零免疫风险资产组合是只包含到期期限等于投资期的零息债券的组合，因为零息债券不存在再投资风险。对于附息债券，问题是选择怎样的附息债券以提供最好的免疫保护。前述讨论说明，应选择现金流集中于投资期末的债券。因此，如果投资经理能够用附息债券复制到期期限等于投资期的零息债券，那么该组合的免疫风险将会最小。

八、现金流匹配

与免疫相关的问题看上去有一个简单的解决办法。为什么不买零息债券？购买量正好提供足够担保映射的现金支出。如果我们遵循现金流匹配的原则，自动地使资产免受利率变动的影响，因为从债券得到的现金流和债务支付正好抵消。

现金流匹配策略是指通过构造债券组合，使债券组合产生的现金流与负债的现金流在时间上和金额上正好相等，这样就可以完全满足未来负债产生的现金流支出的需要，完全规避利率风险。这种策略之所以是一种消极管理策略，是因为一旦债券资产组合确定后，组合没有任何再投资现金流，也没有任何再投资利率风险。并且由于债券仅在到期时才出售，所以也没有利率风险。因此，任何变化因素，甚至是收益率曲线较大的变化也不会影响组合结构，仅仅在债券存在违约风险时，才会改变匹配策略所决定的债券组合构成。

现金流匹配策略的操作方法如下：选择与期限最长的负债具有相同期限的债券；该债券的投资金额需满足：到期本金偿付加最后一次息票支付，正好等于期限最长的负债支付金额；接下来将负债现金流中其余各期金额减去该债券同期息票支付额，然后再选一个债券与负债现金流中期限次长的现金流相匹配，如此反复，直至每一期负债的现金流都有相同的资产的现金流相对应。

作为一个专项债券投资组合方法，现金流匹配策略最典型的表现为纯现金流匹配投资组合。图 8-3 表示的是一个典型的养老基金在 30 年期间的按规定需支付的债务流。此投资组合的目标是建立一个组合，确保在每次按规定支付债务前，该组合能够产生足够的现金流满足支付需求。

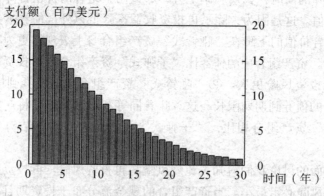

图 8-3　养老基金规定支付的现金流

若全部负债的现金流流均与组合中资产产生的现金流完美匹配，那么该组合不存在任何再投资风险，因此也就不会面临免疫风险和现金流风险。然而，对于现实中的一些负债结构而言，如长达百年的负债支付计划，即使动用任何可以使用的债券来进行匹配，要达到这种完美的现金流匹配也是不可能的。有时候投资组合的管理者也会在完美匹配和超额收益之间权衡，选择挑选特别的债券，放弃完全迎合负债结构。

第三节　积极的债券组合管理

积极的债券组合管理策略认为，市场存在两种潜在的利润来源：一是利率预测，预计固定收益市场利率水平的动向。由于久期是利率敏感的量度，因此，如果利率趋于下降，应增加资产组合的久期，利率趋于上升则相反操作。二是识别固定收益市场的错误定价。如投资者认为某一债券的违约溢价过高，债券价格被相对低估，就可以买入该债券来替换组合中的其他债券。基于此，债券管理者进行债券选择，力图识别定价错误的债券或对市场利率做出精确的预测以把握市场时机进行买卖。积极的债券管理往往都是这两种方法的结合使用。

积极的债券组合管理是在一定风险程度范围内，对固定收益证券进行最优选择，以此获取预期报酬最大化。由于涉及期望收益，投资者必须预测影响固定收益证券报酬的因素，如利率水平的变化、长短期利率相对改变、各种类型固定收益证券的利差变化等，因此投资者是否具有预测能力及预测的准确与否，将直接影响到积极型组合投资的绩效；同时，投资者还要积极寻找价格被错估的固定收益证券，抛售高估固定收益证券，买进低估固定收益证券。固定收益证券的积极型组合投资适用于低效率市场，投资者寻求"错误定价"，积极进行组合调整，在承受一定风险后，获取超额报酬。

一、债券替换（Swap）

债券替换，大体而言就是将预期收益率更低的债券转换为预期收益率更高的债券。具体而言，就是同时购买和出售具有相似特性的两个以上债券，从而获得收益率级差。不同债券之间的差异，如票息、违约风险、利率、久期、税负、可回购条款、市场流动性等诸因素，决定了债券替换的潜在可获利性。债券替换可用来提高当前收益率和到期收益率，可以利用利率的变动和收益率差的调整来获利，并能提高投资组合质量以及用于税负减免等目的。在评估债券时，投资者一般都要考虑如下两个方面以决定是否进行互换操作：收益率级差的大小和过渡期的长短。过渡期是债券价值从偏离值重新返回平均值的时间。总而言之，收益率级差越大，过渡期越短，投资者从债券互换中获得的回报率就越高。

债券替换的主要类型有：替代替换（Substitution Swap）、市场内部价差替换（Intermarket Spread Swap）、利率预测替换（Rate Anticipation Swap）、纯收益率选择替换（Pure Yield Pickup swap）、税收替换（Tax Swap）。

（一）替代替换

替代替换是指将债券组合中的债券替换为市场上同质但收益更高的债券。这里的同质债券主要是指两种债券在票面收益率、期限结构、风险等级、赎回特征等方面基本上是相同的。采用替代替换策略的原因在债券管理者认为，市场对这两种债券的定价存在错误，或者说两种债券的收益率差异不合理。随着时间的推移，这两种债券的不合理比价关系会消失，那么这种价格的不一致必会带来获利的机会。

当两种债券的收益率出现暂时的不一致时，投资者也可以通过买入价值低估（收益率高估）同时卖空价格高估（收益率低估）的债券，将来当两种债券的价格一致时投资者就可以获得超额利润。当然，债券替换策略也适用于债券组合的替换。

例如，某债券投资者持有一只 10 年期 AA 级金融债，票面利率为 3.5%，按照目前的市价计算，到期收益率为4%。如果市场上同时还存在一种10年期的AA级金融债，按照目前的市价计算，到期收益率为4.1%。这样市场上便存在着替换获利的机会。该投资者将其目前持有的第一种债券替换成同等金额的第二种债券，便能从中赚取收益。

需要特别注意的是，两种同质债券的收益率存在差异，很可能是两种债券的风险、流动性或凸性不一致造成的。如果债券市场考虑了这些因素的不同，正确地确定了债券的价格，那么替代替换就无法获得超额利润。

（二）市场内部价差替换

市场内部价差替换是指投资者认为在债券市场上两种不同的债券类别之间的收益率差额暂时失衡，从一个收益率低的市场转移到一个收益率高的市场以获得额外收益。这种策略是在对市场正常收益率差额预测与现行市场实际收益率差额比较的基础上进行的。同时，债券投资者相信利差的实际值与预测值不一致只是暂时的情况，随着时间的推移这种偏离现象会逐渐消失。例如，如果公司和政府债券之间的收益率差额当前过大，并在将来会缩小，那么投资者就会将政府债券替换成公司债券。如果收益率差异率最终收窄，投资公司债券的业绩比投资政府债券的业绩要好。具体来说，如果在10年期国债和10年期BBB级公司债券之间的收益率差异现在是4%，而历史数据显示的平均收益率差异是3%，投资者可以考虑将国债替换成公司债券。当收益率差异最终回归正常水平，投资BBB级公司债券的业绩将超过投资国债的收益。

其实，市场内部价差替换策略的基本思想还是发掘错误定价的债券，与替代替换策略关注同类债券比价（收益率关系）是否合理不同，这种策略关注的是不同类型债券的利差是否合理，卖出收益率偏低的债券或买入收益率偏高的债券。但是，这里要注意一个问题，就是对不同种类的债券利差的判断问题。由于不同种类的债券的利差决定受多种因素的影响，所以一定要判断清楚两种债券的利差是不是由于市场环境的变化而造成的，如经济周期处于繁荣阶段导致公司违约风险减少，违约风险报酬就会下降。在这种情况下，公司债券与政府债券的利差就会比历史平均值要小。也就是说，此时利差的变化只能看成是正确地反映了风险变化的一个调整而已。在这种情况下，债券投资者采用跨市场利差互换策略就无法获得超额回报率。市场内部价差替换的关键是投资者应当认真考虑收益差的存在是否有其他原因。

（三）利率预测替换

利率预测替换是指债券投资者根据对市场利率变动的判断，来调整手中所持有投资组合的久期，以获得更高的收益或避免更大的损失。

如果投资者预测利率上升，他应该将久期长的债券替换成久期短的债券，避免更大的损失；如果投资者预期利率下降，他应该将久期短的债券替换成久期长的债券，从而能获得更大的资本利得收益。

利率预测替换的关键是对利率走势预测的准确度。若预测失误，则投资者做了完全相反的操作，他将面临更大的损失。

（四）纯收益率选择替换

纯收益率选择替换是指债券投资者并不是由于发现了错误定价，而是通过持有较高收益债券增加回报的一种手段。当收益率曲线向上倾斜并在持有期保持不上移，投资者卖出短期债券、买入长期债券，以获得预期的期限溢价。

这种方法会带来相应的利率风险，投资者把短期债券换成长期债券，如果在持有期收益率曲线不发生上移，则投资者将获得很高的收益；反之，投资者将面临较大的资金损失。

（五）税收替换

税收替换是指利用税收优势的一种替换。例如，一个投资者愿意替换一种价格下降了的债券，可以通过资本损失而获得纳税方面的好处。

二、持有期分析

持有期分析（Horizon Analysis）是一种基于对未来利率预期的债券组合管理策略，主要的一种形式被称为利率预期策略（Interest Rate Expectations Strategies）。持有期分析策略认为，一种债券在任何既定的持有期中的收益率在一定程度上取决于债券的期初价格和期末价格以及息票利率。由于期初价格和息票利率都是可知的，持有期分析主要集中在对期末债券价格的估计上，并由此来确定现行市场价格是偏高还是偏低。这是因为，相对于一个既定的期末价格估计值而言，如果一种债券的现行价格相对较低，其预期收益率则相对较高；反之，如果一种债券的现行价格相对偏高，则其预期收益率相对较低。

在任何持有期间，债券的收益都包括资本利得和利息收益。资本利得会受到时间推移和收益率变化两个方面的影响。在持有期分析中，把资本利得变动分为两部分：一部分是时间推移的影响，不包括收益变动因素，即随着到期日的推进，债券价格日益接近票面价值；另一部分是收益率变动的影响，不包括时间因素，即随着收益率增加，债券价格下降，或随着收益率下降，债券价格上升。此外，还有息票利息额与利息的再投资收入共同构成的利息收益，所以还要估计一个再投资的利率。简而言之，某种债券的全部货币报酬是由四个方面构成的：时间影响、收益率变化的影响、息票利息额以及息票利息再投资获得的利息。

用公式表示为：

全部货币收益 = 资本利得时间影响 + 资本利得收益率变化影响 + 息票利息额 + 息票利息的利息

在这四项中，由于收益率变化的影响是不确定的，因此要对其进行进一步的分析。通过估计不同的期末收益率，可以计算出不同的总收益率；通过这些收益率发生的概率的估计，可以判断债券的风险，从而为资产管理人员的投资决策提供依据。可见，对未来收益率的预测是持有期分析中的关键。

【例】一种期限为 20 年，息票利率为 10% 的债券现在收益率为 9%，以 1 092.01 元出售。一位有 5 年投资计划的投资者会关心 5 年后债券的价格和息票再投资的价值。

投资者会预测 5 年后 15 年期债券的收益率来决定债券的预期期末价格。假定 5 年后 15 年期债券的收益率预计为 8%，则债券的期末价格为（半年付息）：

50 × 年金现值系数（4%，30）+ 1 000 × 现值系数（4%，30）= 1 172.92（元）

债券的资本利得为：

1 172.92 − 1 092.01 = 80.91（元）

同时，5 年中支付的息票利息需要再投资，分析人员必须预测息票利息的再投资收益率。

假定再投资利率为每半年 4%，10 次半年息票利息支付再投资 5 年后的累计本息为：

50 × 年金终值系数（4%，10）= 600.31（元）

债券 5 年的总收益为：

80.91 + 600.31 = 681.22（元）

5 年持有期的总收益率为：

681.22/1 092.01 = 62.4%

年化收益率为：

$(1.624)^{1/5} − 1 = 10.18\%$

分析人员在多种债券上重复这个过程，从而选出具有最优持有期收益的资产组合。

三、骑乘策略

骑乘策略（Riding The Yield Curve）又称收益率曲线追踪策略，它是利用收益率曲线在部分期限段快速下降的特点，买入期限即将下降的债券品种，等待其收益率出现快速下滑时，产生较好的市场价差回报。其思想在于打赌未来收益率曲线不会发生变动或者变动很小，根据之前的持有期回报分析框架，在收益率曲线向上倾斜的情况下，长期债券的预期持有期回报率将高于短期债券，从而购买长期债券比购买短期债券更有优势。

这种方法的使用者主要是那些着眼于债券的流动性管理的投资者。他们主要是购进短期固定收入债券并持有这类债券，到期后进行再投资。如果满足条件，他们便可以采取骑乘收益率曲线的方式进行投资。

骑乘收益率曲线的基本思路是，认为期限风险溢价是影响期限结构的最主要因素，长期债券由于风险更大，理应享受比短期债券更高的回报率。由于收益率曲线在绝大部分情况下是往上倾斜的，因此，相对于特定的持有期限而言，应该选择购买剩余期限更长的债券。

骑乘效应是指在债券持有期间，一只债券的剩余期限也会逐渐变短，其收益率沿着收益率曲线下滑而给投资者带来的收益。简单地说：假设当前一级市场 3 年期债券、6 年期债券、10 年期债券的收益率分别为 3%、6% 和 10%，则 3 年期债券与 6 年期债券之间的利差为 3%，10 年期债券和 6 年期债券的利差为 4%。那么对于需要投资 3 年期债券的投资者甲来说，可以先买入 6 年期债券然后在 3 年后卖出；同样，需要投资 6

年期债券的投资者乙，也可以先买入 10 年期债券然后 6 年后卖出。

采用骑乘收益率曲线的方式必须满足以下两个条件：

（1）收益率曲线向上倾斜，即长期债券的收益率较短期债券高。

（2）投资者确信收益率曲线将继续保持上升的态势，而不会发生变化。

在这两个条件具备时，骑乘收益率曲线的投资者则会购买比要求的期限稍长的债券，然后在债券到期前售出，从而获得一定的资本收益。但是必须注意到，如果收益率曲线发生变化，骑乘收益率则可能会对投资者的投资收益率发生不利的影响。同时，骑乘收益率曲线兼有购入债券和售出债券这两种交易行为，而原来的"一次到期策略"只有购入债券这一种交易行为。因此，骑乘收益率曲线的交易成本也会较高。

常用的骑乘策略包括子弹式策略、哑铃式策略和梯式策略三种。子弹式策略是使投资组合中债券的到期期限集中于收益率曲线的一点，一般集中在收益率曲线的中端；哑铃式策略则选取剩余期限在两端的债券构建投资组合。例如，哑铃式策略可构建为剩余期限为 5 年和 20 年的债券的组合，将组合中债券的到期期限集中于两极。梯式策略就是选取不同剩余期限的债券，使之在投资组合中有相同的头寸。例如，投资组合中可能含有等量的一年到期、二年到期、三年到期的债券。这样，债券收益率曲线的变动将带来投资组合的不同业绩表现，投资者需要根据自身的需求和风险承受能力选择适当的投资策略。例如，子弹组合是否能够优于哑铃式组合将取决于收益率曲线的斜率，当收益率曲线很陡时，子弹组合的业绩才会经常优于哑铃式组合。也可以对债券收益率曲线可能发生的变化进行情景分析，以确定投资者最终将选择的投资策略。

当收益率曲线有正的斜率，并且预计收益率曲线不变时，长期债券的收益率较短期债券的收益率更高。这样，骑乘收益率曲线的投资者可购买比要求期限更长的债券，然后在债券到期前售出，从而获得超额投资收益。例如，某投资者持有 90 天国库券，目前一张面额为 100 元的 90 天期的国库券价格为 98.75 元，到期收益率为 5%。同时，市场上 180 天期的国库券价格是 97 元，到期收益率为 6%。如果投资者确定，未来 3 个月收益率曲线形状保持不变，那么按照收益率曲线策略，购买 180 天期的国库券持有 90 天出售，比简单地购买 90 天国库券并持有到期会获得更高的回报。

当收益率曲线向上（向下）平移时，最优策略是缩短（增加）久期。但是在调整久期的同时，使用哑铃式组合能够提高组合收益率，在收益率曲线向下平移时该策略能够增加收益。一般在实际投资中，梯式策略较哑铃式策略更为实用。因为在久期既定的情况下，梯式策略由于具有持续到期的特点，提高了组合的灵活性，能够适应现实中收益率曲线出现重大变化的情况。

但是，骑乘策略也会导致风险的提高。投资者必须权衡更高的预期收益与更高的价格波动风险，以调整其债券投资组合。

四、或有免疫

或有免疫（Contingent Immunization）是一种积极—消极混合型的投资策略，目的是使组合在整个计划期内通过积极管理可以获得一个有保证的最低收益。它同时确定两个目标值：一个是免疫目标收益；另一个是客户要求的最低保底收益。投资者预计的投资收益包括积极投资策略带来的收益和消极策略带来的收益两个部分。如果出现不利情况导致这两部分的收益下降到保底收益附近，则投资者需要考虑启动免疫模式；否则，只要不跌破保底收益，投资者可采取积极的投资策略。

我们可以用图8-4来说明或有免疫的思路。

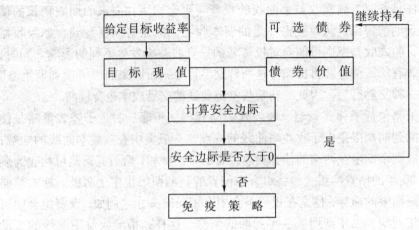

图8-4　或有免疫的步骤

实施或有免疫策略的关键是在于：①确定一个准确的、能够从投资期初持续到期末的免疫收益率；②确定一个适当的、可免疫的保底收益水平；③执行一系列有效的监控措施以保证保底收益不受威胁。

我们将以下面的例子来说明或有免疫的基本原理。假定现行利率为10%，投资者的资产组合现价为1 000万元。管理者可以通过常规的免疫技术锁定两年后资产组合的未来值为1 210万元。现在假定管理者愿意从事积极的投资管理，但是只愿意承担有限的风险损失，即要保证资产组合的终值不低于1 100万元。由于在现行利率下只要有909万元 [1 100/ (1.10) 2] 就可以在两年后达到最小可接受的终值，因此开始时投资者可以采用一些积极的策略，而不用立即采取免疫策略。

计算投资期结束前的任一时点，利率为r，剩余期限为T，需要锁定未来1 100万元终值的组合投资价值：

$$\frac{1\ 100\ 万元}{(1+r)^{T}}$$

这个值成为一个触发点（Trigger Point）。一旦投资组合的价值跌至该值，投资者就会停止积极的管理，换之以免疫策略，以实现最小可接受终值。

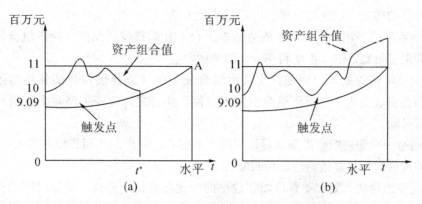

图 8 - 5 或有免疫的两种可能结果

图 8 - 5 表明或有免疫策略的两种可能结果。在图 8 - 5（a）中，资产组合价值下降并在点 t* 点触及触发点，并在该点资产组合获得利率免疫，其资产组合价值将平滑地升至 A，即 1 100 万元。在图 8 - 5（b）中，资产组合表现很好，并未触及触发点，因而资产组合值也高于 1 100 万元。

制定精确的免疫目标，一方面能确定免疫策略初始状态的基础，另一方面对投资期内免疫水平的确定也是必不可少的。若保底收益率与初始目标收益率过于接近，那么触发免疫程序的概率将大大上升，而保底收益率太低则使免疫程序失去意义，因为过低的保底收益率可能永远不会触发免疫程序。最后，如果缺乏足够的监控程序就无法得知何时采取何种行动是合适的，本策略也会失去意义。

实施或有免疫策略必须具备实时控制和监测投资组合运作状况的能力。这样，投资者才能清楚实行积极管理策略的空间有多大，以及何时需要对组合实施免疫策略，从而保证最低收益目标。

然而由于存在着超出投资者控制范围的因素出现，可能会无法实现最低目标收益率。例如，市场收益率可能会发生迅速而巨大的不利变化，而投资者可能没有足够的时间来迅速从积极的策略转换到免疫策略。此外，若市场收益率以几百个基点的幅度频繁跳跃，就会阻碍或有免疫策略的有效执行。

本章小结

● 指数化策略是以指数成分债券为投资对象的基金，即通过购买一部分或全部的某指数所包含的债券，来构建指数基金的投资组合。

● 纯指数化组合投资是一种相对于某个特定的基准，使债券组合的风险最低（同时预期收益率也最低）的方法。这种方法的实质是保证债券投资组合的收益与指数的差距为两者之间的成本差额（费用加上交易成本）。纯指数化组合投资试图完全复制指数，即使自己的投资组合中各类债券的权重与债券指数相一致。因此，这种方法也称为完全复制法。

● 通过复制指数构造资产组合的方法主要有：完全复制法、抽样复制法、大量持有法、分层抽样法、最优化方法、方差最小化方法。

● 免疫策略利用久期和凸性构造债券组合，并调整投资比例，使该组合可以在指定投资期限获得确定的、不受利率变化影响的收益。

● 免疫策略的基本原理是，用资产组合现金流（息票偿付和部分到期还本的债券）的再投资收益去平衡资产组合的期末价值。换言之，免疫策略要求抵消利率风险和再投资风险。

● 构造一个免疫组合需要满足以下两个条件：①资产的久期和债务的久期相匹配；②资产的现值必须与负债的现值相匹配。

● 免疫组合的久期会随着市场收益率的变化而变化。另外，随着时间的推移，即使利率维持不变，资产组合的久期也会发生变化。为确保资本利得和再投资收益之间抵消效应的实现，免疫策略中的投资组合必须被再平衡，以使组合的久期保持与负债久期的匹配。

● 现金流匹配策略是指通过构造债券组合，使债券组合产生的现金流与负债的现金流在时间上和金额上正好相等，这样就可以完全满足未来负债产生的现金流支出的需要，完全规避利率风险。

● 债券替换，大体而言就是将预期收益率更低的债券转换为预期收益率更高的债券。其主要类型有：替代替换、市场内部价差替换、利率预测替换、纯收益率选择替换、税收替换。

● 持有期分析是一种基于对未来利率预期的债券组合管理策略，主要的一种形式被称为利率预期策略。

● 骑乘策略，又称收益率曲线追踪策略，由于债券的收益率曲线随时间变化而变化，债券投资者就能够以债券收益率曲线形状变动的预期为依据来建立和调整组合头寸。

● 采用骑乘收益率曲线的方式必须满足两个条件：①收益率曲线向上倾斜，即长期债券的收益率较短期债券高；②投资者确信收益率曲线将继续保持上升的态势，而不会发生变化。

● 或有免疫同时确定两个目标值：一个是免疫目标收益，另一个是客户要求的最低保底收益。投资者预计的投资收益包括积极投资策略带来的收益和消极策略带来的收益两个部分。如果出现不利情况导致这两部分的收益下降到保底收益附近，则投资者需要考虑启动免疫模式；否则，只要不跌破保底收益，投资者可采取积极的投资策略。

练习题

1. 解释指数化投资的动因以及指数化资产组合构造方法。

2. 表 8-7 是一个债券组合以及基准指数连续 6 个时期的收益率。计算此债券组合的跟踪误差（TE_2）。

表8-7

时期	债券组合收益率（%）	基准指数收益率（%）	TE$_1$（%）
1	14.10	13.70	0.400
2	8.20	8.00	0.200
3	7.80	8.00	-0.200
4	3.20	3.50	-0.300
5	2.60	2.40	0.200
6	3.30	3.00	0.300

3. 如果采用指数化策略，以下哪一项不是限制投资经理复制债券基准指数的能力的因素？（　　）

A. 某种债券发行渠道的限制

B. 无法及时追踪基准指数数据

C. 成分指数中的某些债券缺乏流动性

D. 投资经理与指数提供商对债券价格的分歧

4. 一位投资经理说："对债券组合进行单期免疫，仅需要满足以下两个条件：资产的久期和债务的久期相等；资产的现值与负债的现值相等。"他的说法对吗，为什么？（　　）

A. 对

B. 不对，因为还必须考虑信用风险

C. 不对，因为还必须考虑收益率曲线的平行移动

D. 不对，因为还必须考虑投资期限

5. 表8-8有三种债券投资组合，它们分别对一笔7年到期的负债免疫。所有债券都是政府发行的无内置期权债券。

表8-8

组合	组合构成	组合到期收益率（%）
A	7年期零息债券	4.20
B	6年到期的债券 8年到期的债券	4.10
C	5年到期的债券 9年到期的债券	4.15

有人认为："因为三种组合都对负债进行了免疫，所以它们有同样程度的再投资风险。"他的看法正确吗？（　　）

A. 不对，B组合比A组合的再投资风险小

B. 不对，C组合比A组合的再投资风险小

C. 不对，B组合比C组合的再投资风险大

D. 不对，C组合比B组合的再投资风险大

6. 一家保险公司必须在 1 年后向客户支付 1 000 万元且在 5 年后支付 4 000 万元。该公司的收益率在 2% 时是平的。

（1）如果该公司想向客户全部资助和免疫债务，一次发行零息债券，它必须购买什么样久期的债券？

（2）那种零息债券的面值和市场价值是什么样的？

7. 假设 1 年期债券的票面利率为 6%，1 年支付 1 次；4 年期债券的票面利率为 8%，1 年支付一次。折现率为 10%。负债是 5 年期分期付款，每年支付 100 元。如何免疫负债？

8. 假定到期收益率如表 8-9 所示，目前某银行的资产包括 305 个单位的 3 年期零息债券，面值为 11 522 元。负债包括 300 个单位的 20 年期付息债券，该付息债券的面值为 1 万元，票面利率为 6.162%，银行交易员希望持有 20 年的付息债券，但希望调整 3 年期零息债券的头寸，如果该交易员考虑购买或发行 20 年期的零息债券，该 20 年零息债券的面值为 34 940 元。问如何调整可以让银行实现免疫？

表 8-9

期限	折现因子	期限	折现因子
1	0.956 9	11	0.533 9
2	0.912 7	12	0.498 9
3	0.869 7	13	0.465 8
4	0.822 9	14	0.434 5
5	0.778 3	15	0.405 2
6	0.734 4	16	0.377 8
7	0.691 4	17	0.352 3
8	0.649 7	18	0.328 5
9	0.609 4	19	0.306 5
10	0.570 8	20	0.286 2

9. 某银行交易员在某交易日快结束时持有 5 年期公司债券面值 100 万元，票面利率为 6.9%（半年支付），价格为平价。该债券流动性很差，因此出售该债券会遭受很大的损失。而隔夜持有该债券也有很大风险，因为市场利率上升可能性比较大，该银行交易员卖空流动性很强的国债来对冲风险。具体情况是，市场中有下面的债券：

10 年期，利率为 8%，价格 P = 1 109（面值 1 000 元）

3 年期，利率为 6.3%，价格 P = 1 008.1（面值 1 000 元）

问题：

（1）为了避险，应该卖空多少 10 年期国债？如果卖空 3 年期国债，卖空多少？

（2）如果所有债券到期收益率一夜之间上升 1%，该交易员在完成卖空头寸操作之后，其交易结果如何？

（3）如果要卖空两种国债，那么 10 年期和 3 年期国债各卖空多少？

10. 判断债券组合管理中采用的指数策略属于哪一种策略（积极、消极或混合型），并说明现实中采用该策略面临的困难。

11. 一位投资经理当前持有价值 100 万元的固定收益组合，希望未来 5 年的投资期内实现至少 3% 的收益率。3 年后市场利率为 8%。解释或有免疫的含义，并计算此时组合的触发点是多少？

第九章 固定收益衍生工具

本章学习目标：

通过本章的学习，掌握远期合约、期货合约、互换合约和期权合约的基本特征与它们之间的区别，以及利率远期、利率期货、利率互换和利率期权的分类，能够运用定价模型对各种合约进行定价。

第一节 远期利率合约

一、远期交易

远期是指双方约定一方在未来约定时间以约定的价格向另一方购买特定资产的行为。合约中约定的价格被称为执行价格、约定的时间也就是远期合约的到期日、而特定资产又可称为标的资产或合约的基础资产。远期合约是用户特制化的，也就是交易的合约双方可以自由约定合约条款，如资产的交易价格、交易时间、交易地点等。所以远期是可以"量身定做"的，可以根据客户的特定需求找到交易对手（Counter Partner）来签订特定的协议。远期交易市场是通过场外市场来进行的，是一个私人的、几乎未被监管到的市场。任意一个有关两方未来购买/出售资产的协议均可以称为远期合约，因此合约双方都面临着对方到期不履行义务的风险。

在远期合约中，未来买入资产的人称为远期合约的多方或多头（Long），卖出资产的人称为合约的空方或空头（Short）。在一个远期合约到期时，双方可有两种方式来进行结算。一是标的资产的实际交割。即多方支付给空方约定的价格，空方将标的资产交付给多方，是标的资产的实际转移。二是现金结算。即多空双方只需在远期到期时支付资产的净现金差价。实际情况中，更广泛应用的是现金结算。因为有时资产交付是不切合实际的，如一个基础资产是债券指数的远期，到期时，空方需支付给多方一个包含了指数中每个债券的资产组合，且每个债券在组合中的比重也要与在指数中的比重相同，这往往工作量巨大或者几乎是不可能的。所以，现金结算是更切合实际的做法。现金结算的远期合约也被称为不交付远期合约（Nondeliverable Forwards），简称为 NDFs。也就是说，合约到期支付时并不涉及标的资产的真实交割。在合约到期时，如果标的资产的市场价格高于合约约定的执行价格时，由卖方向买方支付价差；反之，如果合约约定的执行价格高于标的资产的市场价格，则由买方向卖方支付价差。在实际交易中，多空双方往往会在远期合约订立之初就协商好结算方式。在合约到期时多空双方的收益或损失都是不确定和无上下限的，取决于标的资产的市场价格和执行价格的高低。当标的资产市场价格高于合约约定的执行价格时，多方盈利，盈利额为（标的资产的市场价格－执行价格）；反之，多方亏损，亏损额为（标的资产的市场价格－执行价格）。由于远期合约是一个零和合约，所以多空双方的盈亏正好相反，将它们的亏损表示在图9－1中。

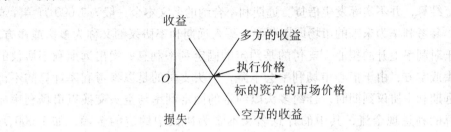

图9－1　多空双方的收益率曲线

远期合约一个很重要的特点是：在订立合约时，双方均不需要支付给对方任何费用。这也为我们下面对远期定价提供了依据。

在金融市场上，远期合约交易存在于由银行、投资银行、政府及大型公司组成的大规模的私人市场中。参与远期合约的也多为规模较大的公司、金融机构、非营利性的组织和政府等。

在所有远期交易中，有一类称为利率远期合约，如国债或远期借贷。下面我们就分别介绍利率远期的两种基本类型：远期债券合约和远期利率协议。

二、远期债券合约

远期债券交易中的基础资产主要是指无违约风险的短期国库券。在远期债券合约中，合约一方同意在国库券到期前的某一时刻以约定价格买入约定的国库券。短期国库券一般以面值折价买卖，其价格也以贴现率标价。比如，一个标价以4%的贴现率卖出的180天短期国库券，它每一美元面值债券的价格是0.98美元[1－4%（180/360）]。这也是远期合约中的约定价格，在远期到期时，多方应该以0.98美元的价格买入标的债券。多方买入此债券并持有到期，将会在债券到期时收到1美元。从计算中可以看出，贴现率和价格之间的转换是很容易的，所以短期国库券在交易中，经常以贴现率而不是价格来进行标价。

除了有零息短期国库券上的远期合约外，在美国也有无违约风险的付息债券远期，即以中长期国库券为标的资产的远期合约。长期国库券通常半年一付息，由息票率和市场收益率之间的关系，从而决定价格是高于、等于或低于票面值。其报价通常不含应计利息，但是在实际交割时应把累积的应计利息一并支付给债券出售者。

由于远期债券合约和利率期货合约在定价机制上相差不大，所以将在介绍完利率期货合约时，一并说明它们的定价机制。

三、远期利率协议

远期利率协议（Forward Rate Agreement，FRA）是指合约双方约定在未来某一时间进行远期借贷的交易。合约双方会有一个协定的借贷利率，到期时双方交换以一定本金计算的协议固定利率利息和市场的参考利率利息的现金流，即远期利率协议到期时会采用现金结算，并不实际发生借贷。远期利率合约的名义本金一般为1 000万美元或其整数倍，参考利率为未来的市场即期利率。买入远期利率协议的又称为多头或多方，一般是出于对利率上升的担心，支付的是约定的固定利率利息，卖出远期利率协议的被称为空头或空方，由于担心市场利率会下降，空头支付的是以参考利率计算的不确定利息。远期利率协议到期时，合约多头以约定的固定利率与空头交换以市场利率如LIBOR计算的利息现金流，其中的计息名义本金为协议中约定的金额，如1 000万美元。

在远期利率协议中，往往会有几个术语我们需要注意：①协议中约定的金额也就是合同金额，即名义本金；②协议利率是合约中的固定利率；③参考利率是某种市场上的即期利率，如LIBOR；④交易日是合约双方达成或签订远期利率协议的日期；⑤结算日是远期借贷开始计息的日期；⑥确定日是确定参考利率的日期；⑦到期日是远期借贷结束的日期。一般情况下结算日和确定日是同一天，在确定了参考利率后，名义本金就开始分别以协议利率和参考利率开始计息。远期利率协议的价格指的就是合约中约定的固定利率，它是每天变化的，具体远期利率协议行情可通过路透终端机的"远期利率协议T"画面得到。远期利率协议一般是由银行给出的收益率来报价的，如银行报价（3×9LIBOR5.5）指的是在今天签订的远期利率协议于3个月后确定参考利率值并开始计息，9个月后借贷交易到期，参考利率是6个月（9−3）的LIBOR，协议固定利率是5.5%。

【例】银行对远期利率协议的报价是（3×9LIBOR5.5），客户和银行按此价格签订了合约。90天后，交易双方确定即期市场上180天的LIBOR，我们假设为6%。需要注意的是，180天的LIBOR是在90天后确定的，但理论上利息的交换却是在270天（90+180）后进行的。由于90天后，即期市场上180天的LIBOR大于协议中的固定利率，所以应由空方支付给多方相应的利息差额，即270天后，空方应支付给多方25 000美元［1 000×(0.06−0.055)×(180/360)］的现金流。由于远期利率协议一般在借贷交易开始时就进行结算，所以这笔现金流也可由空方在90天时进行支付，数额为24 272美元［25 000/1+0.06×(180÷360)］。

总的来说，在结算日，即90天后空方应支付给多方的计算式为：

$$10\ 000\ 000 \times \left[\frac{(0.06 - 0.055) \times (180 \div 360)}{1 + 0.06 \times (180 \div 360)} \right] = 24\ 272\ （美元）$$

如果90天后，即期市场上180天的LIBOR小于合约约定的固定利率，则应该由多方支付给空方相应的利息差额。

我们给出远期利率协议的一般公式：

$$名义本金 \times \left[\frac{(标的利率 - 合约固定利率) \times (计息天数/基础天数)}{1 + 标的利率 \times (计息天数/基础天数)} \right]$$

式中，计息天数和基础天数的使用在不同的国家或地区有着不同的标准，不同的金融工具所采用的计息方式也经常是不同的。计息天数可按计息期间的实际天数或一月固定30天来计算；基础天数可按一年的实际天数（365天或366天）或一年固定360天来计算。综合来说，计息方式大致可以分为三种：①实际计息天数/360天是指一年以360天固定不变，而每个计息期间则以实际天数为准；②实际计息天数/365天是指一年以实际天数计算，可为365天或366天，每个计息期间的天数也以实际天数为准；③30天/360天是指一月以30天来计算，而一年也是固定的360天。在涉及计息方式的合约中，一般都会注明具体是哪一种计息方式，而没有指明的，则根据惯例来使用。在美国，长期国债经常采用实际计息天数/365天的计息方式，而货币市场产品如短期国债则以实际计息天数/360天来计息，欧洲美元存款的LIBOR也为实际计息天数/360天。在本章给出的例子，为了计算的简便，所涉及的计息方式并没有做特别明确说明，多为30天/360天。此外，如果付息日或者是结算日当天正好是法定假日，还要对工作日进行调整，应根据具体情况对计息日或计算日向前或向后调整至下一个工作日。

需要注意的是，在计算时应把年利率化作计息期间的利率，而且理论上的利息支付是发生在合约计息期后的，所以从合约结算日的时间点上看，应把最后支付的现金流折现到合约到期点上，而使用的折现率正是结算时的市场参考利率。

远期利率协议可以用来防范将来利率变动，锁定未来借贷的筹资成本或是投资收益报酬率。用远期利率协议防范将来利率变动的风险，实质上是用远期利率协议市场的盈亏抵补现货资金市场的风险；同时远期利率协议并不涉及本金的交换，而只是结算协议利率和参考利率计息的利息差额，并不占用过多资金，所以在远期利率协议市场中，合约的使用者经常是需规避利率风险又不愿改变资产负债结构的银行或其他国际大型企业。同时银行也通过报出买入价和卖出价从中获取差利利润，此时合约的一方就必定是报价银行。如某日需要远期利率协议合约的一方向银行询价（也被称为询价方），得知银行远期利率协议报价为（3×9LIBOR 5.50% ~ 3×9LIBOR 5.56%），意味着结算日和参考利率是90天后，合约到期日为270天后，参考利率是180天的LIBOR，5.50% ~ 5.56%是报价银行给出的远期利率协议买卖价格，其中，5.50%是报价银行的买价，若与询价方成交，则意味着报价银行（买方）在结算日支付5.50%的利率给询价方（卖方），并从询价方处收取参照利率；5.56%是报价银行的卖价，若与询价方成交，则意味着报价银行（卖方）在结算日从询价方（买方）处收取5.56%的利率，并支付参照利率给询价方。

第二节 利率期货

利率期货合约最早出现于 20 世纪 70 年代中期的美国，主要是由于美国国内推行的金融自由化政策使得利率波动频繁且剧烈，各类金融产品的投资者尤其是各类金融机构迫切需要一种有效可行的金融工具来管理利率风险。于是，1975 年 10 月芝加哥期货交易所首先推出了政府国民抵押协会抵押凭证期货合约，这也标志着利率期货的诞生。1976 年年初，芝加哥商品交易所的国际货币市场又推出了以 3 个月的美国短期国库券为标的资产的期货合约交易，该合约在未来的几年内便一直是交易很频繁的一个品种。1977 年 8 月，美国长期国库券期货合约在芝加哥期货交易所内上市也非常成功。1981 年 12 月，国际货币市场推出了 3 个月期的欧洲美元定期存款期货合约。这一品种发展很快，其交易量现已超过短期国库券期货合约，成为短期利率期货中交易最活跃的一个品种。虽然利率期货比外汇期货晚出现了几年，但其发展速度却比外汇期货快得多，使用范围也很广泛。在美国，利率期货的成交量甚至已经占到期货交易量的一半。

一、期货的交易机制

期货是指合约双方约定在未来特定时间由一方向另一方以约定价格购买标的资产的合约。约定买入标的资产的一方被称为期货多头或多方，约定卖出标的资产的一方被称为期货的空头或空方。期货作为金融衍生品工具，是在期货交易所内交易的，有着它独特的交易规则：

（一）标准化合约

期货是在指定交易所交易的标准化合约，合约的标准化是指期货合约是由交易所制定的，有着特定的、标准化的商品品种、交割月份、交割地点、交割数量等条件。合约中唯一的变量仅有价格。投资者可以同时买入或卖出多份期货合约来进行交易。

（二）保证金制度

由于交易所在期货交易中承担了履约责任，所以在期货交易市场上，多空双方均被要求缴纳保证金以作为确保履约的保证。保证金分为初始保证金、维持保证金和追加保证金。初始保证金是投资者在进入期货交易时即被要求在其账户上存入约为合约面值 5%～10% 的保证金；维持保证金是交易者账户上保证金的最低限度；一旦投资者的账面保证金低于维持保证金，投资者将被要求在下一个交易日开始前补足保证金至少至初始保证金，这个补足的保证金也就是追加保证金。如果投资者在下一交易日开市之前没有将保证金补足，按照规定，可以对该账户的持仓实施部分强制平仓或全部强制平仓，直至留存的保证金符合规定的要求，从而保证交易所对另一方的履约。保证金多为现金，但投资者有时也可存入有价证券，如短期国债可以按其面值的 90% 来代替现金，股票则更少，为 50%。

（三）盯市制或逐日结算制

期货交易中，交易所指定的清算所要根据当日的期货结算价格和前一日的期货价格的变化对期货合约双方的头寸进行清算，保证金账户都要发生相应变化，将盈亏反映到保证金水平上，及时反映投资者的风险暴露，这被称为盯市制。由于每天都要根据当日的期货结算价格和前一日的期货价格的变化对期货合约双方的头寸进行清算，以反映投资者盈亏，而不是在期货到期时才进行结算，这被称为逐日结算制。所以，如果投资者当日保证金账户余额增加，说明投资者在当天的交易中盈利；如果保证金余额减少，说明投资者在当天交易中发生了亏损。保证金账户如果余额较大，超过了某个水平，可由投资者适当支取，如果亏损并低至维持保证金，应予以补足。

为了说明保证金制度和逐日结算制度，我们给出下面的例子：

考虑这样一个期货合约，T＝0日的结算价为90美元，初始保证金为5美元，维持保证金为3美元。此时投资者买入10份期货合约，成为期货合约的多头，并假定在保证金账户出现盈余是并不支取的，但是在保证金余额低于维持保证金时，会及时缴纳追加保证金。我们看一下在6天内投资者保证金账户的变动情况，见表9－1。

表9－1 投资者保证金账户的变动情况

天数T	日初账户余额	追加保证金	结算价格	期货价格变化	盈亏变化	日末账户余额
0	0	50	90			50
1	50	0	91	1	10	60
2	60	0	92	1	10	70
3	70	0	90	−2	−20	50
4	50	0	87.5	−2.5	−25	25
5	25	25	86.5	−1	−10	40
6	40	0	88	1.5	15	55

在 T＝0 时刻，投资者以当日期货的结算价 90 美元买入 10 份期货合约，那么应在开仓之初就在保证金账户上存入 50 美元的初始保证金，所以该投资者账户当日末的账户余额为 50 美元。在 T＝1 日时刻，期货的结算价格为 91 美元，一份期货合约上涨了 1 美元，投资者的保证金账户就根据当日期货的结算价格与前日的结算价格的变化而变化，增加了 10 美元，T＝1 日的保证金账户余额为 60 美元。在 T＝2 日时刻，期货合约的结算价为 92 美元，仍较前一日的结算价格每份期货合约上涨了 1 美元，投资者的保证金账户又增加了 10 美元，余额为 70 美元。在 T＝3 日时刻，由于期货结算价较上日下跌了 2 美元，保证金账户相应地减少了 20～50 美元。在 T＝4 日时刻，期货的结算价格为 87.5 美元，下跌了 2.5 美元，当日投资者保证金账户余额在减少 25 美元后，仅为 25 美元，低于维持保证金所要求的 30 美元（每份期货合约的维持保证金为 3 美元。投资者持有 10 份期货合约，所以为 30 美元），所以投资者将被要求在下一个交易日开始前缴纳追加保证金，使保证金账户余额至少达到初始保证金水平。所以，投资者在 T＝

5 日开始时即补入 25 美元的追加保证金，是保证金余额至初始保证金水平 50 美元，但是当天期货价格进一步下跌了 1 美元，所以当日末投资者的保证金账户余额为 40 美元。在 T = 6 日时刻，由于期货结算的价格每份上涨了 1.5 美元，所以保证金账户当日增加了 15 美元，达到 55 美元。如果投资者在 T = 5 日开市之前没有将保证金补足，按照规定，交易所可以对该账户的持仓全部强制平仓，或是部分强制清仓，直至留存的保证金符合规定的要求。

二、远期交易与期货交易的区别

远期交易与期货交易从定义上看几乎相同，都是双方约定一方在未来约定时间以约定价格向另一方购买特定资产的行为。但是两者又有着明显的区别：

（1）远期交易是交易双方间的私下合约，存在于场外交易中，合约条款也是交易双方自行约定的，是非标准化的；期货合约不是一个私人的、用户定制化的合约，相反，它是公开交易的、标准化的合约。期货交易所给期货交易者提供了一个便利的场所，建立了买卖合约的参与者都认同的交易机制。标准化合约意味着由交易所来确定到期时间、基础资产及一份合约包含多少单位的基础资产等其他条款和条件。远期合约只有在合约到期时才进行结算，而期货合约则是逐日结算制，每天都要根据当日的期货价格和前一日的期货价格的变化对期货合约双方的头寸盈亏进行清算。

（2）期货合约和远期合约另一个很重要的区别在于合约双方面临的违约风险不同。在远期合约中，合约双方都很关心对方的违约风险，尤其是亏损一方违约的风险更大。虽然违约后果较严重，但是也有陷入财务困境而不得不违约的情况发生。因此，只有那些信誉好、评级高的公司相互建立远期合约。在期货合约中，交易所向双方保证：其中任意一方违约，交易所将会履约，承担起违约责任。现实中，交易所是各种合约交易的中介，合约一方其实是与交易所签约，而不是直接与需要合约相反头寸的另一方签约，所有的支付结算都是通过交易所来实现的。上述的保证金制度又是交易所防范交易双方违约风险的有效手段。

（3）合约的结束在远期交易和期货交易中也不同。远期合约更多的是持有到期，到期时进行实物或是现金结算。有时候投资者会在合约到期前，找到另外一个远期对手，签订一个相反方向的合约来抵消头寸也是可行的。但此时存在着两份远期合约，仍然面临着违约风险。在期货市场中，合约有着标准化条款，市场也有着充足的流动性，合约的一方可以随时再次进入市场，建立与之前期货合约规模、到期期限等相同，而仅有方向相反的合约头寸，交易所会认为其头寸已经完全抵消掉了，即投资者的净头寸为 0，这种退出交易的方式称为平仓。

三、期货市场的主要参与者

期货合约的交易是非常活跃的，期货市场的主要参与者有以下几个：

（1）期货交易所。它是以会员制为组织形式的期货交易场所，它自行制定标准化的期货合约，并设定相关制度，为会员提供交易场所和服务的营利性机构或非营利性机构。表 9 - 2 给出了国际市场上一些主要的期货交易所。

交易所名称	英文名称	简称
芝加哥交易所	Chicago Board of Trade	CBOT
芝加哥商品交易所	Chicago Mercantile Exchange	CME
巴西商品及期货交易所	Bolsa de Mercadorias & Futuros	BM&F
欧洲期货交易所	Eurex	EUREX
韩国股票交易所	Korea Stock Exchange	KSE
纽约交易所	New York Board of Trade	NYBOT
纽约商品交易所	New York Mercantile Exchange	NYMEX
伦敦国际金融期货交易所	London International Financial Futures Exchange	LIFFE
伦敦金属交易所	London Metal Exchange	LME
蒙特利尔交易所	Montreal Exchange	ME
北美股票交易所	American Stock Exchange	AMEX
新加坡交易所	Singapore Exchange	SGX
悉尼期货交易所	Sydney Futures Exchange	SFE
东京谷物交易所	Tokyo Grain Exchange	TGX

表 9-2　　　　国际市场上一些主要的期货交易所

（2）期货交易所会员。它指的是可以在交易所内直接进行期货交易的机构或单位，它们在期货交易所内拥有席位。期货交易所会员可以分为两类：一种是自营类，是用自有资金，代表自己进行交易；另一种是拥有交易资格的专门从事期货经纪业务的公司，它们是专门接受客户委托进行期货交易的会员。

（3）期货投资者。他们是期货合约的终端交易者，是为了规避风险而参与期货交易的套期保值者，或者是期货交易投机者，以获得投机收益。他们通过经纪公司进行期货交易，是期货合约的最终持有者。

（4）监管部门。同时还有着自律性的行业协会，他们对会员进行自律性管理，维护市场的公平、公开和公正。

四、利率期货的分类

利率期货是以与利率有关产品为基础资产的期货合约。根据基础资产的不同，利率期货又可以进一步分类。

（一）短期国库券期货

最早出现在1976年的短期国库券期货的标的资产就是90天的美国短期国库券。短期国库券是一种折现债券，它的价格等于面值减去贴现利息。这种期货合约的规模一般为100万美元，以国际货币市场（International Monetary Market，IMM）指数进行标价，其中IMM指数=100-年收益率。期货市场上每天都会有IMM指数的报价。值得注意的是，这个指数并不等于期货的真正价格，期货的实际价格等于 $100 \times (1 - r \times 90/360)$ ，其中r是债券的年收益率。比如，某90天国债期货报价为92，这意味着90天短期国库券的年收益率为8%，该期货合约的实际价值为98美元 $[100 \times (1 - 8\% \times 90/360)]$ 。同时我们可以算出，一个基点的利率变动会造成期货25美元（$1\ 000\ 000 \times 0.000\ 1 \times 90 \div 360$）的价格变动。

但是在今天，由于短期国库券利率受政府和调控政策的影响较大，在整个短期利率工具中，所占总量的比例较小，所以短期国库券期货在期货市场上交易并不是很活跃，且许多持有者只是将短期国库券视为现金的安全替代品，对通过期货交易进行套期保值的需求并不大。而LIBOR被市场投资者认为是更能反映银行间资金借贷真实成本的短期市场利率，欧洲美元期货也受到了越来越多的重视。

（二）欧洲美元期货

欧洲美元是指存放在美国以外银行的美元。自芝加哥商品交易所在1981年12月开发并推出欧洲美元期货，经过近30年的发展，欧洲美元期货已经成为全球金融期货市场中最具有流动性、最受欢迎的合约之一。目前交易最活跃的欧洲美元期货是在芝加哥商品交易所的国际货币市场交易的、主要以伦敦银行3个月期限面值为100万美元的定期存款为标的资产的期货合约，一般交割月份有3月、6月、9月、12月，天数计量一般为实际天数/360天。它也是使用IMM指数进行报价，LIBOR每变动一个基点，保证金账户就要变动25美元。与短期国库券期货合约一样，IMM指数报价是每天变动的，根据盯市制和每日结算制，LIBOR的每一个基点的变动都会反映到投资者当日的保证金账户的盈亏上。由于IMM指数和利率的反向变动关系，所以当利率下降时，IMM指数是上升的，从而多头将获利；反之，利率上升，IMM指数下降，则空头将获利。如欧洲美元期货报价由98.25变动至98.50，上升了25个基点，则多头将在保证金账户上增加625美元（25×25），而空方保证金账户减少625美元。可以看出短期国库券期货和欧洲美元期货在交易方式上是相差不大的，仅是基础利率有所差异。前者是美国短期国库券的收益率，后者是100万欧洲美元存单的利率，两者都属于短期利率期货品种。

（三）中长期国债期货

在美国市场上，中长期国债期货的标的债券主要是美国财政部发行的偿还期限为2~10年的中期国债和偿还期限超过10年的长期国债。除了在债券到期时间上有所差别外，中期国债期货和长期国债期货在芝加哥交易所交易时并没有太大不同，所以我们以长期国债期货说明它们的交易特性。

美国国债期货的合约面值为10万美元，一般以点数进行标价，它的报价与长期国债现货交易的报价方式相同，如110-04，意味着价格为面值的$110\frac{4}{32}\%$，最小波动幅度是1/32%，标的债券是假想的息票率为6%的长期国债，多为实物交割，且可以在交割月内的任意时间进行交割。这个债券是虚构的，在期货合约到期时，是不能够作为真实交割的债券。所以，空方在交割时可以使用任何一种芝加哥商品交易所认可的可接受债券来进行交割。在长期债券期货的交割中，任何一个剩余期限超过15年的付息国债都是可接受、可进行交割的债券。如果是可回购债券，那么它至少在15年内是不可回购的。这就意味着最终可交割的债券不止一个，从而避免了多方操纵单一债券的市场价格来进行盈利，也有利于整个债券市场的平稳发展。如果最终交割的债券的息票率高（低）于6%，那么空方在向多方交割完债券后，应得到一个向上（下）调整的价格。这个价格的调整由转换系数来完成。转换系数是1美元面值的实际交割债券在交割月份之初以6%的收益率计算得到的净价。

假定最终交割债券时的票面利率为8%，剩余到期期限为15年，那么1美元面值的此债券价格为1.196美元，这个值就是此债券的转换系数。实际上，转换系数是由交易所在期货交割月之初就已经确定下来的。

在计算转换系数时，由于债券的剩余期限不会都恰好是年或半年的整数倍，经常会出现不能以整月计量的情况，因此还应将债券的到期时间进行近似处理：算出当前到债券的最终偿付时间，把其近似到最近的季度，如果正好为6个月的整数倍，那么假定下次付息时间为6个月后，如果不为6月的整数倍，那么假设下次付息时间是在3个月后，此时计算转换系数时，应将应计利息从当前价格中减去。

【例】如果可交割债券的票面利率为8%，剩余期限为15年3个月，则它的转换系数应为多少？

该债券的下次付息日为3个月后，在下次付息时，债券价格为 $4 + \sum_{t=1}^{30} \dfrac{4}{(1 + 3\%)^t} + \dfrac{100}{(1 + 3\%)^{30}} = 115.6$（美元），再把该债券折现到当前时刻，则债券现价为 $\dfrac{115.6}{\sqrt{1 + 3\%}} = 113.9$（美元）。

由于这个价格包含了自上次付息到现在的应计利息2美元，所以在计算转换系数时，应把这个应计利息减去。则一美元面值的该债券的净价为1.12美元［(113.9 - 2)/100］。也就是说该债券的转换系数为1.12。

要注意的是，期货交易所给出的期货报价是净价（Clean Price），而实际交付的价格（Dirty Price）应该包含应计利息。因此，

$$国债期货的交割价格 = 期货价格 × 转换系数 + 应计利息$$

转换系数给出了不同息票率、到期时间的国债之间的价格关系，使得空方在选择交割债券时可选择多种可接受债券中的一种而不存在差异，即空头方在公开市场上买入一定数量的可交割国债后，在期货市场上交割给多方。但是，债券之间的价格关系是复杂的，不能仅仅由转换系数完全概括。且交易所规定的某一具体交割月份的可交割债券只有一个转换系数，但该交割债券在交割月内的实际价格是变化着的，且空方选择的交割日期也是不确定的，所以空方也总能找到比其他债券更便宜的国债来进行交割，称为最便宜交割债券（The Cheapest to Deliever）。它是使空方利润最大或损失最小的国债。其中，空方的交割成本 = （买入国债的现货价格 + 应计利息）- 国债的交割价格 = 现货价格 - 期货价格 × 转换系数，那么最便宜交割债券也就是使空方的交割成本最小的可交割国债。

其实，在中长期利率期货交易中，空方持有的不仅仅是选择具体交割债券的品种选择权（Quality Delivery Option），还有选择具体交付日和交割时间的选择权。

交付日选择权（Delivery Option）是指空方可以在合约到期的交割月内选择对自己

有利的日期进行交割。如果是 9 月份到期的期货合约，空方可以选择 9 月份的任何一个营业日向多方交割债券。

野卡选择权（Wildcard Option）是指在空方确定了具体的交割日期后，还可以选择该天内对自己有利的时段来进行债券的交割。芝加哥商品交易所的长期国债交易于当地时间下午 2 点结束，但是长期国债的即期交易要进行到下午 4 点才结束。另外拥有期货空头头寸的交易员在晚上 8 点以前都可以在结算中心下达交割意向的通知。在下达交割通知后，交割价格（Invoice Price）是以当天的成交价格为基础来结算，该成交价格为下午 2 点封仓铃响之前刚刚进行的交易价格。[1]

需要注意的是，空方所拥有的以上三个选择权，并不是免费的，这些权利的价值都会反映到期货价格中，使得实际的期货价格比理论价格偏低。

五、利率期货的无套利定价

无套利是指具有相同风险和收益的两种金融工具应该有相同的确定价格，否则就会出现套利机会，市场参与者的套利活动使价差逐渐消失，最终使价格回到均衡价格，两者价格一致。

无套利定价模型是在一系列的假设条件下建立的，主要假设有：

（1）市场是充分的、有效的；

（2）交易是没有费用和税费的，或者双方税率相同；

（3）投资者可以以无风险利率自由在资金市场上借贷；

（4）允许卖空交易；

（5）交易不存在违约风险等。

虽然远期合约和期货合约在交易场所、条款设置等方面存在差异，但是两者在定价机制上是一致的，所以我们在这里一起考虑对远期合约和期货合约的定价。对远期合和期货合约进行定价，很重要的一点是远期和期货合约在订立之初，双方均不需要支付给对方任何费用，定价机制我们采用的是无套利定价。

（一）假设标的资产在合约期间不提供中间收入

已知债券现在价格为 1 073.6 美元，则国债期货价格应为多少呢？

对债券期货合约多头来说，T = 0 时刻买入期货合约，同时卖空债券，得 1 073.6 美元，投资到资金借贷市场上，赚取市场无风险收益。半年后收回本息，共计 1 105.81 美元 [1 073.6 × (1 + 6% ÷ 2)]，按期货合约的价格买入债券，归还之前卖空的债券，则 1 105.81 美元就应是期货价格。如果远期/期货价格高于或低于 1 105.81 美元，市场上均会出现套利行为。对债券合约的空头来说，T = 0 时刻卖出远期/期货合约，同时借入资金 1 073.6 美元，买入债券。半年后向多方交付债券，收到合约中的期货价格，并归还本金和市场无风险利息，共计 1 105.81 美元。那么 1 105.81 美元也应

---

[1] 约翰·赫尔. 期权、期货及其他衍生产品 [M]. 7 版. 王勇，索吾林，译. 北京：机械工业出版社，2009：91.

是合约价格，否则也将出现套利行为。比如，期货的交易价格为 1 110 美元，高于无套利价格，那么投资者会卖出远期合约，以市场无风险利率借入 1 073.6 美元，买入债券并持有，半年后把债券交割给多方得到 1 110 美元，归还借款本息共计 1 105.81 美元 [1 073.6 × (1 + 6% ÷ 2)]，净盈利 4.19 美元。这就是套利收益。投资者不需投入自有资金即可获得无风险收益 4.19 美元。如果市场中的投资者意识到这样的套利机会，纷纷都会卖出远期进行套利，直至期货价格回到 1 105.81 美元，套利机会才消失。同理，若交易价格低于 1 105.81 美元，市场上出现的套利行为也会使期货价格回到无套利价格 1 105.81 美元。

我们给出期货合约定价的一般公式为（合约期限以年为单位）：

$$远期/期货价格 = 标的资产现价 × (1 + 无风险利率 × 合约期限)$$

如果无风险利率是以连续计息的方式，公式则变为：

$$远期/期货价格 = 标的资产现价 \ e^{无风险利率 × 合约期限}$$

（二）如果标的资产在合约期间提供中间收入

如果债券在合约期间支付券息，由于券息属于债券持有人所有，而不是合约多头所有，所以在计算远期/期货价格时，应把券息从价格中减去。简单地说，我们应先计算出资产在合约期限内提供的总的中间收入的现值，将其从标的资产现价中减去，然后再计算它的远期价格。其计算公式为：

$$远期/期货价格 = (标的资产现价 - 中间收入现值) \ e^{无风险利率 × 合约期限}$$

如果知道标的资产的收益率，其计算公式为：

$$远期/期货价格 = 标的资产现价 \ e^{(无风险利率 - 标的资产收益率) × 合约期限}$$

从上面的公式中可以看出，无风险利率和标的资产收益率的大小决定了标的资产现价和远期/期货价格的关系。当无风险利率大于标的资产收益率时，远期/期货价格大于资产现价；反之，当无风险利率小于标的资产收益率时，远期/期货价格小于标的资产现价；当无风险利率等于标的资产的收益率时，远期/期货价格也应该等于资产现价。

在现实中，远期/期货价格经常不是一个确定的数值，而是在一个区间的范围内。其原因是我们介绍无风险套利模型是假定投资者可以以无风险利率自由借贷的，而这是与现实情况不符的。实际上，投资者借入和贷出资金的成本或收益是不相等的，往往是借入资金的借款利率高于将资金贷出的贷款利率。这并不与我们的定价过程相违背，仍然可以在定价过程中得以说明。那么标的资产在合约期间不提供中间收入的情况下，对合约多头来说，远期/期货合约价格应为：

$$远期/期货价格 = 标的资产现价 × (1 + 贷款利率 × 合约期限)$$

对合约空头来说，远期/期货合约价格应为：

$$远期/期货价格 = 标的资产现价 × (1 + 借款利率 × 合约期限)$$

则实际的价格应在下面的区间内：

标的资产现价 × (1 + 贷款利率 × 合约期限) ≤ 远期/期货价格 ≤ 标的资产现价 × (1 + 借款利率 × 合约期限)

在利率以连续计息的方式计算和在标的资产在合约期间提供中间收入的情况，需分别将公式中原有的无风险利率代换为借款利率和贷款利率，均可得到一对不同的数值，而实际的远期/期货价格在两个数值组成的区间内。

(三) 影响远期/期货合约定价的主要因素

一般来说，影响远期/期货合约价格的因素主要有以下几个：

（1）标的资产现价。远期/期货合约价格应该是收敛于现货市场价格的，否则就会出现套利机会。标的资产的现价在一定基础上也决定了远期/期货价格的高低。因为远期/期货是关于标的基础资产的合约，是在一定时间后买卖该基础资产的合约，所以在其他条件相同的情况下，标的资产现价越高，远期/期货价格就越高；标的资产现价越低，远期/期货价格也就越低。

（2）无风险利率。在推导远期/期货定价公式时，我们是将卖空债券的资金投入到资金借贷市场上，以赚取无风险收益，然后再买入债券归还。所以，在其他条件相同的情况下，无风险利率越高，远期/期货价格就越高；无风险利率越低，远期/期货价格也就越低。即使投资者借入资金和贷出资金的利率是不一样的，借入资金的利率要高于贷出资金的利率，远期/期货价格是位于标的资产现价×（1＋贷款利率×合约期限）≤远期/期货价格≤标的资产现价×（1＋借款利率×合约期限）的区间内。那么借款利率越高，远期/期货价格的上限越大，贷款利率越高，远期/期货价格的下限也增大，那么远期/期货价格也会出现一定程度的上涨。所以，利率和远期/期货价格存在同向关系。

（3）标的资产的收益（率）。由于远期/期货是关于标的资产未来买卖的合约，所以在合约期间标的资产分配的收益是属于资产现在持有人所有，而不是未来要买入资产的合约多头所有。那么标的资产在合约期间产生或分配的收益会降低远期/期货价格。标的资产的收益（率）越高，远期/期货价格越低；标的资产的收益（率）越低，远期/期货价格越高，两者存在反向关系。

（4）合约期限。合约期限对远期/期货价格的影响较为复杂，需要看无风险利率和标的资产收益率大小。对于标的资产在合约期间不发生券息的分配或收益率小于利率，那么期限越长，远期/期货价格就越高；如果合约期间券息分配较多或标的资产收益率大于无风险利率，那么期限越长，远期/期货价格就越低。

第三节　利率互换

一、利率互换简介

互换（Swap）市场起源于 20 世纪 70 年代末，是为了逃避外汇管制而出现的金融创新。最早出现的互换交易是货币互换，1981 年 IBM 与世界银行之间签署的利率互换协议是第一个利率互换协议。以后利率互换市场发展迅速，现在可以说是衍生市场上规模最大的产品。但是互换市场的规模指的是利率互换中名义本金的大小，实际上，利率互换一般不涉及本金的交换而仅仅是利息现金流的交换。

互换可以看成是一系列的远期合约，是双方约定交换一系列现金流的协议。互换同远期合约一样都是场外交易，是根据客户的特定需求定制化的，且不受监管当局的直接监管，所以互换双方都面临着违约风险。利率互换经常用于将浮动利率与固定利率负债/资产之间的互换，如一家公司现在以浮动利率借款，担心利率会上升，于是进入互换合约，约定支付对方一系列的固定利息、收到一系列与借款利息相当的浮动利息，从而它支付给贷款人的浮动利息与互换对手方支付的浮动利息抵消掉，有效地将浮动利率借款转变为固定利率借款，从而规避了浮动利率上升的风险。

在利率互换中，合约双方约定在一定期限内交换一系列以同种货币、相同面值、不同计息方式产生的现金流，不同的计息方式是指一方以固定利率计息、一方以浮动利率计息或者是两方均以浮动利率计息，但利率水平不一。利率互换的期限可为 1 年、2 年、3 年、4 年、5 年、7 年、10 年甚至更长的 30 年、50 年。最一般的利率互换，是一家公司向另一家公司支付固定利率，反过来另一家公司向它支付浮动利率。其中，支付固定利率的一方被称为互换的多头或多方，支付浮动利率的一方被称为互换的空头或空方。利息计算是基于同种货币的相同名义本金计算的，但并不涉及本金的交换。在实际交付中，真正的交换额仅是双方支付利息的净差额。

很多利率互换中的浮动利率都采用的是伦敦银行同业拆借利率 LIBOR，由于利息支付一半为半年支付一次，所以经常使用的是 6 个月的 LIBOR；而相应的固定利率也就是互换利率，是在合约设定之处就确定了的。由于在签订互换合约时，合约任何一方均不需向另一方支付任何费用，所以给互换合约定价就是确定相应的固定利率，使得互换合约在订立之时，价值为 0。

二、利率互换产生的原因

（一）金融市场比较优势的存在

比较优势是指两家企业甲和乙均能生产两种商品，甲在两种商品上都具有绝对优势，乙在两种商品的生产上均处于绝对劣势。如果甲仅生产绝对优势较大（具有比较优势）的那种商品，乙生产绝对劣势较小（具有比较优势）的那种商品，那么通过这样的专业化分工和双方贸易，双方均能从中获益。这是国际贸易的一般理论解释。利率互换就是比较优势理论在金融市场的很好应用。比如，AAA 公司和 BBB 公司，均要借入期限为 3 年的 1 000 万美元。AAA 公司欲借入浮动利率，BBB 公司欲借入固定利率。这两家公司在固定利率市场和浮动利率市场上借款的利率如表 9 - 3 所示。

表 9 - 3　　　　　　　　　　两家公司在不同市场上的借款利率　　　　　　　　　　单位:%

	固定利率市场借款	浮动利率市场借款
AAA 公司	5	LIBOR + 0.2
BBB 公司	6	LIBOR + 0.8

AAA 公司的信用等级较高,在两个市场上都能获得比 BBB 公司更优惠的借款利率,也就是说在两个市场上它都具有绝对优势。但它在固定利率市场上借款比 BBB 公司少付 1%,在浮动利率市场上借款比 BBB 公司少付 0.6%。由比较优势理论我们知道,AAA 公司在固定利率市场上借款有比较优势,而 BBB 公司在浮动利率市场上借款有比较优势。因此,AAA 公司和 BBB 公司可以安排如图 9-2 所示的互换合约。

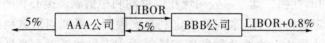

图 9-2　两家公司签订互换合约后的现金流

互换后的结果是:

AAA 公司的现金流为:

(1) 在固定利率市场借款,支付 5% 的固定利率;

(2) 与 BBB 公司签订互换合约,支付给 BBB 公司 LIBOR,收到 5% 的固定利率。

AAA 公司共计支付浮动利率 LIBOR。

BBB 公司的现金流为:

(1) 在浮动利率市场上借款,支付 LIBOR +0.8% 的浮动利率

(2) 与 AAA 公司签订互换合约,支付给 AAA 公司 5% 的固定利率,收到 LIBOR 的浮动利率。

BBB 公司共计支付 5.8% (5% +0.8%) 的固定利率。

也就是说,AAA 公司在固定利率市场上以 5% 的利率借款,BBB 公司以 LIBOR +0.8% 的利率在浮动利率市场上借款。同时,AAA 公司与 BBB 公司签订互换合约,合约中 AAA 公司支付给 BBB 公司 LIBOR;反过来,BBB 公司支付给 AAA 公司 5% 的年利。最终的结果是 AAA 公司获得了它想要的浮动利率借款,利率为 LIBOR;BBB 公司获得了它的固定利率借款,利率为 5.8%,分别比它们直接在相应市场上借款少支付 0.2%,每年节省至少 2 万美元。现实中,互换合约中支付的固定利率与支付的浮动利率是可以由双方协商确定的。可以看出,利率互换使得双方均节省了借款成本。

(二) 利率风险管理的需要

互换的产生也是企业或机构进行利率风险管理的需要,因为互换可以转变公司资产或负债的表现形态。上例就是把公司的负债属性进行了转变,AAA 公司把它原本 5% 的固定利率负债通过互换变成了 LIBOR 的浮动利率负债,BBB 公司把它原本 LIBOR +0.8% 的浮动利率负债转化成了 5.2% 的固定利率负债。现在我们换一种思路来看:

AAA 公司持有三年期债券,收益为年固定利率 5%,BBB 公司持有 3 年期债券,年利率为浮动利率 LIBOR +0.8%。但 AAA 公司担心未来利率为上升,或者公司更擅长于管理浮动利率债券,或者与公司现有资产负债结构不匹配的担心,出于对利率风险的管理需要,需把公司 3 年期的固定利率收益债券转变为浮动利率收益债券。与 BBB 公司签订互换合约,支付给 BBB 公司 5% 的年利,相应收到 BBB 公司 LIBOR 的浮

动利息。这样一来，AAA 公司成功地把固定利率债券转换为浮动利率债券，有效地规避了利率上升给公司带来的风险。同样，BBB 公司也成功地把浮动利率资产转变为固定利率资产。见图 9-3。

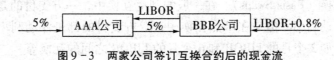

图 9-3 两家公司签订互换合约后的现金流

可以看到通过利率互换，互换双方可以获得理想的筹资方式和较低的筹资成本，或是有效地转变资产或负债的性质，但并不改变资产负债表中资产负债的表现形态，很好地进行了利率风险管理。

三、互换交易的终止

互换合约自身有一个终止日期，那就是最后一笔支付发生的时间。但是如果一方想提前终止合约，那么提前终止有以下几个方式：

（1）与原互换方签订反向互换合约，又称为镜子互换。虽然互换合约在签订时价值为 0，但是随着市场利率的变化，互换合约的价值也发生了变化，拥有市场价值为 X 的互换合约方只需让合约对方支付 X，便可提前终止合约。这样的方式既实现了已有收益，又完全对冲掉了原有的互换风险，且省下了寻找新的交易对手的成本，但具体的细节还需互换双方协商。

（2）签订一个新的对冲互换合约。合约方在互换市场上寻找一个新的对手，签订与原互换合约完全独立、但方向相反的互换合约。比如，互换合约的一方是支付 LIBOR，收到固定利率的，现签订一个新的互换，是支付固定利率，收到 LIBOR。新合约和旧合约的固定利率可能会因市场情况发生变化而不同，但它可以完全对冲掉浮动利率支付的风险。它与镜子互换的不同在于镜子互换完全对冲掉了原有的互换风险，但签订一个新的对冲互换使得合约方的违约风险没有抵消，而是增加了一倍，因为此时市场上有着两个互换合约；而且如果旧的互换合约设计得较复杂且为"量身定做"，那么要在市场上找到新的合约对手就较为困难。

四、利率互换的其他几种形式

（1）交叉货币利率互换（Cross - currency Interest Rate Swaps）。它是货币互换和利率互换的结合，是以一种货币的固定利率与另一种货币的浮动利率进行现金流的互换。

（2）远期互换（Forward Swaps）。它是指在互换合约签订之时，双方并不立即开始利率的互换，而是约定在一段时间之后才进入利率互换合约，开始进行利息现金流的交换。

（3）名义本金可变型互换。在一般的利率互换中，名义本金一经设定就是不会发生改变的，而在名义本金可变型互换中，名义本金是可变的。具体地又可以分为增长型互换（Accreting Swaps）、减少型互换（Amortizing Swaps）和滑道型互换（Roller - coaster Swaps）。其中，增长型互换的名义本金在互换开始时数额较小，之后随着时间的推移逐渐增长变大；减少型互换的名义本金在互换开始时数额较大，之后随着时间的推移逐渐减少；滑道型互换的名义本金在互换期内有时大有时小。当然了，名义本金的变化是在互换合约订立时就已经确定了的。

（4）基点互换（Basis Swaps）。在一般的利率互换中，一方支付的是固定利率，另一方支付的是浮动利率，但是在基点互换中，双方支付的都是浮动利率，只是浮动利率的参照不同，如3个月的 LIBOR 和6个月的 LIBOR 之间的互换等。

还有其他类型的利率互换，如固定期限互换（Constant Maturity swaps）、可延长互换（Extendable Swaps）、可赎回互换（Potable Swaps）等。

五、互换的做市商制度

在互换市场刚起步时，互换仅仅发生在有互换需求的双方之间。但是由于互换业务是非标准化的，甚至经常是根据自己公司的需要而特别定制的，所以仅靠公司自己的能力去寻找一个完全符合的互换交易对手是非常困难的。因此，商业银行和投资银行开始以做市商的角色活跃在互换市场中，通过在网络上报出买价和卖价，与双方分别签订合约。当有互换需求时，做市商先与之签订合约，持有未结清的头寸、进而建立互换库，当有相反的需求出现时，做市商可以迅速与另一方达成互换合约而完成头寸的对冲，从互换业务中脱身。做市商是直接参与并与双方建立了互换头寸，赚取了两倍的手续费，并从两次互换合约的签订中获得了差价，但做市商却面临着两份的违约风险，因为互换合约的最终使用方是与做市商签订的合约，当一方违约时，应由做市商承担起支付责任。

图 9-4　引入做市商制度后，两家公司及做市商的现金流

之前是 AAA 公司与 BBB 公司直接签订互换合约，现在虽然 AAA 公司与 BBB 公司是最终互换的使用者，但他们之间并没有直接签约，而是通过做市商建立了联系。AAA 公司与做市商签订互换合约，同时做市商也与 BBB 公司签订互换合约。

AAA 公司的现金流为：

首先在固定利率市场借款，支付5%的固定利率。

然后与做市商签订互换合约，支付给做市商 LIBOR +0.1%，收到5%的固定利率。

AAA 公司共计支付浮动利率 LIBOR +0.1%。

BBB 公司的现金流为：

首先在浮动利率市场上借款，支付 LIBOR +0.8%的浮动利率。

然后与做市商签订互换合约，支付给做市商 5.1%的固定利率，收到 LIBOR 的浮动利率。

BBB 公司共计支付 5.9%的固定利率。

做市商的现金流为：

首先与 AAA 公司签订互换合约，收到 AAA 公司支付的 LIBOR + 0.1%，支付给 AAA 公司 5% 的固定利率。

然后与 BBB 公司签订互换合约，收到 BBB 公司支付的 5.1%，支付给 BBB 公司 LIBOR 的浮动利率。

净收入为 0.2% 的利率。

做市商在互换业务中，赚取了 0.2% 的差价，但是由于做市商同时与 AAA 公司和 BBB 公司签订了互换协议，所以同时面临着 AAA 公司和 BBB 公司的违约风险。在 AAA 公司与做市商签订的互换合约中，AAA 公司是支付给做市商 LIBOR + 0.1% 的浮动利率，收取 5% 的固定利率。所以当市场 LIBOR 上升时，AAA 公司实际支付的浮动利率也是上升的，比之前预期支付的利息高，就有可能发生到期不履约的行为；而 LIBOR 的上升对 BBB 公司没什么影响。所以，此时做市商面临的违约风险更多的是 AAA 公司有可能不支付。假设 AAA 公司真的到期违约，但这不能影响做市商对 BBB 公司间互换合约的履行。做市商仍然要支付给 LIBOR 的浮动利率，收取 5.1% 的固定利率。市场 LIBOR 上升的风险需要做市商自己来承担。同理，若市场 LIBOR 下降，做市商面临的违约风险更多的是 BBB 公司的不履约，但它仍然要履行与 AAA 公司的互换合约，支付给 AAA 公司 5% 的固定利率，收取 LIBOR + 0.1% 的浮动利率。所以，做市商是面临着双份的违约风险的，但互换让最终使用者所面临的违约风险大大降低，因为一般互换市场上的做市商都是信誉好、可靠的大型商业银行或投资银行。

所以，做市商制度的建立使得最终互换双方可以迅速地找到交易对手，也降低了买卖差价，方便了双方交易，刺激了互换需求；同时做市商成为互换双方的交易对手，降低了最终互换双方的违约风险。

六、利率互换市场的主要参与者

互换业务曾被西方金融界称为是 20 世纪 80 年代最重要的金融创新。利率互换一经推出便得到了投资者的热爱，发展迅速，尤其是西方经济发达国家。

金融机构一直活跃在利率互换市场中，包括了商业银行、投资银行、证券公司、保险公司，现在养老基金也开始在一定范围内使用互换进行风险的管理。其中，商业银行和投资银行交易踊跃，它们不仅利用其信息优势作为中介方促成合约双方的签约，也直接成为互换的一方，成为做市商来赚取合约差价，同时也出于自身风险管理或融资的需要而直接进入互换市场。

一些大型的国际公司出于管理利率风险、匹配资产与负债，或降低筹资成本的需要也直接参与到互换市场交易中。

出口信贷机构在认识到互换可以减少资金成本和灵活调整利率借款结构等好处后，逐渐进入到互换市场中，它们主要是为了降低借款成本，获得价格便宜的资金与国内出口商共享优惠，扩大本国的出口额。

各国政府或政府机构也经常出现在互换市场中，它们主要是管理利率风险、调整固定利率与浮动利率资产或债务的比重。

　　除此之外，超国家机构也是互换市场上的常客。超国家机构是指由两个或两个以上政府共同组织建立的机构。它们的资产负债比良好，信用也较高，经常能够得到十分优惠的利率进行借款。

　　在我国，互换业务开展的时间还不长，利率互换在 2006 年才开始了试点交易，还处于初级阶段，仅限于一些简单的利率互换和货币互换等形式。我国目前进行的利率互换交易的浮动利率基准主要有两种：7 天回购利率和 1 年期存款利率。后者非市场化利率，与大多数市场成员的资金成本关系不大，目前并无机构对该种利率互换产品提供做市服务。对于以 7 天回购利率为基准的利率互换，目前国家开发银行和中国银行均提供做市服务。这两家机构对该种利率互换提供的品种包括季度支付利息和年度支付利息两种，均采用 7 天回购利率的滚动复利值，期限最长到 10 年。报价利差方面，短期的价差大约在 10bp 左右，长期价差在 15~16bp 左右[1]。可以看出，我国目前利率互换的报价价差比起西方国家来说较大。随着我国金融市场对外开放程度的提高，国内银行、各企业所面临的竞争越来越大，利率互换可以增强各部门对利率风险的防范，降低融资成本，提高投资收益，增强企业在国际市场上的竞争力。随着金融全球化，可以相信，我国利率互换市场的投资参与者将越来越多、市场也将逐渐成熟。

七、利率互换的定价

　　在互换市场引入了做市商制度后，往往会由做市商对利率互换合约进行报价。利率互换的报价指的就是利率互换中固定利率的报价，且多为利差报价，即固定利率往往为一定年限的国库券收益率加上一个利差，而浮动利率则为相应的参考市场利率。其中，国库券收益率是年限与互换年限相同的国库券的收益率。比如，某做市商对 5 年期的互换报价为 46~50bp，意味着投资者以 5 年期国债收益率加 50 个基点的固定利率买入互换合约，向做市商支付浮动利率；以 5 年期国债收益率加 46 个基点的固定利率卖出互换合约，收取做市商支付的浮动利率。如果已经知道了 5 年期国债的收益率，如为 5%，那么互换利率为 5.46%~5.5%，其中 5.46% 是做市商买入互换合约的固定利率，5.5% 是做市商卖出互换合约的固定利率。即买入互换合约的投资者是向做市商支付 5.5% 的固定利率，收到浮动利率；向做市商卖出互换合约的投资者是收到做市商支付的 5.46% 的固定利率，向做市商支付浮动利率。在两个公司自行签订的互换合约中，固定利率的值应该怎么确定，或者是做市商所给出的互换利率是如何得到的呢？那么具体的固定利率数值应通过下面介绍的互换定价方法中得到。

　　前面已经说过，互换合约在订立之初价值为 0，也就是说投资者在签订合约之初均不需要支付给对方现金或费用。互换的定价就是指确定相应的固定利率，使得合约在订立时价值为 0。

（一）利用远期利率协议对互换定价

　　由于合约价值订立之初为零，所以在 T = 0 时刻，合约期限内的固定利息现值与期

---

　　[1]　范秀兰. 利率互换市场 ［EB/OL］. www.wenku.com.

望的浮动利息现值应该相等。仍以上例说明，BBB 公司同意每半年支付 6 个月期的 LIBOR 给 AAA 公司，现计算对应的固定利率，即使得这个合约在签订之初，双方均不需支付给对方任何费用的协议利率。这里的天数计算规则是实际计息天数/360 天，即全年设为 360 天，而计息天数则是根据每次付息期间的实际天数来计算的。所以，实际上每次固定利息的支付也因计息天数的不同而不同。

$$固定利率利息现值 = \sum_{t=1}^{T} 名义本金 \times 互换利率 \times \frac{计息天数}{360 \ 天} \times t \ 期贴现因子$$

$$浮动利率利息现值 = \sum_{t=1}^{T} 名义本金 \times 当期浮动利率 \times \frac{计息天数}{360 \ 天} \times t \ 期贴现因子$$

令固定利率利息现值 = 浮动利率利息现值,从上述三个式子可以看出：

$$0 = \sum_{t=1}^{T} 名义本金 \times (互换利率 - 当期浮动利率) \times \frac{计息天数}{360 \ 天} \times t \ 期贴现因子$$

正如前面我们所讲，利率互换可以看成是一系列固定利率与浮动利率的远期利率协议的组合。对互换的定价就是算得各期远期利率协议的现金流，确定各期的贴现因子，将其折现后的总和为 0 的那个固定利率就是所要求的协议利率。

名义本金是在订立合约时给出的，计息天数是可以实际算得的，浮动利率则可以通过各期的欧洲美元期货价格获得。知道了远期利率，再根据远期利率与即期利率的关系，计算出即期利率，$1/(1 + 即期利率)^t$ 也就是当期的贴现因子。在知道了相关数据后，就可以依据上述公式求得互换利率。

（二）利用债券组合对互换定价

虽然利率互换不牵涉本金的交换，但是我们可以假设在互换结束后，双方进行本金的交换，这对互换本身并无任何影响，因为本金的币值大小相同，不会改变双方的现金流，对互换的价值也没有影响。在上面的互换例子中，在考虑了期末本金的交换后，便可以看成是 AAA 公司持有 BBB 公司发行的固定利率（待求）的债券 1 000 万美元，同时向 BBB 公司发行了浮动利率为 LIBOR（半年一付息）的 1 000 万美元债券。则在第一个利率确定日即 T = 0 时刻，浮动利率债券的价值等于其面值 1 000 万美元，因为 T = 0 时，AAA 公司发行的浮动利率债券的票面利率是等于市场利率的，两者均为 LIBOR。给互换定价也就是找到固定利率使得固定利率债券现值也等于浮动利息债券面值，也就是互换的名义本金。即：

$$名义本金 = \sum_{t=1}^{T} 互换利率 \times 名义本金 \times \frac{计息天数}{360} \times t \ 期贴现因子 + 名义本金 \times T \ 期贴现因子$$

所以，只要知道了每一期的贴现因子之后，就可以通过上述公式算出互换利率。

【例】假设甲公司和乙公司间有一笔利率互换业务。互换合约的名义本金是 100 万美元，期限为 1 年，半年付息一次，付息时间为 6 月份和 12 月份的第一天，在这里，为了计算的简便，我们忽略掉前面公式处所讲的天数计量规则，仅仅将每 6 个月的付息期间简单地记为 0.5 年，已知浮动利息支付按 LIBOR 计算。现在从期货市场上可以看到，6 月份和 12 月份的 6 个月欧洲美元期货价格为 94 和 93.5。现给该合约定价。

由期货价格我们知道 6 月份，12 月份的 LIBOR 分别为 6% 和 6.5%。那么我们可以先算出 6 月份和 12 月份的贴现因子：

$$6 月份的贴现因子 = \frac{1}{1+6\% \div 2} = 0.97$$

$$12 月份的贴现因子 = \frac{1}{(1+6\% \div 2)(1+6.5\% \div 2)} = 0.94$$

设该互换中的固定利率为 r，给互换定价找出相应的固定利率 r，使得互换交易现在价值为 0。

首先利用远期利率协议给互换定价：

固定利息现值 $= 1\,000\,000 \times r \times 0.5 \times 0.97 + 1\,000\,000 \times r \times 0.5 \times 0.94$

浮动利息现值 $= 1\,000\,000 \times 6\% \times 0.5 \times 0.97 + 1\,000\,000 \times 6.5\% \times 0.5 \times 0.94$

$\qquad\qquad = 59\,650$（美元）

令固定利息现值 = 浮动利息现值，有：

$1\,000\,000 \times r \times 0.5 \times 0.97 + 1\,000\,000 \times r \times 0.5 \times 0.94 = 59\,650$（美元）

$r = 6.25\%$

或　$0 = 1\,000\,000 \times (r-6\%) \times 0.5 \times 0.97 + 1\,000\,000 \times (r-6.5\%) \times 0.5 \times 0.94$

解得 $r = 6.25\%$

然后利用债券组合对互换定价：

固定债券现值 $= 1\,000\,000 \times r \times 0.5 \times 0.97 + 1\,000\,000 \times r \times 0.5 \times 0.94 + 1\,000\,000 \times 0.94$

浮动债券现值 $= 1\,000\,000$（美元）

令浮动利率债券现值 = 固定利率债券现值，有：

$1\,000\,000 = 1\,000\,000 \times r \times 0.5 \times 0.97 + 1\,000\,000 \times r \times 0.5 \times 0.94 + 1\,000\,000 \times 0.94$

解得 $r = 6.28\%$

利用远期利率协议和债券组合对互换定价，除去计算上的不精确，两种方法算出来的值应该是相同的。则 6.25%（6.28%）就应是互换合约中的固定利率值，这样互换合约在成立时的价值为 0。

不管是利用远期利率协议或是债券组合对互换进行定价，都是让互换协议在订立之初价值为 0。但是随着时间的推移，真实的浮动利率与我们根据欧洲美元期货得到的 LIBOR 会出现差异，协议的价值也对合约双方来说变得不一样。对于互换合约的多头来说，协议的价值等于固定利息现值与浮动利息现值之差。所以，在互换合约期间的任意时间点，只要知道了贴现率曲线后，都可以算出合约的价值。如果是位于两次利息支付日之间，则只需算出到下次利息支付日的固定利息现值与浮动利息现值，再分别贴现到当前时刻就可以了。

一般来说，当实际的浮动利率较预期的浮动利率上升时，互换合约对固定利率支付方来说有正的价值，对浮动利率支付方来说有负的价值；当实际的浮动利率较预期的浮动利率下降时，则对互换合约双方有相反的效果。

（三）影响利率互换定价的因素

从上面两种利率互换的定价模型可以看到，影响利率互换的因素包括：

（1）预期的未来各期的浮动利率。双方在签订互换合约时，并不能得到未来浮动利率的真实值。因为浮动利率是每隔一段时间即进行重置的，所以双方在根据现在市场上资金借贷情况，或相同期限的欧洲美元期货价格对未来的浮动利率进行推测和估计。互换利率和浮动利率应该是同向变化，当预计浮动利率以后会上升或是一直处于较高的利率水平，那么互换利率的值也就较大。因为互换合约的初始价值为 0，一方支付的浮动利息（固定利息）现值应该和收到的固定利息（浮动利息）现值相等。同理，当预期浮动利率以后会下降，那么互换利率也就较低。

（2）各期贴现因子。对互换合约定价，是将浮动利息现值和固定利息现值相减得零得到的。而利息并不是在签订合约之初就一次性交换的，是在互换期限内每个计息期后逐次交换。所以，在计算现值时，应把各个计息期后交换的利息流逐次折现到当前时刻。各期贴现因子对互换利率的影响较为复杂，不存在一个特定的正向或反向关系。

（3）各期的计息天数。在例子中，我们为了计算的简便，计息天数规则经常使用30 天/360 天，但实际上互换的天数计量惯例是实际计息天数/360 天，或者根据合约中的具体规定来决定。各期实际计息天数的不同，也影响着互换定价的大小。

需要注意的是，虽然我们的计算公式中都包含着名义本金，但名义本金并不影响互换的定价，我们可以假定名义本金为 1 或任何非零值。

第四节　利率期权

一、期权的基本特征

期权是指期权持有人有权利向期权出售人在特定时间内以约定的价格买入或卖出特定资产的金融工具。合约建立时就已经确定的、买入或卖出基础资产的固定价格被称为执行价格（Exercise Price）。期权购买者为了得到以后买入或卖出标的资产的权利，同时也弥补期权出售者到期的风险，期权买方必须要在一开始支付给卖方一定的价格补偿，称为期权费（Option Premium）或期权价格。我们一般以 S_0 为标的资产在 $T=0$ 时的价格；S_T 为标的资产在 T 时的价格；X 为执行价格；C_0 为看涨期权在 $T=0$ 时的价格；C_T 为看涨期权在 T 时的价格；P_0 为看跌期权在 $T=0$ 时的价格；P_T 为看跌期权在 T 时的价格。

期权最根本的两个类型是看涨期权（Call Option）和看跌期权（Put Option）。给予期权持有人以约定价格买入标的资产的权利的期权是看涨期权；看跌期权则是给予了期权持有人以约定价格卖出标的资产的权利的期权。所以，在期权合约中，有四个类型的投资者，分别为看涨期权多头（Buy Call）、看涨期权空头（Sell Call）、看跌期权多头（Buy Put）和看跌期权空头（Sell Put）。

根据期权的可行权日和到期日关系的不同，期权又可以分为美式期权（American Option）和欧式期权（European Option）。美式期权是指期权多头可以在期权到期日前的任何时间内行权，而欧式期权则只能在期权到期日当天行权。毫无疑问，它们的名称和行权地点是没有关系的。

期权可以分为实值期权（In The Money Option）、虚值期权（Out of The Money）和平价期权（At The Money）。实值期权是指现在行权能给持有者带来正的现金流的期权；虚值期权是指现在行权能给持有者带来负的现金流的期权；平价期权是现在执行期权不能给持有者带来任何现金流变化的期权。假设执行价格为 X，标的资产价格为 S_t，对看涨期权来说，当 $S_t > X$ 时为实值期权，因为此时如果行权，可以给持有者带来 $St - X$ 的正的现金流入；当 $S_t < X$ 时为虚值期权；当 $S_t = X$ 时为平价期权。对看跌期权来说，当 $S_t > X$ 时为虚值期权，当 $S_t < X$ 为实值期权，当 $S_t = X$ 时为平价期权。

由于期权多头只有到期选择执行期权的权利，而没有必须执行的义务，而期权只有对多头来说是实值期权时，才会被执行，否则就会到期自然失效。所以，对于看涨期权的多头来说，期权到期价值为：$\max(S_t - X, 0)$，也就是现价与执行价的差与 0 的较大者；对于看跌期权的多头来说，期权到期价值为：$\max(X - S_t, 0)$，也就是执行价与现价的差与 0 的较大者。由于期权是零和交易，所以期权空头的期权价值与多头正好相反。如果再考虑到期权费，就可以得到期权多空双方的净损益，其中多方的净损益为期权价值减去期权费，期权空方的净损益为期权价值加上期权费。我们将多空双方的期权到期价值及净损益分别表现到图 9-5～图 9-8 中：

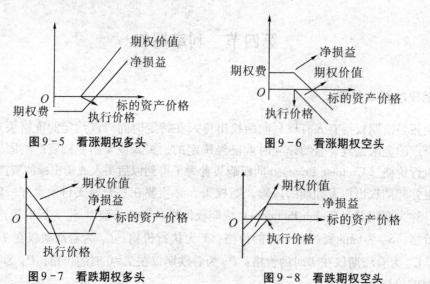

图 9-5　看涨期权多头　　　　　图 9-6　看涨期权空头

图 9-7　看跌期权多头　　　　　图 9-8　看跌期权空头

从上面的图中我们也可以看出，对看涨期权多头来说，只有在标的资产价格高于执行价格，即期权是实值期权时，多头才会选择执行期权。此时期权的价值为（标的资产价格－执行价格），再减去所支付的期权费，就是它的净损益。简单来说，期权价值 $C_t = \max(S_t - X, 0)$，净损益为 $C_t - C_0$。其可能的最大收益是无限的，发生的最大损失是 C_0。结合图 9-5～图 9-8，得出表 9-4。

表 9-4　　　　　　　　　　　期权各方的期权价值及净损益

	看涨期权多头	看涨期权空头	看跌期权多头	看跌期权空头
期权价值	$\max(S_t - X, 0)$	$-\max(S_t - X, 0)$	$\max(X - S_t, 0)$	$-\max(X - S_t, 0)$
净损益	$C_t - C_0$	$C_t + C_0$	$P_t - P_0$	$P_t + P_0$
最大收益	∞	C_0	$X - P_0$	P_0
最大损失	C_0	∞	P_0	$X - P_0$

　　前面我们说过，远期合约是定制化私人的合约交易，双方都面临着对方违约造成的损失，存在于场外市场中；期货合约是标准化合约，发生在期货交易所中，且交易所保证了交易的进行，避免了对方违约的风险。对于期权来说，OTC 市场中定制化合约和交易所标准化合约同时存在。也就是说，期权的买卖双方可以自己安排，订立条款，建立一个期权合约，场外期权的好处就是期权合约可以"量身定做"，但是期权持有方需要承担对方违约的风险；或者通过经纪人在期权交易所，交易标准化期权合约。表 9-5 给出了世界上一些大型的期权交易所。

表 9-5　　　　　　　　　　世界上一些大型的期权交易所

期货交易所	中文名称	所在地
Korea Stock Exchange	韩国股票交易所	韩国
Chicago Board Options Exchange	芝加哥期权交易所	美国
Eurex	欧洲期货交易所	德国和瑞士
American Stock Exchange	美国股票交易所	美国
Pacific Stock Exchange	太平洋股票交易所	美国
Chicago Mercantile Exchange	芝加哥商品交易所	美国
South African Futures Exchange	南非期货交易所	南非
New York Mercantile Exchange	纽约商品交易所	美国
Korea Futures Exchange	韩国期货交易所	韩国
Italian Derivatives Exchange	意大利衍生品交易所	意大利
Osaka Securities Exchange	大阪证券交易所	日本
Hong Kong Futures Exchange	香港期货交易所	中国

　　期权与其他衍生品的区别主要有以下几点：

　　（1）权利与义务不对等。期权又被称为或有要求权，因为期权持有人只有在有利可图的情况下才会行权，否则期权只会到期自然失效。由于期权持有者有到期买入或卖出资产的权利，则期权出售者就有隐含的卖出或买入对应资产的义务。也就是说，当期权持有者到期要执行期权，买入资产时，期权出售者就有义务卖出相应的资产；当期权购买者到期要执行期权，卖出资产时，期权出售者就有义务买入相应的资产，而没有不买的权利。而期货、远期和互换合约在到期后，双方均有交割标的资产或是交换利息的义务，一方也有要求对方交割的权利，双方的权利和义务是对等的。

（2）签订合约时的现金流不同。在合约建立时期权多头要支付给空头期权费，但空头不需要支付给多头任何费用；通过前面的介绍知道，远期、期货和互换合约等在签订之时，合约的价值为0，一方不需要支付任何费用给对方。所以，期权合约与其他的衍生品在合约签订之时的现金流不同。

（3）风险与收益不对等。由于期权多头只有在有利可图的情况下才会行权，所以期权费也就成了空头的最大收益。由于期权是零和博弈，空头的最大收益必然是多头的最大损失，所以多头的最大损失额就是期权费，但其盈利却是可能无限的。期权多头和空头所面临的风险也是不同的。由于多头的义务就是在期权建立时给予空头期权费，在多头支付后，面临着将来行权时空头不履行义务的违约风险，但空头在收取了期权费后，并不面临对方的违约风险。

二、利率期权的分类

固定收益证券期权即是利率期权，是指以与利率相关的金融工具为基础资产的期权，主要有债券期权、短期利率期权、期货期权、互换期权、利率上限和下限等。

（一）债券期权

债券期权是以债券尤其是中长期国债为基础资产的期权。债券期权的看涨期权赋予期权买方在特定日期或一定期限内以特定价格买入标的债券的权利，债券期权的看跌期权赋予期权买方在特定日期或一定期限内以特定价格卖出标的债券的权利。它主要是在场外交易。

【例】一个刚刚发行的30年期面值为100美元的美国国债，发行价格为97.25美元。以该国债为基础资产的3年期欧式看涨期权，执行价格为98美元，面值为100万美元，到期时进行现金结算。假设3年后，由于利息下降，债券价格上升为98.25美元，债券价格高于执行价格，对期权买方来说是实值期权，买方执行期权，即以98美元买入价格为98.25美元的国债，可获利2 500美元［1 000 000/100×（98.25 - 98）］。也就是期权的卖方应支付给买方2 500美元，如果不是现金结算而是实物交割的话，可以看成是多头以98美元的价格买入价格为98.25美元的国债后，随即在国债市场上卖出国债，同样可以获利2 500美元。买方再用2 500美元减去购买期权时支付给卖方的期权费后，就是其净利润。如果期权到期时，由于利息上升，使得债券价格仅为97.75美元，那么期权买方就不执行期权，期权自然到期失效。

期权到期时是以实物交割还是现金结算是在期权订立时就已在合约中注明的。而且在期权到期时，国债的到期时间应还有较长一段时间，因为国债的价格随着到期时间的临近是逐渐接近面值的，此时价格波动幅度很小。如果期权到期时，国债也快要到期，那么价格几乎没有不确定性，期权也就不存在意义。

（二）短期利率期权

短期利率期权是以短期市场利率为标的资产的期权，主要是欧式期权，且到期时以现金进行结算。短期利率期权又可以分为看涨利率期权和看跌利率期权。看涨利率期权是指期权多头有权在合约到期时向空头支付协定固定利率、收取标的浮动利率利息；看跌利率期权是指期权多头有权在合约到期时向空头支付标的浮动利率利息、收取协定固定利率利息。标的浮动利率可以是市场上各种短期利率，如 LIBOR、EURI-BOR 等。现以 LIBOR 为例来说明：

前面已介绍过远期利率协议。远期利率协议是指合约双方约定在未来某一时间，交换协议期内某一名义本金上的协议固定利率和标的浮动利率利息额。利率期权则是给予多方交换协议固定利率和标的浮动利率利息额的权利。当预期标的浮动利率 LIBOR 上升时，可以买入看涨利率期权，到期时，如果标的 LIBOR 大于协议固定利率，对多方来说，为实值期权而行权，得到标的利率利息和协议利率利息的差额；相反，如果标的 LIBOR 小于协议固定利率，对多方来说，为虚值期权而放弃行权，期权到期失效。当预期标的浮动利率 LIBOR 下降时，可以买入看跌利率期权，到期时，如果标的 LIBOR 小于协议固定利率，对多方来说，为实值期权而行权，得到协议利率利息和标的利率利息的差额；相反，如果标的 LIBOR 大于协议固定利率，对多方来说，为虚值期权而放弃行权，期权到期失效。

期权的多头在决定行权时就相当于进入了一个远期利率协议的多方或空方，期权空头有义务成为他的交易对手。有关进入远期利率协议之后的情况在介绍远期时均已说明，这里就不再赘述。短期利率期权可以锁定借款人的最高借款利率为协议利率，因为当标的市场利率高于协议利率时，多方行权，此时应由期权空方向其支付标的市场利率和协议利率的差额，这样实际借款利率仍为协议利率。当市场利率低于协议利率时，期权到期不执行，实际借款利率为市场利率，低于协议利率，只是损失了期权费，完全避免了市场利率上升给借款人造成的成本上升风险，但期权持有者面临着空方违约的风险。同样的，短期利率期权可以锁定贷款者的最低贷款收益为协议利率，因为当市场利率低于协议利率时，期权多头有权要求空头向其支付协议利率和标的市场利率的差额，这样实际的贷款收益为协议利率。当市场利率高于协议利率时，期权到期不执行而失效，贷款人的实际贷款收益为市场利率，高于协议利率。因此，看跌利率期权避免了由于市场利率下降给贷款者造成的贷款收益下降的风险。

（三）期货期权

期货期权是以期货合约为标的资产的期权，多为美式期权。看涨期货期权给予持有者以一个固定的期货价格成为期货合约的多头的权利，也就是赋予期权持有人可以在期权到期前以一定价格买入期货合约的权利。看跌期货期权给予持有者以一个固定的期货价格成为期货合约的空头的权利，即期权持有者有权在期权到期前以一定价格卖出期货合约。协定的固定期货价格就是执行价格，期货合约可以是国债期货、欧洲美元期货等期货合约。

期货期权广泛存在主要是因为以下几个方面的原因：

期货合约的流动性一般要比实物资产流动性好；期货合约交易也更活跃，可以很容易地在期货交易所获得期货的价格，省去了联系交易商去获得现货价格的成本；期货期权的行使一般不涉及期货合约中标的资产的交割，而大多数是通过在期货合约到期前进行对冲，比现货交割容易得多。

比如，一个面值为 100 万美元、执行价格为 95 美元的看涨欧洲美元期货期权，报价为 4 美元，合约中标明到期日。看涨期货期权多头为了获得到期以 95 美元的价格买入欧洲美元期货合约的权利，应首先支付 40 000 美元（0.04×1 000 000）给空头。期权到期时，假设欧洲美元期货价格为 96 美元，期权是实值期权，多方行权可以以 95 美元的价格成为欧洲美元期货的多头。如果他现在卖出期货，可以立即获得 2 500 美元［（96－95）×100×25］的收益；如果选择继续持有期货，作为期货合约的多头，它的收益会随着期货价格的变化而随之改变。

（四）互换期权

互换期权是以互换合约为标的资产的期权。它是指期权多方在支付空方相应的期权费后，所获得的在未来特定时间以某一约定的固定利率进入互换合约的权利。

【例】某一公司预计在 3 个月后为匹配公司的资产负债结构需买入 3 年期的固定利率债券（假设利率为 7%），但公司希望通过利率互换（该公司支付 6% 的固定利率，收到 LIBOR 的浮动利率）将固定利率资产转变为浮动利率资产。现在互换市场上的互换合约一般为支付 6% 的固定利率，收到 LIBOR 的浮动利率。但公司是在 3 个月之后才会买入债券，现在签订互换合约，与公司的现金流不匹配。如果等到 3 个月后再签订互换合约，又担心 3 个月后互换市场中的固定利率支付会上升，因此可以在当前时刻支付一定的期权费给空方后，买入互换期权。该期权给予多头 3 个月后以 6% 的固定利率进入互换合约的权利。如果 3 个月后，市场中 3 年期互换利率上升为 6.5%，那么期权持有者将执行期权，以 6% 的固定利率进入互换合约，公司实际支付的固定利率是低于市场的互换利率的；如果到期 3 年期互换利率仅为 5.5%，那么公司将选择不行使期权，而是以市场互换利率签订互换合约。所以，互换期权锁定了公司签订互换合约所要支付的最高固定利率，避免了由于互换合约价格的上升而给公司带来的成本上升。

（五）利率上限和下限

利率上限赋予了期权持有者在期权期限内只要基准利率上升超过某一协议利率时，就有权获得空头支付的一定名义本金上的市场基准利率与协议利率的利息差额。它不是一次性的单一支付，而是期权期限内的多次的利息差额支付。合约中协议的固定利率被称为是利率上限或利率顶（Interest Cap）。利率下限赋予了期权持有者，当市场基准利率下降低于某一协定利率时，有权获得空方支付的一定名义本金的协议利率和基准利率的利息差额。那个协定的固定利率就是利率下限或利率底（Interest Floor）。特别地，利率上限可以看成是一系列的短期利率看涨期权，每个期权都是相互独立的，但有着一样的执行利率，前一个利率期权的到期日就是下一个期权基准利率的重置日；利率下限可以看成是一系列的短期利率看跌期权。

比如，一个基准利率为 6 个月 LIBOR、协议利率为 6% 的 3 年期利率上限协议，每年 6 月份、12 月份进行一次利息差额支付及基准利率的重置。在期权有效的 3 年内，假定某个 6 月份时的 6 个月 LIBOR 为 6.5%，超过了协议利率，则多头有权获得空头支付的 LIBOR 与协议利率的差额，而这笔差额的实际支付是发生在 12 月份的。同时在 12 月份再重新确定基准利率，如果 12 月份时 6 个月的 LIBOR 是 5.5%，小于协议利率，对于利率上限多头来说是空头期权，从而不执行，下一年的 6 月份时，再重置 LIBOR 和重新计算。可以看出，每个期权都是相互独立的，上一个期权是否执行并不影响下一个期权的执行。

利率上限和利率下限组合起来就形成了利率领子（Interest Rate Collar）。利率领子一般是一个利率上限多头和利率下限空头或者是一个利率上限空头和利率下限多头的组合。由于利率领子是一个多头和空头的组合，所以又被称为是一个零成本利率领子（Zero - cost Collar），因为多头所得的期权费可以部分或全部用来抵消买入期权的成本。

利率上限、利率下限和利率领子在利率市场上是非常受欢迎的金融工具，经常被用于利率风险的管理。

三、期权的定价

期权的价值由以下两部分构成：内在价值(Intrinsic Value)和时间价值(Time Value)。内在价值取决于标的资产现行市价和执行价格的高低，现行市价和执行价格相差越大，则内在价值越大；时间价值是期权价值超过内在价值的部分。它不同于一般意义上的货币的时间价值，而是一种等待的价值，是期权买方愿意支付超过内在价值的价格，希望标的资产价格的变化可以朝着对自己有利的方向移动。所以，对美式期权来说，离到期时间越远，时间价值就越大，对欧式期权的影响则要复杂一些。一般来说：

期权价值 = 内在价值 + 时间价值

对期权进行定价，主要有以下两种方法：二叉树期权定价模型和布莱克—斯科尔斯期权定价模型。二叉树期权定价模型是在判断了未来利率走势后，先得到债券价格的二叉树结构，再根据债券价格和执行价格的高低关系，得到期权价值的二叉树结构；布莱克—斯科尔斯（Black - Scholes）期权定价模型则是在假设标的资产价格连续变动等其他条件下对期权定价。

（一）二叉树期权定价模型

假定一个 6 个月期限的欧式看涨国债期权，执行价格为 98 美元，标的国债现在价格为 96 美元，市场无风险利率为 6%。

假设 6 个月后，国债价格仅有两种可能：一是市场即期利率下降，债券价格升至 100 美元；二是市场即期利率上升，债券价格为 94 美元。见图 9 - 9。

当国债价格为 100 美元时，期权是实值期权，此时期权的内在价值为 2；若国债价格为 94 美元，小于执行价格，是虚值期权，不会被执行，期权的价值为 0。见图 9 - 10。

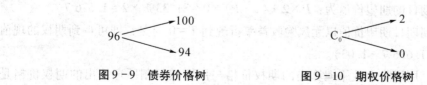

图 9 - 9　债券价格树　　　　　　　图 9 - 10　期权价格树

现在就是根据期权到期时的价值，算出 C_0 到底为多少？我们给出期权复制和风险中性定价方法两种计算方法。

1. 期权复制原理

期权复制就是说构造一个和期权到期时现金流完全相同的投资组合。由于未来现金流完全相同，那么根据无套利原则，该投资组合和期权的价格应该一样，则构造投资组合的成本就是该期权的价格。

为了构造和期权风险收益完全相同的投资组合，我们假设投资者持有 x 份国债，同时以无风险市场利率借入资金 y 美元，则该投资组合现在价值为 $(96x - y)$ 美元。6 个月后，期权到期时，当国债价格为 100 美元时，组合价值为 $(100x - 1.03y)$ 美元 [$1.03y$ 是指在 $T = 0$ 时刻借入的 y 美元，在 6 个月后应归还本息共计为 $(1 + 0.06/2)y = 1.03y$ 美元]；当国债价格为 94 美元时，组合价值为 $(94x - 1.03y)$ 美元。我们令该组合的到期价值与例中的看涨国债期权的到期价值相同。即：

$$100x - 1.03y = 2$$
$$94x - 1.03y = 0$$

那么构造该组合的成本或者说是该组合在 $T = 0$ 时刻的价值就应该等于期权的价格。

我们解出上面的两个等式，得到 $X = 0.3333$，$Y = 30.421$。也就是说，投资者在 $T = 0$ 时刻持有 0.33 份国债，同时以无风险市场利率借入资金 30.421 美元，就可以在期权到期时获得与期权完全相同的现金流。那么该组合在 $T = 0$ 时刻的价值为 1.58 美元，这也应该是该看涨国债期权的价格。

2. 风险中性原理

风险中性原理认为，投资者是风险中立者，任何资产的预期收益率都是无风险收益率。因此，期权价值的期望报酬率也应该等于无风险报酬率。所以，我们只需要使期权到期日的期望报酬率等于无风险收益率，算出标的资产价格上升和下降的概率，然后将到期日的期权期望值以无风险收益率折现到 $T = 0$ 时刻就是期权今日的价值。

仍以上例说明：

当国债价格上行至 100 美元时，收益率为 4.1667% [$(100 - 97) / 97$]；当国债价格下行至 94 美元时，它的收益率为 -2.0833% [$(94 - 97) / 97$]。我们令国债上行的概率为 P，则下行的概率为 $(1 - P)$。由风险中性原理得：

无风险收益率 $= 3\% = P \times 4.1667\% + (1 - P) \times (-2.0833\%)$

解上式，得 $P = 81.33\%$，则 $1 - P = 18.67\%$

期权在到期日的期望价值为：$P \times 2 + (1 - P) \times 0 = 81.33\% \times 2 = 1.6267$

将期权的到期日期望价值以无风险收益率折现到 $T = 0$ 时刻，即可得到期权的现值为 1.58 美元（$1.6267 \div 1.03$）。

可以看出，用风险中性原理算出的期权价格与用期权复制原理算出的期权价格是相同的。不管市场上期权价格高于或是低于 1.58，市场上出现的套利行为总能使价格回到 1.58 美元的水平。

我们仅仅给出了期权二叉树最简单的情况，即单期二叉树。如果期权到期期限较长或利率变动情况较为复杂，抑或提高计算精确度的需要，此时如果计算期权价值的时间间隔仍然较长的话，往往结果与现实情况相去较远。所以，此时需要把原来的间隔时间细化，缩短单期计算时间来对期权的价值进行估算。单期二叉树模型也就变成了二期二叉树或是多期二叉树。比如，在上面的例子中，将计算时间间隔由单一的6个月变为2个3个月期限，这样就增加了债券价格的可能性，也就提高了计算的精确度。此时只需要将单期二叉树的计算过程重复两次就可以。也就是说，在计算出新的资产价格上升和下降的概率后，将6个月后的期权期望价值以无风险收益率折现到3个月时，然后再利用单期模型，求出期权现在的价值。整个过程就是单期模型的两次应用，从后向前推进行两次计算而已。如果是有限的多期二叉树结构的话，只需重复利用单期二叉树定价模型进行从后向前推算即可。

（二）布莱克—斯科尔斯期权定价模型

在二叉树定价模型中，如果将期权的计算时间间隔无限细分，债券价格就成了连续分布，就成了布莱克—斯科尔斯期权定价模型。该模型所涉及的公式较为复杂，且推导过程也十分麻烦，但实用性很强。使用布莱克—斯科尔斯期权定价模型计算出的期权价格与实际期权价格十分接近，因此得到了期权市场交易者的广泛应用。

布莱克—斯科尔斯期权定价模型是在几个假定条件下建立的。

假设：

（1）期权是欧式期权，即期权只能在到期日执行；

（2）投资者可以以市场无风险利率进行借贷；

（3）期权和债券交易没有费用和税收；

（4）在期权期限内，标的资产不存在券息分配；

（5）标的资产价格变动的标准差 σ 和期权期限内的无风险收益率不变；

（6）标的资产价格的分布是连续的，且呈对数正态分布。

布莱克—斯科尔斯期权定价模型有以下三个公式：

$$C_0 = S_0[N(d_1)] - X_e^{-rt}[N(d_2)]$$

$$d_1 = \frac{\ln(S_0 \div X) + [r + (\sigma^2 \div 2)] \times t}{\sigma\sqrt{t}}$$

$$d_2 = d_1 - \sigma\sqrt{t}$$

式中：C_0——看涨期权的现在价格；S_0——标的资产的现在价格；X——期权的执行价格；r——无风险利率；t——期权期限（以年为单位）；σ——标的资产价格变动的标准差；$\ln$——自然对数；$N(d)$——标准正态分布中标准差小于 d 的概率。

需要注意的是：无风险利率是以连续复利计算的利率，而不仅仅是年复利；标的资产价格变动的标准差经常是使用历史价格波动率来进行估算的；S_0、X、t 均是在期权合约中注明的；而 $\ln$、$N(d)$ 是可以分别在自然对数表和标准正态分布表中查出来的。所以，在知道了相关数据后，就可以直接利用公式求出期权价格。

（三）看涨看跌期权平价关系

在用以上公式求得了欧式看涨期权价格后，我们可以通过看涨看跌期权平价关系来求取欧式看跌期权的价格。

同样利用无套利定价分析，我们构造两个组合，分别含有看涨期权和看跌期权，使得它们的到期风险和收益相同，根据一价定理，它们的价格也应一样，从而得到看涨看跌期权平价关系。

组合1：一份执行价格为 K、期限为 T 的欧式看涨期权，期权价格为 C 和现金 Ke^{-rT}。

组合2：一份价格为 P 的欧式看跌期权和一份标的资产，标的资产的现在价格为 F_0，其中看跌期权的标的资产、执行价格和期限与组合1中的看涨期权相同。

期权到期后，组合1中的 Ke^{-rT} 以无风险利率 r 投资得到 K，组合2中的标的资产价格变为 F_T。如果 T 时刻 $F_T > K$，组合1执行看涨期权，组合1的价值为 F_T，组合2的看跌期权为虚值期权，不会被执行，价值为 F_T；如果 T 时刻 $F_T < K$，看涨期权为虚值期权，而不会被行使，组合1的价值为 K，看跌期权为实值期权，执行期权，组合2价值为 K。

可以看出，不管期权到期时刻的 K 与 F_T 谁大谁小，组合1和组合2的到期价值完全相同，则它们在0时刻的价格也应该相同。组合1在0时刻的价值为 $C + Ke^{-rT}$，组合2在0时刻的价值为 $P + F_0$，则有 $C + Ke^{-rT} = P + F_0$。这也就是我们所说的看涨看跌期权平价关系。我们把 P 移到一边有：$P = C + Ke^{-rT} - F_0$。在知道了这个平价关系中的剩下三个数据后，就可以求得看跌期权的价格。一般来说，利用平价关系来对看跌期权定价时，要求两期权的标的资产、执行价格、期限等条件应相同。

（四）对存在券息分配的期权定价

如果在期权期限内，标的资产存在着发放券息的情况，由于券息是属于资产持有人而不是期权持有人的，所以在进行期权定价时，要从标的资产现值中扣除期权有效期内发放的全部券息的现值。布莱克—斯科尔斯期权定价模型变为：

$$C_0 = S_0 e^{-\delta t} [N(d_1)] - Xe^{-rt} [N(d_2)]$$

$$d_1 = \frac{\ln(S_0 \div X) + [r - \delta + (\sigma^2 \div 2)] \times t}{\sigma \sqrt{t}}$$

$$d_2 = d_1 - \sigma \sqrt{t}$$

式中，δ 是假定券息是连续支付的券息率，其余字符与无券息分配的标准布莱克—斯科尔斯模型公式中的表达式相同。

在介绍期权定价方法时，一般都假定期权为欧式期权，即只有在到期日才可执行期权。对于可以在到期日前的任意时间均可执行的美式期权来说，由于它存在着可以提前执行期权的权利，所以它的价值至少应该等于相应的欧式期权价值。

对于不分配券息的美式期权，可以直接用布莱克—斯科尔斯期权定价模型对其定价；对于分配股息美式期权，由于分配券息会降低标的资产的价格，情况较为复杂，所以最好使用本节开头介绍的二叉树方法对其进行定价。

（五）影响期权价值的因素

1. 标的资产的市价

对于看涨期权来说，随着标的资产价格的上升，期权价值也随之增加；对于看跌期权来说，随着标的资产市价的上升，期权价值应下降。

2. 期权的执行价格

执行价格对期权价值的影响与标的资产的市价正好相反。执行价格越高，看涨期权的价值就越低；相反，看跌期权的价值就越高。

3. 标的资产价格的波动性

标的资产价格的波动性越大，价格朝着对自己有利的方向变动的机会也就越大，期权价值也应该增加。比如，对一个看涨期权来说，标的资产价格的波动性加大，说明价格上升或下降的机会均增加。

4. 到期期限

对于美式期权来说，到期期限的延长应增加期权价值，因为标的资产的价格波动性会增加、抓住有利机会及时行权的可能性增加、执行价格的现值减小等。但是对欧式期权来说，情况就比较复杂。因为欧式期权必须要等到到期日才可行权，行权机会并没有增加；且对于中间付息的债券，价格的下降，有可能会超过时间价值的增加。

5. 无风险利率

无风险利率的升高会使投资于实物资产或期权的成本均上升，但由于期权的杠杆性，投资于实物资产的成本上升得更多，从而购买期权更有吸引力。所以，无风险利率越高，看涨期权的价格越高，看跌期权的价格越低。

6. 期限内券息的发放

期权期限内券息的发放会造成标的资产价格的降低，从而降低看涨期权的价格，提高看跌期权的价格。

本章小结

● 固定收益证券衍生品是其价值依赖于基础资产如固定收益证券价格或市场利率的一类金融工具，又称利率衍生品，主要有利率远期、利率期货、利率互换和利率期权。

● 远期利率协议是指合约双方约定在未来某一时间交换以一定本金计算的合约固定利率利息和市场利率利息的现金流的合约。

● 期货是在交易所内交易的，且有它独特的交易规则，如标准化合约、保证金制度、逐日结算制等。在交易场所、交易双方面临的违约风险、合约终止等方面也与远期合约存在不同。

● 欧洲美元期货是指存放在美国以外银行的美元。欧洲美元期货是在芝加哥商品交易所的国际货币市场交易的、主要以伦敦银行 3 个月期限面值为 100 万美元的定期存款为标的资产的期货合约，使用 IMM 指数进行报价。

● 中长期国债期货的标的债券主要是美国财政部发行的偿还期限为 2～10 年的中期国债和偿还期限超过 10 年的长期国债。

● 在中长期国债期货中，空方实际进行国债的交割时，有交割债券选择权、交付日选择权和野卡选择权。但这些选择权都不是免费的，它们的价值均反映到了期货价格中。

● 对远期和期货定价很重要的一点是，交易者在签订合约时，均不需要向对方支付任何费用。

● 无套利定价是指对于风险和收益完全相同的两种产品，它们的价格也应该是相同的。否则市场上会出现套利机会，而正是套利行为又使得两者价格最终趋于一致。

● 利率互换是指合约双方约定在一定期限内交换一系列以同种货币、相同面值、不同计息方式产生的现金流，不同的计息方式是指一方以固定利率计息、一方以浮动利率计息或者是两方均以浮动利率计息，但利率水平不一。

● 利率互换的产生原因是比较优势的存在和利率风险管理的需要。

● 互换的定价主要有利用远期利率协议和债券组合进行定价两种方法。这两种方法均是找到协议利率使得互换现在价值为 0，交易双方均不需支付对方任何费用。

● 期权是指给予期权持有人权利而不是义务地向期权出售人在特定时间内以约定的价格买入或卖出特定资产的金融工具。

● 期权可以分为实值期权、虚值期权和平价期权。实值期权是指现在行权能给持有者带来正的现金流的期权；虚值期权是指现在行权能给持有者带来负的现金流的期权；平价期权是指现在执行期权不能给持有者带来任何现金流变化的期权。实际上只有实值期权才会被执行。

● 期权与其他衍生品合约主要的区别是权利与义务的不对等和风险与收益的不对等。

● 固定收益证券期权即是利率期权，是指以与利率相关的金融工具为标的资产的期权，主要有债券期权、短期利率期权、期货期权、互换期权、利率上限和下限等。

● 看涨期货期权给予持有者以一个固定的期货价格成为期货合约的多头的权利，也就是赋予期权持有人可以在期权到期前以一定价格买入期货合约的权利。看跌期货期权给予持有者以一个固定的期货价格成为期货合约的空头的权利，即期权持有者有权在期权到期前以一定价格卖出期货合约。

● 互换期权是以互换合约为标的资产的期权，是指期权多方在支付空方相应的期权费后，就获得了在未来特定时间以某一约定的固定利率进入互换合约的权利。

● 利率上限赋予了期权持有者在期权期限内只要基准利率上升超过某一协议利率时，就有权获得空头支付的一定名义本金上的基准利率与协议利率的利息差额。利率下限赋予了期权持有者，当基准利率下降低于某一协定利率时，有权获得空方支付的一定名义本金的协议利率和基准利率的利息差额。

● 期权的价值由以下两部分构成：内在价值和时间价值。期权的内在价值可以由二叉树期权定价模型或布莱克—斯科尔斯期权定价模型得到。

● 看涨看跌期权平价关系为 $C + Ke^{-rT} = P + F_0$。

● 影响期权价值的因素有利率相关资产的市价、期权的执行价格、标的资产价格的波动性、到期期限、无风险利率、期限内券息的发放情况等。

练习题

1. 假设一远期利率协议于 42 天后到期，名义本金是 1 000 万美元，标的利率是 137 天的 LIBOR，做市商对该远期报价为 4.75。如果远期到期后，市场上 137 天的 LIBOR 为 4%，则该 FRA 多头的现金流为多少？

2. 期货交易的基本特征包括（   ）。

    A. 标准化合约   B. 盯市制

    C. 保证金制度   D. 逐日结算制

3. 一个面值为 10 万美元的中长期利率期货，某一可交割债券的剩余期限为 15 年 9 个月，息票率为 7%，每半年付息，该期货报价为 110 - 17。

要求：

（1）该可交割债券的转换系数是多少？

（2）该债券的实际交割价格是多少？

4. 在中长期利率期货中，空方有哪些选择权？为什么要给予他们这些选择权？

5. 考虑某期货合约，初始保证金为 7 美元，维持保证金是 4 美元。T = 0 日的结算价格为 100 美元，某投资者此时买入 20 份该期货合约，表 9 - 6 中给出了每日该合约的结算价格，完成表 9 - 6 中的空白项目。

表 9 - 6

天数T	日初账户余额	追加保证金	结算价格	期货价格变化	盈亏变化	日末账户余额
0			100.00			
1			100.50			
2			99			
3			97.5			
4			96.5			
5			97			
6			97.5			

6. 互换终止分别有哪几种情况？

7. 简述做市商制度对互换的影响。

8. 简单介绍互换定价的两种方法。

9. 某一年期互换合约，名义本金是 100 万美元，固定利息和浮动利息是 3 个月一付息，标的浮动利率是 3 个月的 LIBOR，可以根据下面的欧洲美元期货价格得到。时间计量为实际天数/360 天，而每季度的实际天数已给出。

表 9-7

季度数	实际天数	欧洲美元期货价格	3 个月的 LIBOR	当期折现因子
1	90	94.2		
2	91	94		
3	92	93.8		
4	92	93.5		

要求：

（1）补充上表。

（2）根据上表推出的 3 个月 LIBOR，求出一季度末、二季度末、三季度末、四季度末浮动利率方应支付的利息额。

（3）给该互换合约定价，求出协议的固定利率。

（4）根据（3）的答案，给出各季度末固定利率支付方应支付的固定利息额。

（5）如果互换利率不是（3）中的利率，而是 6%。则该互换协议对固定利率支付方的价值为多少？

10. 画图并说明看涨/看跌期权多空双方的期权价值及净损益。

11. 某投资者买入一执行价格为 50 美元的看涨期权，支付期权费 3 美元。

要求：

（1）分别计算当到期日标的资产价格为 48 美元、52 美元、55 美元时，该期权的到期日价值及该投资者的到期净损益，并说明期权是平值期权、实值期权还是虚值期权？

（2）对于该期权的空头来说，以上结果又是怎样的？

12. 期货与期权合约的区别分别体现在（　　　）。

  A. 标的物不同　　　　　　　　B. 签订合约时的现金流不同

  C. 权利、义务不同　　　　　　D. 风险、收益不同

13. 利率期权有哪几种细分类型？

14. 回忆前面介绍的布莱克—斯科尔斯期权定价模型。已知某无息债券看涨期权的 $S_0 = 90$，$X = 92$，$t = 1$，$r = 5\%$，$\sigma = 20\%$。求该看涨期权的价格；如果该债券是有息债券，且连续支付的券息率为 2%，则该看涨期权的价格又该为多少？

15. 如何得到看涨看跌期权平价关系？如果现在有一个看跌期权的标的资产、执行价格、期限等条件均与上例中的看涨期权价格相同。求该看跌期权的价格。

16. 影响期权价值的因素有哪些？

参考文献

［1］FRANK J FABOZZI. Fixed Income Mathematics［M］. 3th. CFA，IRWIN Professional Publishing，1993.

［2］FRANK J FABOZZI. Fixed Income Analysis for the Chartered Financial Analyst ［M］. Frank J. Fabozzi Associates Publishing，2000.

［3］FABOZZI. Derivatives and Alternative Investments［M］. Frank J. Fabozzi Associates，2010.

［4］BLACK，SCHOLES. The Pricing of Options and Corporate Liabilities［J］. Journal of Political Economy，1973（3）.

［5］RICHARD CANTOR. Introduction of Volatility Score and Expectation Loss［OL］. www. moodys. com，2008（4）.

［6］FRANK J FABOZZI. The Handbook of Fixed Income Securities［M］. 6th. New York：McGraw－Hill Trade Publishing，2000.

［7］FRANK J FABOZZI. Handbook of Mortgage Backed Securities［M］. 5th. New York：McGraw－Hill Trade Publishing，2001.

［8］SURESH M SUNDARESAN. Fixed Income Markets and Their Derivatives［M］. Columbia University，2008.

［9］FRANK J FABOZZI. Bond Markes：Analysis and Strategies［M］. 5th. Frank J. Fabozzi Associates Publishing，2010.

［10］潘席龙. 固定收益证券分析［M］. 成都：西南财经大学出版社，2007.

［11］林清泉. 固定收益证券［M］. 武汉：武汉大学出版社，2005.

［12］约翰·赫尔. 期权、期货及其他衍生产品［M］. 7版. 王勇，索吾林，译. 北京：机械工业出版社，2009.

［13］弗兰克·J. 法博齐. 债券组合管理（上、下）［M］. 2版. 骆玉鼎，高玉泽，等，译. 上海：上海财经大学出版社，2004.

［14］汤震宇，徐寒飞，李鑫. 固定收益证券定价理论［M］. 上海：复旦大学出版社，2004.

［15］弗兰克·J. 法博齐. 固定收益证券手册［M］. 6版. 任若思，李焰，等，译. 北京：中国人民大学出版社，2005.

［16］姚长辉. 固定收益证券——定价与利率风险管理［M］. 北京：北京大学出版社，2006.

［17］类承曜. 固定收益证券［M］. 2版. 北京：中国人民大学出版社，2008.

［18］苏瑞什·M. 桑德瑞森. 固定收益证券市场及其衍生产品［M］. 2 版. 龙永红，等，译. 北京：中国人民大学出版社，2006.

［19］段爱明. 国外通货膨胀指数化债券的发展情况及对我国的借鉴［J］. 财经界，2009（12）.

［20］张彦. 国外通胀指数债券的发展、运作机理及借鉴［J］. 证券市场导报，2006（2）.

［21］张旭阳. 通货膨胀保护债券机理与分析［J］. 证券市场导报，2004（10）.

［22］俞令玮. 固定收益证券投资及利率风险管理［J］. 网络财富，2008（13）.

［23］程文卫. 通货膨胀对固定收益证券到期收益率和信用利差的影响：基于中国的实证研究［J］. 中央财经大学学报，2009（7）.

［24］孙庆瑞，戴立洪，欧阳刚. 证券公司固定收益产品创新研究［J］. 证券市场导报，2003（4）.

［25］刘琳琳. 债券投资组合利率风险管理的久期免疫策略［J］. 内蒙古科技与经济，2006（20）.

［26］王敏，瞿其春，张帆. 债券组合的风险价值［J］. 运筹与管理，2003（3）.

［27］李启亚. 金融衍生产品与中国资本市场的发展［J］. 经济研究，2000（2）.

［28］陈磊. 我国个人住房抵押贷款的风险及防范措施［J］. 黑龙江对外经贸，2010（6）.

［29］王石. 中国金融衍生品研究与中国期货市场实践［D］. 长春：吉林大学，2006.

［30］曾军. 中国国债问题研究［D］. 成都：四川大学，2003.

［31］布鲁斯·塔克曼，安杰尔·塞拉特. 固定收益证券［M］.（原书第三版）中文版. 范龙振，林祥亮，戴思聪，等，译. 北京：机械工业出版社，2014.

附　表

附表1　1元复利终值系数表　（FVIF 表）

n/i（%）	1	2	3	4	5	6	7
1	1.010	1.020	1.030	1.040	1.050	1.060	1.070
2	1.020	1.040	1.061	1.082	1.103	1.124	1.145
3	1.030	1.061	1.093	1.125	1.158	1.191	1.225
4	1.041	1.082	1.126	1.170	1.216	1.262	1.311
5	1.051	1.104	1.159	1.217	1.276	1.338	1.403
6	1.062	1.126	1.194	1.265	1.340	1.419	1.501
7	1.072	1.149	1.230	1.316	1.407	1.504	1.606
8	1.083	1.172	1.267	1.369	1.447	1.594	1.718
9	1.094	1.195	1.305	1.423	1.551	1.689	1.838
10	1.105	1.219	1.344	1.480	1.629	1.791	1.967
11	1.116	1.243	1.384	1.539	1.710	1.898	2.105
12	1.127	1.268	1.426	1.601	1.796	2.012	2.252
13	1.138	1.294	1.469	1.665	1.886	2.133	2.140
14	1.149	1.319	1.513	1.732	1.980	2.261	2.579
15	1.161	1.346	1.558	1.801	2.079	2.397	2.759
16	1.173	1.373	1.605	1.873	2.183	2.540	2.952
17	1.184	1.400	1.653	1.948	2.292	2.693	3.159
18	1.196	1.428	1.702	2.206	2.407	2.854	3.380
19	1.208	1.457	1.754	2.107	2.527	3.026	3.167
20	1.220	1.486	1.806	2.191	2.653	3.207	3.870
25	1.282	1.641	2.094	2.666	3.386	4.292	5.427
30	1.348	1.811	2.427	3.243	4.322	5.743	7.612
40	1.489	2.208	3.262	4.801	7.040	10.286	14.974
50	1.645	2.692	4.384	7.107	11.467	18.420	29.457

附表 1（续 1）

n/i （%）	8	9	10	11	12	13	14
1	1.080	1.090	1.100	1.110	1.120	1.130	1.140
2	1.166	1.188	1.210	1.232	1.254	1.277	1.300
3	1.260	1.295	1.331	1.368	1.405	1.443	1.482
4	1.360	1.412	1.464	1.518	1.574	1.630	1.689
5	1.469	1.539	1.611	1.685	1.762	1.842	1.925
6	1.587	1.677	1.772	1.870	1.974	2.082	2.195
7	1.714	1.828	1.949	2.076	2.211	2.353	2.502
8	1.851	1.993	2.144	2.305	2.476	2.658	2.853
9	1.999	2.172	2.358	2.558	2.773	3.004	3.252
10	2.159	2.367	2.594	2.839	3.106	3.395	3.707
11	2.332	2.580	2.853	3.152	3.479	3.836	4.226
12	2.518	2.813	3.138	3.498	3.896	4.335	4.818
13	2.720	3.066	3.452	3.883	4.363	4.898	5.492
14	2.937	3.342	3.797	4.310	4.887	5.535	6.261
15	3.172	3.642	4.177	4.785	5.474	6.254	7.138
16	3.426	3.970	4.595	5.311	6.130	7.067	8.137
17	3.700	4.328	5.054	5.895	6.866	7.986	9.276
18	3.996	4.717	5.560	6.544	7.690	9.024	10.575
19	4.316	5.142	6.116	7.263	8.613	10.197	12.056
20	4.661	5.604	6.727	8.062	9.646	11.523	13.743
25	6.848	8.623	10.835	13.585	17.000	21.231	26.462
30	10.063	13.268	17.449	22.892	29.960	39.116	50.950
40	21.725	31.409	45.259	65.001	93.051	132.78	188.88
50	46.902	74.358	117.39	184.57	289.00	450.74	700.23

附表 1 (续 2)

n/i (%)	15	16	17	18	19	20	25	30
1	1.150	1.160	1.170	1.180	1.190	1.200	1.250	1.300
2	1.323	1.346	1.369	1.392	1.416	1.440	1.563	1.690
3	1.521	1.561	1.602	1.643	1.685	1.728	1.953	2.197
4	1.794	1.811	1.874	1.939	2.005	2.074	2.441	2.856
5	2.011	2.100	2.192	2.288	2.386	2.488	3.052	3.713
6	2.313	2.436	2.565	2.700	2.840	2.986	3.815	4.827
7	2.660	2.826	3.001	3.185	3.379	3.583	4.768	6.276
8	3.059	3.278	3.511	3.759	4.021	4.300	5.960	8.157
9	3.518	3.803	4.108	4.435	4.785	5.160	7.451	10.604
10	4.046	4.411	4.807	5.243	5.696	6.192	9.313	13.786
11	4.652	5.117	5.624	6.176	6.777	7.430	11.642	17.922
12	5.350	5.936	6.580	7.288	8.064	8.916	14.552	23.298
13	6.153	6.886	7.699	8.599	9.596	10.699	18.190	30.288
14	7.076	7.988	9.007	10.147	11.420	12.839	22.737	39.374
15	8.137	9.266	10.539	11.974	13.590	15.407	28.422	51.186
16	9.358	10.748	12.330	14.129	16.172	18.488	35.527	66.542
17	10.761	12.468	14.426	16.672	19.244	22.186	44.409	86.504
18	12.375	14.463	16.879	19.673	22.091	26.623	55.511	112.46
19	14.232	16.777	19.748	23.214	27.252	31.948	69.389	146.19
20	16.367	19.461	23.106	27.393	32.492	38.338	86.736	190.05
25	32.919	40.874	50.658	62.669	77.338	95.396	264.70	705.64
30	66.212	85.850	111.07	143.37	184.68	237.38	807.792	2 620.0
40	267.86	378.72	533.87	750.38	1 051.7	1 469.8	7 523.2	36 119.0
50	1 083.7	1 670.7	2 566.2	3 927.4	5 988.9	9 100.4	70 065	497 929

附表2　1元复利现值系数表　（PVIF 表）

n/i（%）	1	2	3	4	5	6	7	8	9
1	0.990	0.980	0.971	0.962	0.952	0.943	0.935	0.926	0.917
2	0.980	0.961	0.943	0.925	0.907	0.890	0.873	0.857	0.842
3	0.971	0.942	0.915	0.889	0.864	0.840	0.816	0.794	0.772
4	0.961	0.924	0.888	0.855	0.823	0.792	0.763	0.735	0.708
5	0.951	0.906	0.863	0.822	0.784	0.747	0.713	0.681	0.650
6	0.942	0.888	0.837	0.790	0.746	0.705	0.666	0.630	0.596
7	0.933	0.871	0.813	0.760	0.711	0.665	0.623	0.583	0.547
8	0.923	0.853	0.789	0.731	0.667	0.627	0.582	0.540	0.502
9	0.914	0.837	0.766	0.703	0.645	0.592	0.544	0.500	0.460
10	0.905	0.820	0.744	0.676	0.614	0.558	0.508	0.463	0.422
11	0.896	0.804	0.722	0.650	0.585	0.527	0.475	0.429	0.388
12	0.887	0.788	0.701	0.625	0.557	0.497	0.444	0.397	0.356
13	0.879	0.773	0.681	0.601	0.530	0.469	0.415	0.368	0.326
14	0.870	0.758	0.661	0.577	0.505	0.442	0.388	0.340	0.299
15	0.861	0.743	0.642	0.555	0.481	0.417	0.362	0.315	0.275
16	0.853	0.728	0.623	0.534	0.458	0.394	0.339	0.292	0.252
17	0.844	0.714	0.605	0.513	0.436	0.371	0.317	0.270	0.231
18	0.836	0.700	0.587	0.494	0.416	0.350	0.296	0.250	0.212
19	0.828	0.686	0.570	0.475	0.396	0.331	0.277	0.232	0.194
20	0.820	0.673	0.554	0.456	0.377	0.312	0.258	0.215	0.178
25	0.780	0.610	0.478	0.375	0.295	0.233	0.184	0.146	0.116
30	0.742	0.552	0.412	0.308	0.231	0.174	0.131	0.099	0.075
40	0.672	0.453	0.307	0.208	0.142	0.097	0.067	0.046	0.032
50	0.608	0.372	0.228	0.141	0.087	0.054	0.034	0.021	0.013

n/i（%）	10	11	12	13	14	15	16	17	18
1	0.909	0.901	0.893	0.885	0.877	0.870	0.862	0.855	0.847
2	0.826	0.812	0.797	0.783	0.769	0.756	0.743	0.731	0.718
3	0.751	0.731	0.712	0.693	0.675	0.658	0.641	0.624	0.609
4	0.683	0.659	0.636	0.613	0.592	0.572	0.552	0.534	0.516
5	0.621	0.593	0.567	0.543	0.519	0.497	0.476	0.456	0.437
6	0.564	0.535	0.507	0.480	0.456	0.432	0.410	0.390	0.370
7	0.513	0.482	0.452	0.425	0.400	0.376	0.354	0.333	0.314
8	0.467	0.434	0.404	0.376	0.351	0.327	0.305	0.285	0.266
9	0.424	0.391	0.361	0.333	0.300	0.284	0.263	0.243	0.225
10	0.386	0.352	0.322	0.295	0.270	0.247	0.227	0.208	0.191
11	0.350	0.317	0.287	0.261	0.237	0.215	0.195	0.178	0.162
12	0.319	0.286	0.257	0.231	0.208	0.187	0.168	0.152	0.137
13	0.290	0.258	0.229	0.204	0.182	0.163	0.145	0.130	0.116
14	0.263	0.232	0.205	0.181	0.160	0.141	0.125	0.111	0.099
15	0.239	0.209	0.183	0.160	0.140	0.123	0.108	0.095	0.084
16	0.218	0.188	0.163	0.141	0.123	0.107	0.093	0.081	0.071
17	0.198	0.170	0.146	0.125	0.108	0.093	0.080	0.069	0.060
18	0.180	0.153	0.130	0.111	0.095	0.081	0.069	0.059	0.051
19	0.164	0.138	0.116	0.098	0.083	0.070	0.060	0.051	0.043
20	0.149	0.124	0.104	0.087	0.073	0.061	0.051	0.043	0.037
25	0.092	0.074	0.059	0.047	0.038	0.030	0.024	0.020	0.016
30	0.057	0.044	0.033	0.026	0.020	0.015	0.012	0.009	0.007
40	0.002	0.015	0.011	0.008	0.005	0.004	0.003	0.002	0.001
50	0.009	0.005	0.003	0.002	0.001	0.001	0.001	0	0

n/i（%）	19	20	25	30	35	40	50
1	0.840	0.833	0.800	0.769	0.741	0.714	0.667
2	0.706	0.694	0.640	0.592	0.549	0.510	0.444
3	0.593	0.579	0.512	0.455	0.406	0.364	0.296
4	0.499	0.482	0.410	0.350	0.301	0.260	0.198
5	0.419	0.402	0.320	0.269	0.223	0.186	0.132
6	0.352	0.335	0.262	0.207	0.165	0.133	0.088
7	0.296	0.279	0.210	0.159	0.122	0.095	0.059
8	0.249	0.233	0.168	0.123	0.091	0.068	0.039
9	0.209	0.194	0.134	0.094	0.067	0.048	0.026
10	0.176	0.162	0.107	0.073	0.050	0.035	0.107
11	0.148	0.135	0.086	0.056	0.037	0.025	0.012
12	0.124	0.112	0.069	0.043	0.027	0.018	0.008
13	0.104	0.093	0.055	0.033	0.020	0.013	0.005
14	0.088	0.078	0.044	0.025	0.015	0.009	0.003
15	0.074	0.065	0.035	0.020	0.011	0.006	0.002
16	0.062	0.054	0.028	0.015	0.008	0.005	0.002
17	0.052	0.045	0.023	0.012	0.006	0.003	0.001
18	0.044	0.038	0.018	0.009	0.005	0.002	0.001
19	0.037	0.031	0.014	0.007	0.003	0.002	0
20	0.031	0.026	0.012	0.005	0.002	0.001	0
25	0.013	0.010	0.004	0.001	0.001	0	0
30	0.005	0.004	0.001	0	0	0	0
40	0.001	0.001	0	0	0	0	0
50	0	0	0	0	0	0	0

附表3 1元年金终值系数表 （FVIFA 表）

n/i（%）	1	2	3	4	5	6	7
1	1.000	1.000	1.000	1.000	1.000	1.000	1.000
2	2.010	2.020	2.030	2.040	0.050	2.060	2.070
3	3.030	3.060	3.091	3.122	3.153	3.184	3.215
4	4.060	4.122	4.184	4.246	4.130	4.375	4.440
5	5.101	5.204	5.309	5.416	5.526	5.637	5.751
6	6.152	6.308	6.468	6.633	6.802	6.975	7.135
7	7.214	7.434	7.662	7.898	8.142	8.384	8.654
8	8.286	8.583	8.892	9.214	9.549	9.897	10.260
9	9.369	9.755	10.159	10.583	11.027	11.491	11.978
10	10.462	10.950	11.464	12.006	12.578	13.181	13.816
11	11.576	12.169	12.808	13.486	14.207	14.972	15.784
12	12.683	13.412	14.192	15.026	15.917	16.870	17.888
13	13.809	14.680	15.618	16.627	17.713	18.882	20.141
14	14.947	15.974	17.086	18.292	19.599	21.051	22.550
15	16.097	17.293	18.599	20.024	21.579	23.276	25.129
16	17.258	18.639	20.157	21.825	23.657	25.637	27.888
17	18.430	20.012	21.762	23.698	25.840	28.213	30.840
18	19.615	21.412	23.414	25.645	28.132	30.906	33.999
19	20.811	22.841	25.117	27.671	30.539	33.760	37.379
20	22.019	24.297	26.870	29.778	33.066	36.786	40.995
25	28.243	32.030	36.459	41.646	47.727	54.865	63.249
30	34.785	40.588	47.575	56.085	66.439	79.058	94.461
40	48.886	60.402	75.401	95.026	120.80	154.76	199.64
50	64.463	84.579	112.80	152.67	209.35	290.34	406.53

n/i（%）	8	9	10	11	12	13	14	15
1	1.000	1.000	1.000	1.000	1.000	1.000	1.000	1.000
2	2.080	2.090	2.100	2.110	2.120	2.130	2.140	2.150
3	3.246	3.278	3.310	3.342	3.374	3.407	3.440	3.473
4	4.506	4.573	4.641	4.710	4.779	4.850	4.921	4.993
5	5.867	5.985	6.105	6.228	6.353	6.480	6.610	6.742
6	7.336	7.523	7.716	7.913	8.115	8.323	8.536	8.754
7	8.923	9.200	9.487	9.783	10.089	10.405	10.730	11.067
8	10.637	11.028	11.436	11.859	12.300	12.757	13.233	13.727
9	12.488	13.021	13.579	14.164	14.776	15.416	16.085	16.786
10	14.487	15.193	15.937	16.722	17.549	18.420	19.337	20.304
11	16.645	17.560	18.531	19.561	20.655	21.814	23.045	24.349
12	18.977	20.141	21.384	22.713	24.133	25.650	27.271	29.002
13	21.495	22.953	24.523	26.212	28.029	29.985	32.089	34.352
14	24.215	26.019	27.975	30.095	32.393	34.883	37.581	40.505
15	27.152	29.316	31.772	34.405	37.280	40.417	43.842	47.580
16	30.324	33.003	35.950	39.190	42.753	46.672	50.980	55.717
17	33.750	36.974	40.545	44.501	48.884	53.739	59.118	65.075
18	37.450	41.301	45.599	50.396	55.750	61.725	68.394	75.836
19	41.446	46.018	51.159	56.939	63.440	70.749	78.969	88.212
20	45.762	51.160	57.275	64.203	72.052	80.947	91.025	102.44
25	73.106	84.701	98.374	114.41	133.33	155.62	181.87	212.79
30	113.28	136.31	164.49	199.02	241.33	293.20	365.79	434.75
40	259.06	337.89	442.59	581.83	767.09	1 013.7	1 342.0	1 779.1
50	573.77	815.08	1 163.9	1 668.8	2 400.0	3 459.5	4 994.5	7 217.7

附表3（续2）

n/i（%）	16	17	18	19	20	25	30
1	1.000	1.000	1.000	1.000	1.000	1.000	1.000
2	2.160	2.170	2.180	2.190	2.200	2.250	2.300
3	3.506	3.539	3.572	3.606	3.640	3.813	3.990
4	5.066	5.141	5.215	5.291	5.368	5.766	6.187
5	6.877	7.041	7.154	7.297	7.442	8.207	9.043
6	8.977	9.207	9.442	9.683	9.930	11.259	12.756
7	11.414	11.772	12.412	12.523	12.916	15.073	17.583
8	14.240	14.773	15.327	15.902	16.499	19.842	23.858
9	17.519	18.285	19.086	19.923	20.799	25.802	32.015
10	21.321	22.393	23.521	24.701	25.959	33.253	42.619
11	25.773	27.200	28.755	30.404	32.150	42.566	56.405
12	30.850	32.824	34.931	37.180	39.581	54.208	74.327
13	36.786	39.404	42.219	45.244	49.497	68.760	97.625
14	43.672	47.103	50.818	54.841	59.196	86.949	127.91
15	51.660	56.110	60.965	66.261	72.035	109.69	167.29
16	60.925	66.649	72.939	79.850	87.442	138.11	218.47
17	71.673	78.979	87.068	96.022	105.93	173.64	285.01
18	84.141	93.406	103.74	115.27	128.12	218.05	371.52
19	98.603	110.29	123.41	138.17	154.74	273.56	483.97
20	115.38	130.03	146.63	165.42	186.69	342.95	630.17
25	249.21	292.11	342.60	402.02	471.98	1 054.8	2 348.8
30	530.31	647.44	790.95	966.7	1 181.9	3 227.2	8 730.0
40	2 360.8	3 134.5	4 163.21	5 519.8	7 349.9	30 089	120 393
50	10 436	15 090	21 813	31 515	45 497	280 256	156 976

附表4　1元年金现值系数表 （PVIFA 表）

n/i （%）	1	2	3	4	5	6	7	8	9
1	0.990	0.980	0.971	0.962	0.952	0.943	0.935	0.926	0.917
2	1.970	1.942	1.913	1.886	1.859	1.833	1.808	1.783	1.759
3	2.941	2.884	2.829	2.775	2.723	2.673	2.624	2.577	2.531
4	3.902	3.808	3.717	3.630	3.546	3.465	3.387	3.312	3.240
5	4.853	4.713	4.580	4.452	4.329	4.212	4.100	3.993	3.890
6	5.795	5.601	5.417	5.242	5.076	4.917	4.767	4.623	4.486
7	6.728	6.472	6.230	6.002	5.786	5.582	5.389	5.206	5.033
8	7.652	7.325	7.020	6.733	6.463	6.210	5.971	5.747	5.535
9	8.566	8.162	7.786	7.435	7.108	6.802	6.515	6.247	5.995
10	9.471	8.983	8.530	8.111	7.722	7.360	7.024	6.710	6.418
11	10.368	9.787	9.253	8.760	8.306	7.887	7.499	7.139	6.805
12	11.255	10.575	9.954	9.385	8.863	8.384	7.943	7.536	7.161
13	12.134	11.348	10.635	9.986	9.394	8.853	8.358	7.904	7.487
14	13.004	12.106	11.296	10.563	9.889	9.295	8.754	8.244	7.786
15	13.865	12.849	11.938	11.118	10.380	9.712	9.108	8.559	8.061
16	14.718	13.578	12.561	11.652	10.838	10.106	9.447	8.851	8.313
17	15.562	14.292	13.166	12.166	11.274	10.477	9.763	9.122	8.544
18	16.398	14.992	13.754	12.659	11.690	10.828	10.059	9.372	8.756
19	17.226	15.678	14.324	13.134	12.085	11.158	10.336	9.604	8.950
20	18.046	16.351	14.877	13.590	12.462	11.470	10.594	9.818	9.129
25	22.023	19.523	17.413	15.622	14.094	12.783	11.654	10.675	9.823
30	25.808	22.396	19.600	17.292	15.372	13.765	12.409	11.258	0.274
40	32.835	27.355	23.155	19.793	17.159	15.046	13.332	11.925	10.757
50	39.196	31.424	25.730	21.482	18.256	15.762	13.801	12.233	10.962

附表 4（续 1）

n／i（%）	10	11	12	13	14	15	16	17	18
1	0.909	0.901	0.893	0.885	0.877	0.870	0.862	0.855	0.847
2	1.736	1.713	1.690	1.668	1.647	1.626	1.605	1.585	1.566
3	2.487	2.444	2.402	2.361	2.322	2.283	2.246	2.210	2.174
4	3.170	3.102	3.307	2.974	2.914	2.855	2.798	2.743	2.690
5	3.791	3.696	3.605	3.517	3.433	3.352	3.274	3.199	3.127
6	4.355	4.231	4.111	3.998	3.889	3.784	3.685	3.589	3.498
7	4.868	4.712	4.564	4.423	4.288	4.160	4.039	3.922	3.812
8	5.335	5.146	4.968	4.799	4.639	4.487	4.344	4.207	4.078
9	5.759	5.537	5.328	5.132	4.946	4.472	4.607	4.451	4.303
10	6.145	5.889	5.650	5.426	5.216	5.019	4.833	4.659	4.494
11	6.495	6.207	5.938	5.687	5.453	5.234	5.029	4.836	4.656
12	6.814	6.492	6.194	5.198	5.660	5.421	5.197	4.988	4.793
13	7.103	6.750	6.424	6.122	5.842	5.583	5.342	5.118	4.910
14	7.367	6.982	6.628	6.302	6.002	5.724	5.468	5.229	5.008
15	7.606	7.191	6.811	6.462	6.142	5.847	5.575	5.324	5.092
16	7.824	7.379	6.974	6.604	6.265	5.954	5.668	5.405	5.162
17	8.022	7.549	7.102	6.729	6.373	6.047	5.749	5.475	5.222
18	8.201	7.702	7.250	6.840	6.467	6.128	5.818	5.534	5.273
19	8.365	7.839	7.366	6.938	6.550	6.198	5.877	5.584	5.316
20	8.514	7.963	7.469	7.025	6.623	6.259	5.929	5.628	5.353
25	9.077	8.422	7.843	7.330	6.873	6.464	6.097	5.766	5.467
30	9.427	8.694	8.055	7.496	7.003	6.566	6.177	5.829	5.517
40	9.779	8.951	8.244	7.634	7.105	6.642	6.233	5.871	5.548
50	9.915	9.042	8.304	7.675	7.133	6.661	6.246	5.880	5.554

n/i（%）	19	20	25	30	35	40	50
1	0.840	0.833	0.800	0.769	0.741	0.714	0.667
2	1.547	1.528	1.440	1.361	1.289	1.224	1.111
3	2.140	2.106	1.952	1.816	1.696	1.589	1.407
4	2.639	2.589	2.362	2.166	1.997	1.849	1.605
5	3.058	2.991	2.689	2.436	2.220	2.035	1.737
6	3.410	3.326	2.951	2.643	2.385	2.168	1.824
7	3.706	3.605	3.161	2.802	2.508	2.263	1.883
8	3.954	3.837	3.329	2.925	2.598	2.331	1.992
9	4.163	4.031	3.463	3.019	2.665	2.379	1.948
10	4.339	4.192	3.571	3.092	2.715	2.414	1.965
11	4.486	4.327	3.656	3.147	2.752	2.438	1.977
12	4.611	4.439	3.725	3.190	2.779	2.456	1.985
13	4.715	4.533	3.780	3.223	2.799	2.469	1.990
14	4.802	4.611	3.824	3.249	2.814	2.478	1.993
15	4.876	4.675	3.859	3.268	2.825	2.484	1.995
16	4.938	4.730	3.887	3.283	2.834	2.498	1.997
17	4.988	4.775	3.910	3.295	2.840	2.492	1.998
18	5.033	4.812	3.928	3.304	2.844	2.494	1.999
19	5.070	4.843	3.942	3.311	2.848	2.496	1.999
20	5.101	4.870	3.954	3.316	2.850	2.497	1.999
25	5.195	4.948	3.985	3.329	2.856	2.499	2.000
30	5.235	4.979	3.995	3.332	2.857	2.500	2.000
40	5.258	4.997	3.999	3.333	2.857	2.500	2.000
50	5.262	4.999	4.000	3.333	2.857	2.500	2.000